Mathias Hirsch

Das Haus

Symbol für Leben und Tod,
Freiheit und Abhängigkeit

Psychosozial-Verlag

Bibliografische Information der Deutschen Bibliothek
Die Deutsche Bibliothek verzeichnet diese Publikation in der Deutschen Nationalbibliografie; detaillierte bibliografische Daten sind im Internet über <http://dnb.ddb.de> abrufbar.

2. Auflage 2011

Walltorstr. 10, D-35390 Gießen.
Tel.: 0641/96997818; Fax: 0641/96997819
E-Mail: info@psychosozial-verlag.de
www.psychosozial-verlag.de

Umschlagabbildung: Jerry N. Uelsmann, Untitled, 1982

Lektorat: Katrin Frank
Satz: Majuskel Medienproduktion GmbH, Wetzlar
www.majuskel.de
ISBN 978-3-89806-512-2

»Häuser«

Wohnhaus
Stadthaus
Einfamilienhaus
Mehrfamilienhaus
Reihenhaus
Reiheneckhaus
Doppelhaus
Mietshaus
Hochhaus
Hinterhaus
Vorderhaus
Gartenhaus
Fertighaus
Musterhaus

Traumhaus
Sommerhaus
Landhaus
Waldhaus
Ferienhaus
Wochenendhaus
Bauernhaus
Baumhaus
Blockhaus
Fachwerkhaus
Pfahlhaus

Puppenhaus
Glashaus
Treibhaus
Kühlhaus

Hexenhaus
Lebkuchenhaus

Schneckenhaus
Taubenhaus
Vogelhaus

Gasthaus
Wirtshaus
Weinhaus
Kaffeehaus
Freudenhaus
Hurenhaus
Laufhaus
Tanzhaus
Ballhaus

Elternhaus
Mutterhaus
Frauenhaus
Männerhaus
Herrenhaus
Kinderhaus

Warenhaus
Kaufhaus
Schatzhaus
Bankhaus

Bauhaus
Kunsthaus
Künstlerhaus

Rathaus
Bürgerhaus
Schulhaus
Spielhaus
Dorfgemeinschaftshaus
Tagungshaus
Haupthaus

Autohaus
Parkhaus
Bootshaus
Hausboot
Treppenhaus
Federhaus

Gotteshaus
Pfarrhaus

Forsthaus
Jagdhaus

Krankenhaus
Irrenhaus
Zuchthaus
Totenhaus
Leichenschauhaus
Grabhaus
Beinhaus

Lighthouse
Lichtspielhaus

Behausung
Überhausung

Inhalt

Vorwort

Ist man erst einmal auf die vielfältige, ubiquitäre Verwendung des Hauses als metaphorisches Bild aufmerksam geworden, begegnet man ihm auf Schritt und Tritt, und man staunt über die in dem Bild des Hauses stets enthaltene Doppeldeutigkeit von Sehnsucht und Angst, Autonomie und Abhängigkeit, letztlich Geburt und Tod. Als ich vor Jahren die kleine Entdeckung machte, dass schwere hypochondrische Ängste häufig nach dem Erwerb oder der Fertigstellung eines Hauses, auch nach Beendigung eines oft lange hinausgezögerten Umbaus entstehen, wurde mir die Bedeutung des von Thomas Mann überlieferten türkischen Sprichworts plötzlich klar: »Wenn das Haus fertig ist, kommt der Tod.« Jeder möchte endlich ein eigenes Haus besitzen, d.h. sein Leben unter Dach und Fach bringen, aber jeder hat auch Angst, dass es wegen des eigenen Hauses und der damit verbundenen Sesshaftigkeit nun so und nicht anders – mehr oder weniger dürftig, jedenfalls begrenzt – abgelaufen ist, und nichts Neues, Größeres, Überraschendes im Leben mehr geschehen wird, an dessen Ende unausweichlich der Tod stehen wird.

Ich habe mich bemüht, die mannigfachen Aspekte zum Thema aus verschiedenen Gebieten wie Mythologie, Kulturgeschichte, Soziologie, Psychologie und Psychoanalyse – auch der Jungianischen – zu verbinden mit den vielen Geschichten aus der therapeutischen Arbeit, die ich in Jahren gesammelt habe, und vielleicht auch mit dem einen oder anderen eigenen Gedanken. Dabei habe ich von vielen Seiten bereitwillige Hilfe bekommen. Zuerst möchte ich den vielen Patienten danken, die mit der Verwendung von Teilen ihrer Lebensgeschichte und dem, was psychodynamisch daraus entstanden ist, einverstanden waren. Ich danke auch meinen beiden Kindern für die Überlassung einiger ihrer Kinderzeichnungen. Besonderer Dank gebührt meiner Frau, Marga Löwer-Hirsch, für viele Anregungen und Gedanken, die in den Gesprächen über das Hausthema meinen Horizont erweiterten. Sie hat auch eine erste Fassung gelesen und mit vielen wohlwollend-kritischen Anmerkungen versehen. Sie hat auch, als das Haus-Thema nicht enden wollte und immer wieder Gedanken und kleine Geschichten hinzukommen wollten, gespottet: »Wenn das *Buch* fertig ist, kommt der Tod …«, aber das Haus-Thema ist auch wirklich unerschöpflich. Dankbar bin ich auch Bianca Grüger einmal für die geduldige Arbeit am Computer, in den sie das Manuskript und die immer wieder notwendigen Änderungen einschrieb, besonders aber auch für die Mühe, die sie aufwendete, um Literatur und Bildvorlagen vorwiegend aus dem Bereich der Bildenden Kunst zu beschaffen und die Vorlagen mit großer Umsicht in den Computer zu befördern.

Hägi-Hütte (!), Buchebrunnen (Vorarlberg)
Mathias Hirsch

1. Einleitung

»My home is my castle.«
(englisch)

»Mag draußen die Welt ihr Wesen treiben, mein Haus soll meine Ruhstatt bleiben.«
(Volksmund, überliefert von Tante Friedel)

»Wenn das Haus fertig ist, kommt der Tod.«
(türkisches Sprichwort, überliefert von Thomas Mann in *Die Buddenbrooks*)

Denken wir an *das Haus*, so stellen sich erst einmal Assoziationen ein wie Geborgenheit, Sicherheit; wenn es das eigene Haus ist oder sein soll, denkt man an »Es-geschafft-Haben«, nämlich sich einen allgemein selbstverständlichen Traum erfüllt oder ein dann realistischeres Vorhaben erreicht zu haben. Wenn es nicht gerade ein Hochhaus ist, an das man denkt, oder ein Geschäftshaus, und in diesem Buch geht es letztlich um das Wohnhaus, in dem wir aufgewachsen sind, und um das, in dem wir später wohnen wollen, dann liegt die Assoziation zu (bürgerlichem) Familienleben nahe. Das Haus bietet Schutz, Geborgenheit – wer hat nicht als Kind Höhlen und Baumhäuser gebaut, *selbst* gebaut, und gemütlich eingerichtet. Das Haus schützt aber nicht nur konkret als Gebäude, es steht auch für den Schutz und die Sicherheit des Eingebundenseins in die soziale Gemeinschaft, wie es Rilke in zwei Gedichtzeilen in Verbindung brachte[1]:

---

1 Rilke 1920

Wer jetzt kein Haus hat, baut sich keines mehr.
Wer jetzt allein ist, wird es lange bleiben.

Das Haus kann im Zusammenhang mit den sozialen Kontakten zwei Funktionen haben: Man kann sich in das Haus paranoid abgeschottet zurückziehen, in eine Festung also, und manche Menschen bauen sich noch im Strandurlaub eine Sandburg, die sie von anderen trennt. Oder aber man betreibt ein »offenes Haus«, das gerade zum Mittel der Herstellung vielfältiger Beziehungen wird. Wie auch immer, offen oder abgeschottet, das Haus hat den Charakter des *Heims* – (englisch house – home), sprachlich und dem Sinne nach der *Heimat* benachbart, dort wo man *heimisch* ist, zu Hause. Wenn man in der Ferne weilt, hat man schon einmal *Heimweh*. Freud[2] hat uns aber in seiner brillanten Studie über *Das Unheimliche* gezeigt, dass die alte Bedeutung für *heimlich* (wir sagen noch *heimelig*) nicht nur, wie heute noch, »verborgen, versteckt« (neben dem: »vertraut, heimelig«) bedeutet, sondern einerseits eine Art Gegenteil von *unheimlich* bezeichnet, aber andererseits sogar mit diesem in der Bedeutung zusammenfallen kann, so dass *heimlich* auch *unheimlich* bedeuten kann. Und Freuds Schlussfolgerung: Das Wesen des Unheimlichen ist, dass es uns einmal vertraut, heimlich, war und sein Erscheinen droht, die Verdrängung aufzuheben. Und das ist eigentlich mein Anliegen, das Unheimliche im Heimlichen, Vertrauten, das Unbekannte im Bekannten (Christoph Bollas[3] nennt es: *The unthought known*) am Beispiel des Hauses aufzuspüren, an seiner Bedeutung als Gebäude im Leben des Menschen sowie seiner Verwendung als Metapher, als Symbol.

Heimat versteht sich natürlich nicht einfach geographisch, sondern hat immer die Bedeutung von Zugehörigkeit zu einer menschlichen Gemeinschaft; das Haus ist mit Familie, aber auch mit einem größeren sozialen Gefüge assoziativ verknüpft. Die Sehnsucht nach dem eigenen Haus ist also eigentlich die nach Heimat, nach Aufgehoben-Sein, nach Einbettung in soziale Gruppen als ihr geschätztes, letztlich geliebtes

2 Freud 1919h
3 Bollas 1987

Mitglied. Und der Staat hat die sozialstabilisierende Wirkung des Eigenheims erkannt und spendiert die Eigenheimzulage, nicht nur in Deutschland, auch z.B. in den USA, in denen Hypothekenzinsen steuerlich absetzbar sind.[4] »Das Eigenheim ist keine deutsche Idee, sondern eine weltweit ausgelebte Sehnsucht. Es ist gerade diese Form sehnsuchtsvoller Zuschreibungen, durch welche die seit Jahren geführte Debatte um die Abschaffung der Eigenheimzulage ihre Brisanz erhält.«[5] Kein anderer einzelner Faktor hält ein (Ehe-) Paar so wirksam zusammen wie gemeinsamer Immobilienbesitz – auch gemeinsame Kinder nicht.

»Warum sind wir so vernarrt in Häuser? Weil wir in Wirklichkeit keines haben (...). Warum lieben wir Häuser? Vielleicht weil wir in ihnen die unwiederbringliche Zeit verbringen (...). Es wird das bleiben, was es ist: *Haus. Ein Ort auf Zeit.*«[6] Mir scheint in diesem Satz anzuklingen, dass es eine Sehnsuchtsliebe ist, die *das Haus* erfüllen soll, und auch wenn wir eines besitzen, ist die Sehnsucht noch längst nicht gestillt ... Die Sehnsucht nach der Vergangenheit, der Kindheit, oft genug der idealisierten Kindheit im *Elternhaus*, das eigentlich das Haus der Kindheit ist. Andererseits die Sehnsucht nach dem Haus der Zukunft, nach dem eigenen, das aber auch, daran denkt man nicht gleich, ein Festgelegt-Sein, ein Stück Unfreiheit bedeutet. Kann man Häuser lieben? Noch dazu im sexuellen Sinne? Wohl kaum, obwohl Marjorie Garber ihr Buch *Sex and real estate – why we love houses* nennt und eine große Tageszeitung – allerdings leicht ironisch – für ihren Anzeigenteil wirbt: »Eigentlich suchte sie einen Mann. Doch dann sah sie ein Bild von einem Haus und verliebte sich auf der Stelle. Erleben auch Sie die Liebe auf den ersten Blick mit unserem großen Immobilienmarkt.« Garber hat in ihrem Buch sehr viele Gedanken, Assoziationen, gesellschaftliche Trends und psychodynamische Modelle zusammengetragen. »Der Palisadenzaun, das Rasenviereck, die Grillecke, die angebaute Garage mit ihrem Basketballring – das waren die Zeichen der Unabhängigkeit, Sicherheit und dieser paradoxen Version des kollektiven amerikani-

4 Garber 2000, S. 69
5 Matzig 2005
6 Meier 1989, S. 69

schen Individualismus, die man in den späten 50er und 60er Jahren schließlich »Konformität« nannte und die viele Amerikaner heute, keineswegs alle von ihnen ältere Herrschaften, als ein verlorenes und perfektes Ideal idealisieren. Wie »die Mutter«. Ein Haus kann als ein Raum der und für Phantasien dienen, ein Raum sowohl innerhalb als auch außerhalb der Psyche, als ob es in der Lage wäre, das verlorene originale Objekt zu sein, in der Lage, uns zu geben, was wir wollen – den Raum der Ganzheit und Vollständigkeit der Perfektion, der erfüllten Sehnsucht. Das Heim ist in dieser Verwendung mehr als ein Ort, und sogar mehr als eine Ideologie: Es ist der Grund der Möglichkeiten, ein Ort des Anfangs und des Endes (or as the poets have it, of womb and tomb).«[7] Lakonischer »as the poets« kann man es nicht in Worte kleiden: Uterus und Grab, Geburt und Tod.

Hier schimmert eine Ambiguität herauf, die mit dem Haus stets verbunden ist: Individualität wird zur Konformität, Freiheit zur Festlegung, Sicherheit zur Abhängigkeit. Möchte man sich im Haus selbst eine mütterliche Hülle schaffen, entdeckt man über kurz oder lang mit *unheimlichem* Gefühl, dass es auch den Charakter des Grabes annehmen kann. »Haus. Ein Ort auf Zeit«, hat Helen Meier gesagt. Die Idee, die man erst einmal mit dem Haus verknüpft, ist die von Freiheit, Individuation, Individualismus. Die berechtigte Angst: Gebunden-Sein, Vereinnahmt-Werden. Man möchte weg von der »Mutter« und kommt doch in gewisser Weise wieder zur »Mutter«. Das ist auch die Dynamik der Eheschließung: Nun hat man endlich sein selbstbestimmtes Erwachsenen-Leben erreicht – doch oft gibt es ein böses Erwachen, man findet sich in neuer Abhängigkeit oder fürchtet wenigstens, vom Regen in der Traufe gelandet zu sein. Man möchte ein Stück Erde besitzen, *Muttererde*, man möchte sich eine Macht über sie herausnehmen, wenigstens in der Zeit, bis sie uns allerdings endgültig wieder in Besitz nimmt. Clint Eastwood wurde in einem Interview[8] gefragt:

---

7 ebd.
8 Kniebe 2005

»Mister Eastwood, was verbindet Sie mit diesem wunderbaren Flecken Erde?
C.E.: Ich kam als junger Soldat zum ersten Mal hierher, 1951, während des Koreakriegs. Meine Militärbasis war in der Nähe. Mein erstes legales Bier hatte ich genau hier, auf dieser Terrasse. Damals war das ein Restaurant, aber eigentlich sind die Gebäude schon viel älter. Früher war alles eine Molkerei. So ist das. Ich habe mich also in die Aussicht verliebt. Ich hatte kein Geld, aber ich nahm mir vor, sollte ich je einen Dollar verdienen, dass ich dann wiederkommen und hier ein bisschen Land kaufen würde.
Was Sie dann taten.
C.E.: Yeah. Exakt in dem Moment, als ich erfolgreich wurde. Aus dem bisschen Land wurde ein bisschen mehr Land. Ich glaube an Land. Es ist die Form von Besitz, die ich verstehe.«

Entdeckt man die Ambiguität des Hauses, entpuppt es sich als materialisierter Autonomie-Abhängigkeits-Konflikt zusammen mit der untrennbar verbundenen Ambivalenz – nach beiden Richtungen. Liest man Otto Rank, dann ist man erstaunt über seine Idee, dass das erste Haus der Menschheit nicht etwa eine erste Schutzhütte war, sondern vielmehr das Grabhaus für die Verstorbenen, das für Rank eine erste Kulturleistung auch deshalb war, weil der Glaube, die Seelen würden nach dem Tod des Körpers weiterleben und bräuchten eine Wohnung, den Menschen (unter anderem) zum Menschen machte. Mutter und Grab sind im Haus enthalten, das hat Marjorie Garber erwähnt (»womb and tomb«), die Rank nicht zitiert. Anfang und Ende des Lebens, dieser Dualismus begründet für Rank alle Baukunst, ja alle Kunst überhaupt, denn der Mensch hat phylogenetisch die Natur verloren, ontogenetisch die Mutter, und ist *gezwungen*, sich selbst zu bestimmen. Ist das Haus der selbsterschaffene Ersatz für die »Mutter-Hülle«[9], dann ist es ersehnt (Paradiessehnsucht); wenn das Haus Abhängigkeit von der Mutter bedeutet, dann will man die Freiheit, fürchtet aber andererseits auch diese.

---

9 Rank 1932, S. 162

Das Haus wird auch verwendet, um eine Familie zu bezeichnen: Das *Haus Hohenzollern*, das Haus *Usher* (Edgar Allen Poe), das *Geisterhaus* (Isabel Allende); und wird die Entwicklung einer Dynastie als Familiensaga dargestellt, ist es meist die Geschichte vom Aufstieg und Untergang der Familie, und auch das materielle Haus zerfällt: »Im Verlauf der folgenden Jahre verwandelte sich das Haus in eine Ruine.«[10]

Schließlich ist Martin Heidegger zu erwähnen, der nicht müde wurde, auf die existentielle Unsicherheit des Menschen hinzuweisen. Die Empfehlung, die er in Bezug auf das Haus gibt, kann man verkürzt so formulieren: Man verwende das nun einmal gebaute Haus nicht, um sich einer Illusion von Sicherheit hinzugeben, sondern baue es immer wieder um, stelle es sozusagen in Frage und finde neue Antworten und vergewissere sich ständig der existentiellen Ungewissheit – denn das Bewusstsein der Unsicherheit ist die einzige Sicherheit, die man sich verschaffen kann. (vgl. Elisabeth Bronfen im Abschnitt *Das Haus als Selbst*)

Versucht man, die psychologische Bedeutung des Hauses von möglichst vielen Seiten zu beleuchten (natürlich kann man dabei keinerlei Vollständigkeit beanspruchen), stellt man überrascht fest, wie schnell immer wieder auf fast unheimliche Weise der Tod ins Blickfeld gerät, obwohl das türkische Sprichwort *Wenn das Haus fertig ist, kommt der Tod*, das mich seit langem fasziniert hat, sowie ich es bei Thomas Mann fand, eine Ahnung davon geben wird. Einmal darauf aufmerksam geworden, trifft man auf den Zusammenhang jeden Tag: Eine Frau, ungarisch-jüdischer, italienischer und französischer Abstammung sagt: »Meine Familie hat nichts Festes, der Verlag meines Vaters existiert nicht mehr, er hat kein Haus hinterlassen, es gibt kein Grab, auch von meiner Mutter nicht (…).« Und eine junge Frau ist resigniert: »Ich will mit meinem Freund das Haus kaufen; d.h. er kauft es, ich gebe dazu, was ich habe. Gestern hat er angerufen und gesagt, dass er sich freut, mit mir in das Haus zu ziehen, und dass er mich liebt. Ich habe mich gar nicht gefreut. Ich denke in der letzten Zeit immer wieder an den

---

10 Allende 1982, S. 304

Tod …« Ich sage ihr das Sprichwort und was damit zusammenhängt. Sie versteht alles sofort und sagt irgendwann: »Das Schlimme ist, ich weiß, dass es ein Fehler ist, aber ich werde es tun.« Aber schließlich, Rank zufolge: Das erste Haus war ein Grabhaus und damit auch das letzte, wie es der Volksmund weiß, denn es heißt in *Des Knaben Wunderhorn:*

> Ich zieh' in Krieg auf grüne Heid,
> Die grüne Heide, die ist so weit.
> Allwo dort die schönen Trompeten blasen,
> Da ist mein Haus, von grünem Rasen.

2. Das Haus bedeutet mütterlicher Schutz und Geborgenheit

Autonomie und Erwachsen-Sein

Mit dem Bild des Hauses möchten wir etwas Positives verbinden, nämlich das zu erstrebende, wenigstens ersehnte gesicherte Leben eines erwachsenen Menschen, der es zu etwas gebracht hat, der angekommen ist. Mit *Haus* ist deshalb in unserer Kultur noch immer zuerst Familie assoziiert, die junge Familie mit zwei Kindern, dem Eigenheim, dem Garten, einem Zweitwagen, der Doppelgarage ... Das setzte eine Ablösung von der »Mutter«, der Herkunftsfamilie voraus. Das Haus steht für Erfolg und Autonomie; das hatte die Mutter Georges Simenons[11] im Sinne, das hat der Sohn ihr aber auch in seinem *Brief an meine Mutter* vorgeworfen (der Erfolg der Mutter wird den Sohn einen hohen Preis gekostet haben): »Das Haus, das Haus! Dein eigenes Haus! Ziegel, Fenster, Balken, die Dir allein gehörten! Dein Haus war kein gewöhnliches Haus. Es war ein Symbol. Das Symbol für den endgültigen Erfolg des kleinen Mädchens aus der Rue Féronstrée, das Symbol für den Sieg Deines eisernen Willens.«

11 Simenon 1974, S. 124

Meist geht es nicht so dramatisch zu, das Haus soll einfach eine junge Familie aufnehmen, aber immer wird die Planung eines Hausbaus oder der Erwerb eines Hauses mit Angst und Ambivalenz einhergehen. Denn in dieser Funktion repräsentiert *das Haus* ebenso wie Schulabschluss, Heirat, Schwangerschaft bzw. Geburt eines Kindes einen Trennungsschritt, bezeichnet eine Trennung, einen Übergang von einem Identitätszustand in den nächsten, und zwar unbekannten[12], ein Aufgeben einer Mutter-Sicherheit. Solche Übergänge machen dem Menschen seit jeher Angst, und er versucht deshalb, sie durch Ritualisierung zu etwas Geregeltem, Gesichertem zu machen, versucht auch, die umgebende soziale Gruppe an Entscheidungen und eben den Riten teilnehmen zu lassen, die den Wechsel erleichtern sollen. Früher war die Reihenfolge in bürgerlichen Kreisen klar: Verlobung (mit der Erlaubnis der Eltern der Braut: »Um die Hand anhalten«), Haus kaufen, heiraten, einziehen, Schwangerschaft … Auch die persönlichen Bereiche dieser Etappe auf dem Wege zum Erwachsen- und Etabliert-Sein waren vom »Segen« der Familien und den Angehörigen der sozialen Umgebung viel mehr abhängig als heute, wo Heirat und Zusammenleben, auch die Frage der Zeugung eines Kindes eher als Privatsache erlebt wird. Hat das junge Paar den Wunsch und die Möglichkeit, ein Haus (oder eine Eigentumswohnung) zu erwerben, scheint es, als ob die Ängste und Ambivalenzen sich heute an diesem Punkt des Hauskaufs manifestierten, und die Unsicherheit soll gemildert werden, indem der Vater oder Schwiegervater sein Plazet zum Hauskauf geben, die Bank den Kredit bewilligen soll; die Mutter allerdings schweigt, sie hätte lieber, der »Junge« würde auf dem elterlichen Grundstück bauen … Auch wenn es für das Paar ganz realistisch ist, sich und gegebenenfalls den Kindern ein schönes, weitgehend selbstbestimmtes Leben einzurichten, ist es die *Bedeutung*, die das Haus in diesem Zusammenhang annimmt und die Angst bewirkt; die Ängste vor dem Haus sind eigentlich die vor dem neuen Lebensabschnitt, die auf das Haus verschoben werden wie auf den Körper bei der Hypochondrie. So wird der Hauskauf begleitet von und

12 vgl. zur Mischung von Trennungsangst und Trennungsschuldgefühl Hirsch 1997

quittiert mit allen möglichen Angstäquivalenten, Albträumen, Somatisierungen, Schmerzen (»Kopfzerbrechen«) und hypochondrischen Phantasien, wie wir noch später ausführlich sehen werden. Auch können uralte ödipale Rivalitätsgefühle aktualisiert werden – etwa: *Darf* ich ein Haus haben, da doch Vater (damals nach dem Krieg ...) keines kaufen konnte ... Oder: *Darf* ich ein größeres haben als Vater sich damals eines leisten konnte ... Letztlich sind all diese Symptome Ausdruck einer Regression in alte Ängste und Zweifel, als wäre die Rückwärtsbewegung notwendig, um den großen Schritt vorwärts zu schaffen wie bei den Naturvölkern, bei denen man innerhalb der Initiation sechs Wochen allein im Urwald verbringen und seine Ängste aushalten muss, um dann reif zu sein für den Wechsel in die Identität des Mannes oder Kriegers. Aber auch in unserer Kultur *ist* es doch ein Stress: Heiraten, ein Kind zeugen, ein Haus kaufen, und noch dazu vielleicht alles zum selben Zeitpunkt, bedeuten ganz real Risiko und ein großes Maß an Verantwortung.

Mutterseligkeit

Die Vorstellung des Hauses als Idylle, die ein ideales Leben, Glück, Zufriedenheit, Beschaulichkeit repräsentiert und damit als Sehnsucht nach einer innigen, seligen Mutterverbundenheit verstanden werden kann, hat Robert Walser nicht ohne Ironie geschildert:

> »An zwei Häusern, die wie lebendige, gemütliche Nachbarsgestalten nah beieinander im hellen Sonnenlicht lagen, hatte ich große Freude. Eine Freude kam auf die andere, und in der weichen zutraulichen Luft schwebte ein Behagen auf und ab und zitterte es wie von verhaltenem Vergnügen. Eines der beiden kleinen, feinen Häuser war das Wirtshaus zum ›Bären‹; der Bär war im Wirtshausschild trefflich und drollig abgebildet. Kastanienbäume überschatteten das zierliche, gutmütige Haus, das sicher von lieben, netten, freundlichen Leuten bewohnt war; sah doch das Haus nicht wie manche Bauwerke hochmütig, sondern wie die Zutraulichkeit und Treue selber aus. Überall, wohin das Auge blickte, lag dichte, zufriedene Garten-

> pracht und schwebte grünes, dichtes Gewirr von artigen Blättern. Das zweite Haus oder Häuschen glich in seiner sichtlichen Lieblichkeit und Niedrigkeit einem kindlich schönen Blatt aus einem Bilderbuch, einer süßen Illusion, so reizend und seltsam stellte es sich dar. Die Welt rund um das Häuschen erschien vollkommen gut und schön. Ich verliebte mich in das bildschöne, kleine Hauswesen also gleich bis über die Ohren und wäre von Herzen gern hineingegangen, um mich einzunisten und einzumieten und für immer im Zauberhäuschen und Kleinod zu wohnen und mich wohl zu fühlen; aber gerade die schönsten Wohnungen sind leider Gottes meistens besetzt, und wer für seinen anspruchsvollen Geschmack eine passende Wohnung sucht, dem geht es schlecht, weil, was leer steht und zu haben ist, oft greulich ist und Grauen erregt. Das schöne Häuschen war sicherlich von einem alleinstehenden Frauchen oder Großmütterchen bewohnt; es duftete danach und schaute so danach aus. Wenn es gestattet ist, zu sagen, so melde ich ferner, dass an der Wand des Häuschens Wandmalereien oder erhabene Fresken strotzten, die himmlisch fein und lustig waren und eine Schweizeralpenlandschaft darstellten, auf der wieder ein Haus, und zwar ein Berner-Oberländer-Haus stand, nämlich gemalt. Gut war die Malerei an sich wahrhaftig keineswegs. Solches behaupten zu wollen wäre keck. Herrlich kam sie mir aber trotzdem vor. (…) Den Tatbestand, dass ein altes Mütterchen in dem Häuschen wohne, nagelte und heftete ich übrigens gewiss nicht fest und vermochte ich durchaus nicht aufzunehmen. Mich nimmt aber nur wunder, warum ich hier Worte wie ›Tatbestand‹ in den Mund zu nehmen wage, wo alles so weich und voll Menschennatur ist oder wenigstens sein soll wie Empfindungen und Ahnungen eines Mutterherzens. Übrigens war das Häuschen graublau angestrichen und hatte hellgoldene Fensterläden, die zu lächeln schienen, und rundherum in einem Zaubergärtchen dufteten die schönsten Blumen. Über ein Lust- und Gartenhäuschen neigte und krümmte sich in entzückender Anmut ein Rosenstrauch und -busch voll der schönsten Rosen.«[13]

Eine solche Haus-Idylle steht nicht für Autonomie und Angekommen-Sein, viel eher für rückwärts gewandte Mutter-Sehnsucht. So wird das Haus zur Idylle wie die Mutter der Romantik, die ihren Kindern mild lächelnd die Brotscheiben vom Laib schneidet. Das Haus kann aber auch in der Phantasie des Dichters eine starke, schützende Mutterfigur

13 Robert Walser 1917, S. 57–59

repräsentieren, die das arme Menschenkind wie eine Löwenmutter gegen Naturgewalten verteidigt, wie es Bachelard[14] im Roman *Malicroix* von Henry Bosco gefunden hat:

> »Das Haus kämpfte tapfer. Zuerst beklagte es sich; die schlimmsten Windstöße griffen es von allen Seiten zugleich an, mit einem deutlichen Hass und einem solchen Wutgeheul, dass ich in manchen Augenblicken vor Furcht bebte. Aber es hielt stand. Seit dem Beginn des Sturmes hatten hämische Winde sich das Dach vorgenommen. Sie versuchten, es abzureißen, ihm das Rückgrat zu brechen, es in Fetzen zu zerpflücken, es wegzupusten. Aber es wölbte seinen Rücken und klammerte sich an das alte Balkenwerk. Dann kamen andere Winde, jagten über den Erdboden und warfen sich gegen die Mauern. Alles bog sich unter dem wuchtigen Anprall, aber das Haus, das biegsame, nachdem es sich geneigt hatte, widerstand dem Untier. (...) Fensterläden und Türen wurden mit Beleidigungen überschüttet, ungeheure Drohungen ausgestoßen, im Schornstein pfiff und brauste es, alles vergebens: Das bereits menschliche Wesen, das meinen Körper beschützte, wich nicht vor dem Sturm. Das Haus presste sich gegen mich wie eine Wölfin, und für Augenblicke spürte ich seinen Geruch mütterlich bis in mein Herz hinabsteigen. In dieser Nacht war es wirklich meine Mutter. Ich hatte sonst nichts, um mich zu schützen und zu erhalten. Wir waren allein.«

Fritz Raddatz' Elternhaus hat dem Bombenhagel in den letzten Wochen des Zweiten Weltkriegs nicht widerstanden, der Verlust des Hauses erschütterte den Jugendlichen, dem bis dahin der Krieg nicht besonders nahegegangen war, furchtbar:

»Erst als erwachsener Mann, ich erzählte einen langen Abend Elias Canetti von diesem Jugenderlebnis, begriff ich genauer, warum der Verlust eines Hauses Menschen um den Verstand bringen kann. Er erklärte mir, wie sehr auch ein Haus Individualität besitze, sie gar erzeuge als Wehr gegen das Außen, gegen die als Feinde empfundenen anderen, dass schon eingeschlagene Türen und Fenster diese mühsam errichtete Abgrenzung zunichte machen; wenn das Abgrenzende zerstört ist, sei eine empfindliche Grenze verletzt.«[15]

14 Bachelard 1957, S. 65f.
15 Raddatz 2003, S. 42

Die große Künstlerin Louise Bourgeois wurde in einem Interview gefragt:

»Sprechen wir von Ihren Arbeiten, Louise. Ich habe hier ein Werk vor mir mit dem Titel *Femme Maison* (Frau-Haus). Warum *Femme Maison*?
L. B.: *Nun, weil das Haus eine Metapher ist für Refugium, Schutz vor der Angst, verlassen zu sein.*«[16]

Folgende Geschichte soll zeigen, dass das Haus wie eine äußere Haut schützend Ich-stützend wirken kann: Frau Wiltrud Waldheim befindet sich in kombinierter Einzel- und Gruppenpsychotherapie, sie berichtet: Ihre Wohnung ist ihr gekündigt worden, die schönste kleine Wohnung, die sie sich ausdenken kann, das einzige, was ihr Halt gibt; sie ist ganz verzweifelt. Diese wunderschöne, ideale Wohnung zu verlieren wäre für sie, als würde man ihr die Haut abziehen! Als ob Frau Waldheim Otto Rank, einen der ersten Schüler Freuds, gelesen hätte, der schreibt: »Hier ist übrigens daran zu erinnern, dass jeder Schutz vor elementaren Gefahren oder menschlichen Angriffen (...) von der Erdhöhle oder dem Baumloch bis zum beweglichen Schild oder Streitwagen, Unterseeboot und Tank, letzten Endes eine Flucht in die mütterliche Schutzhülle bedeutet. Das noch warme Fell des Tieres (Haut), das dem Menschen zugleich als erste Schutzhülle gegen die Kälte diente, ist so das reale Gegenstück zum mystischen Hineinkriechen in den warmen tierischen Leib.«[17] Frau Waldheim beginnt ihre Einzelstunde: Ich, ihr Therapeut, hätte nicht ganz Recht gehabt, dass ihre Angst zu verreisen eine Trennungsangst sei, die symbolische Trennung von den Eltern etc., die Angst, erwachsen zu werden – das Haus sei nämlich für sie wie eine »Ich-Grenze«, sagt sie, auch ihre Wohnung, da fühle sie sich sicher und geborgen. Überhaupt ginge es um Grenzen (Woher hat sie das?, frage ich mich), das Schlimme in ihrer Familie damals habe sie durch »Dissoziation« bewältigt, das war, wie solle sie sagen, ein »Aus-sich-'raus-Treten«, ich ergänze: ein Neben-

16 Bernadac 1998, S. 408
17 Rank 1924, S. 93f.

sich-Stehen. »An diesen Grenzen spielen sich auch meine hellseherischen Sachen ab.« (Frau Waldheim hat manchmal merkwürdigerweise Dinge gedacht, besonders aber Szenen geträumt, die dann später in der Realität eingetreten waren.) Das habe sie auch bei ihrer Reisegefährtin, mit der sie eine »nicht Angst machende Reise« unternommen hatte (und die auch an einer Reise-Phobie leidet) so gut verstanden, die Angst nämlich, dass das Haus verschwunden oder zerstört sein könnte, wenn man von der Reise zurückkommt. Die Grenze sei wie eine Membran, durchlässig. Wenn sie genügend schlafe und gut esse, komme sie nicht so leicht da 'ran; ich sage: Dann sollte sie keine Drogen nehmen ... – Nein, Drogen brauche sie nun wirklich nicht. Sie denkt auch an ihren Traum mit dem Wohnwagen (der wird im Kapitel *Das Ferienhaus* mitgeteilt), für den sie einen Koch engagieren wollte. Der Traum bedeute für sie, dass sie wegfahren kann und das Gute des Hauses, das ihr Sicherheit gibt, vielleicht das des Elternhauses, mitzunehmen.

Nach ihrem Examen hatte Frau Waldheim eine erste Stelle in einer Kleinstadt in den USA angetreten, wo sie in einem kleinen Haus an der Küste allein wohnen sollte – das war zu viel für sie, die fremde Sprache (obwohl sie sie gut beherrschte), die fremden Menschen (die sie ausnahmslos herzlich aufnahmen) und das *kleine Haus in der Fremde*, das für sie Allein-Sein bedeutete – all das Fremde war für sie ein Zeichen, dass sie einen Schutz, eine Hülle, ihre Grenzen verloren hatte. Sie geriet in psychosenahe Panik und musste wieder zurück nach Deutschland. Ihr Aufenthalt in den USA sei wie ein Horrortrip gewesen, sage ich.

Frau Waldheim berichtet über ihre Angst auch in ihrer Gruppe[18]: Sie habe ein Reise-Problem. Ihr sei angeboten worden, mit ihrem Kurs für eine Projektarbeit nach Bordeaux zu fahren. Früher, während ihrer Ausbildung, habe sie mit Hilfe von Ausreden immer erfolgreich solche Exkursionen vermieden. Die Studenten erwarteten jetzt am Freitag ihre Antwort. Auf die Frage von Rosa, wovor sie denn genau Angst habe, sagt Frau Waldheim genervt, das hätte sie doch schon so oft er-

18 Die Wiedergabe der Gruppenszenen beruht auf Protokollen, die von jeweils einem Gruppenmitglied abwechselnd angefertigt werden.

zählt. Sie habe Angst, verrückt zu werden, nicht zurück zu können. Im Unterschied zu einer Urlaubsreise müsse sie funktionieren, erwachsen sein, und könne deshalb von dort nicht weg, wo sie ihre Arbeit machen müsse, könne nicht zurück. Sie weint. Ich gebe zu bedenken, dass sie im Falle einer Exkursion keineswegs so allein wäre wie damals in den USA. Offenbar verbiete sie es sich, persönlich erfolgreich zu sein und auch hinter die wahre Bedeutung der Angst zu kommen. Frau Waldheim beschreibt nun ihre Wohnung als Ort, an dem sie sicher sei, denn sie sei das Symbol für Grenzen, sie spricht von fehlender Ich-Grenze. Wie in der Einzelsitzung beschreibt sie ihre Angst als Neben-sich-Stehen, Außer-sich-Sein, als Gefühl, verrückt zu werden. Alle Filter seien dann offen, sie nehme alles wahr, Geräusche, optische Reize, als hätte alles eine Botschaft. Sie könne die rationalen Argumente der Gruppe verstehen, aber nicht nachfühlen. Sie vermutet, dass sie früher oft neben sich stehen musste, ohne Grenze »dazwischen«. Sie fühlt sich vor sich selbst nicht sicher, nicht sicher, »dass diese zwei Teile zusammenbleiben«. Sie hat Angst, dass das Haus nicht mehr da ist, wenn sie nach Hause kommt, als Symbol für das Ich. Angela ergänzt, sie kenne das auch, es sei ein Mechanismus, der in kritischen Situationen auftritt. Frau Waldheim meint, es gäbe natürlich eine Erklärung von früher, aber es hinge nicht mit dem Gefühl zusammen, nach Hause zu den Eltern zu müssen. In den USA konnte sie sich gar nicht bewegen. Rosa wirft ein, sie sei früher immer mit dem Auto verreist und hätte das Auto wie ein Zuhause empfunden. Eine Zugfahrt dagegen sei noch immer für sie ein großes Ereignis, das ihr Angst mache. Ich sage zu Frau Waldheim, sie sei als Kind sehr bedroht gewesen, ihr Zuhause zu verlieren, nämlich durch das Verhalten der Eltern (die sich gegenseitig prügelten, Alkoholexzesse veranstalteten). Das Kind trete in traumatischen Situationen aus sich heraus, als sei es nicht mehr da. Frau Waldheim fällt plötzlich ein Erlebnis ein: Während einer Zugfahrt hätte im Nachbarabteil ein Kind so traurige Geräusche von sich gegeben, ein Wimmern. Das habe sie sehr getroffen. Ihre Beine und ihr Bauch seien ganz heiß und ihr sei übel geworden, als müsse sie sich übergeben. Jetzt hat sie ein schlechtes Gewissen, weil sie sich vielleicht alles nur ausdenkt, was ihr Vater ihr angetan haben könnte.

Darauf sage ich, ihr Vater wäre unschuldig, wenn die Bilder nur aus ihrer Phantasie kämen. Dann aber wäre sie selbst schlecht, das Böse in ihr. Aber ihre Beine, sind die schlecht, wenn ihnen heiß wird, der Bauch, wenn ihm übel ist?

Das Elternhaus scheint für Frau Waldheim nicht gerade ein Ort der Geborgenheit gewesen zu sein, vielmehr gab es den starken Verdacht, dass es neben der Bedrohung durch die ständige Gewalt zwischen den Eltern zu sexuellen Übergriffen durch den Vater gekommen war. Die Abwehr dieser traumatischen Erfahrung dürfte in einer Dissoziation des Ich, eben dem Aus-sich-Heraustreten bestanden haben, das Kind hat sich so selbst etwas geschaffen, mit dem es überleben konnte. Ähnlich stelle ich mir vor, dass Frau Waldheim sich ihre süße kleine Wohnung als sicheren Ort geschaffen hatte, den zu verlieren eine Katastrophe bedeutete – wie damals der Aufenthalt in den USA. Übrigens änderte sich das Bild der Sicherheit gebenden Wohnung massiv, nachdem Frau Waldheim einen Trauerprozess durchlitten hatte und sich von der idealisierten Wohnung innerlich trennen konnte, auch eine ähnliche Wohnung mit »sehr, sehr netten Nachbarn« gefunden hatte. Nun fielen ihr erst die zahlreichen Mängel der doch als ideal empfundenen alten Wohnung auf, und es stellte sich heraus, dass der »nette Vermieter« jahrelang Strom aus ihrem Zähler, also auf ihre Kosten, entnommen hatte, »also mir noch Energie abgezapft hat, wo *ich* doch so bedürftig bin!«, sagt Frau Waldheim. In der ersten Nacht in der neuen Wohnung, in der ein Dielenbrett lose ist und sich hebt, wenn man darübergeht, hatte sie einen Traum: Alle Dielenbretter wölbten sich, sie hob eins an und entdeckte eine Art Zwischenstockwerk, das bewohnt und eingerichtet war mit altertümlichen Möbeln, viel Plüsch und Accessoires. Dort waren auch Modellpuppen, wie sie Schneider verwenden; auf einer Puppe war ein eng anliegendes Kleid, das den Kopf und den ganzen Körper umschloss wie eine Hülle, auf einer anderen ein unfertiges Kleid, ganz mit Pailletten besetzt, das probierte sie an, aber es passte nicht. – Frau Waldheim sagt dazu, die Kleider waren wie eine Ersatzhaut, enganliegend – sie erinnert sich an ihr Gefühl, als ob ihr mit dem Verlust der alten Wohnung die Haut abgezogen würde – , aber sie traut dem neuen Schutz noch nicht recht.

3. Das Haus als Mutterleib und Körper

Die psychischen oder symbolischen Bereiche Mutter, Körper und Selbst überschneiden sich in Bezug auf die Haussymbolik, sie sind nicht deutlich voneinander abgrenzbar, der eine wird durch Verschiebung für den anderen verwendet. Will man sich ein Bild der psychischen Repräsentanz der Mutter machen, stellt man sich einen weiblichen Körper oder bestimmte Teile von ihm vor, und auch das Selbst wird durch die Körpermetapher dargestellt, z.B. sehr häufig im Traum. Umgekehrt gibt man dem Körper oft den Charakter einer eigenständigen Person, eines Selbst, als ob er handele, sich verselbständigt hätte; entweder übernimmt er die Rolle des damals missbrauchten Kindes und wird wiederum misshandelt (Selbstbeschädigung), oder der (dissoziierte[19]) Körper wird zum feindlichen Täter, der es (durch das Krank-Sein, die Somatisierung) auf das Wohlbefinden des Selbst abgesehen hat oder gar im Falle der hypochondrischen Wahnvorstellung das Leben ernsthaft bedroht. (Deshalb denken viele Menschen, Schlaflosigkeit, mangelnde

19 vgl. Hirsch 2003

Konzentration, Unruhe, gar Zuckersucht – »Der Körper braucht doch Zucker, nicht wahr, Herr Doktor?« – seien körperliche Störungen.) Das Haus kann wiederum alle genannten Objekte symbolisch vertreten – das Haus kann die Mutter, den Mutterleib, den eigenen Körper und das Selbst in seinen vielfältigen Unterabteilungen bedeuten. Wie der Körper kann das Haus Ziel hypochondrischer Ängste sein (wie ja auch hypochondrische unrealistische Befürchtungen um die Gesundheit der Mutter und anderer Angehöriger zu beobachten sind, und man kann sich leicht denken, dass in derartigen Sorgen einige Aggression enthalten sein wird), indem die existentiellen, nämlich Identitätsängste des Selbst auf die Sorge um das Haus verschoben werden.

Und wie die Mutter, ihr Körper und vor allem das Bild, das man sich von ihr macht, ein beträchtliches Maß an Ambivalenz und Ambiguität, Doppeldeutigkeit und Doppelwertigkeit enthält, so stehen wir dem eigenen Körper, der uns erfreut, gar beglückt, aber doch auch weite Strecken eine Last ist, und auch dem eigenen Selbst höchst ambivalent gegenüber. Mit dem Haus geht es uns nicht anders, wie wir gesehen haben und noch sehen werden, wir ersehnen es und fürchten es, es bedeutet uns Freiheit und Autonomie, und doch hält es uns an einem Ort fest, wie die Mutter, die uns in das Leben hinausgibt und uns doch zu umklammern, gar zu verschlingen droht. Das Haus hat viele Bedeutungen, es steht für Unabhängigkeit, Erfolg, Erwachsen-Sein, für ein eigenes, selbstbestimmtes Leben. Es kann aber auch Unfreiheit, Festgelegt-Sein, Abhängigkeit, Fremdbestimmt-Sein, das heißt den psychischen Tod bedeuten. Es gewährleistet Geborgenheit, Schutz, übernimmt geradezu Funktionen von Ich-Grenzen, andererseits bedroht es die Identität und behindert Entwicklung. »Das Haus hält den Menschen aufrecht, durch alle Gewitter des Himmels und des Lebens hindurch. Es ist Körper und Seele. Es ist die erste Welt des menschlichen Seins.«[20]

C. G. Jung baute sich in Bollingen, am Ufer der Zürichsees, ein Haus, das er den »Turm« nannte. »Von Anfang an wurde der Turm für mich zu einem Ort der Reifung – ein Mutterschoß (…) oder eine müt-

---

20 Bachelard 1957, S. 33

terliche Gestalt, in der ich wieder sein konnte, wie ich bin, war und sein werde. Der Turm gab mir das Gefühl, wie wenn ich in Stein wiedergeboren wäre. Er schien mir als Verwirklichung des vorher Geahnten und als eine Darstellung der Individuation (...). Das hat in wohltuender Weise auf mich gewirkt, wie ein Jasagen zu meinem Sosein (...). In Bollingen bin ich in meinem eigentlichsten Wesen, in dem, was mir entspricht. Hier bin ich sozusagen der ›uralte Sohn der Mutter‹. So heißt es sehr weise in der Alchemie, denn der ›alte Mann‹, der ›Uralte‹, den ich schon als Kind erfahren hatte, ist die Persönlichkeit Nr. 2, die schon immer gelebt hat und leben wird. Sie steht außerhalb der Zeit und ist Sohn des mütterlichen Unbewussten.«[21] In Jungs Gedanken erblicken wir eine deutliche Verdichtung von Mutterleib und Selbst- oder Identitätsgefühl, man kann übrigens auch Zeichen einer bisexuellen Überlagerung erkennen: Schließlich ist der Turm ein deutlich phallisches Symbol, das (übrigens runde, zweistöckige, deshalb »Turm« genannte) Haus steht aber für den »Mutterschoß«. Gleichzeitig bedeutet es Jung aber Wiedergeburt, Individuation, ein Turm aus Stein als Gegenpart zum weichen Mutterleib. Aber in seinem Denken bleibt er offenbar ebenso Sohn einer Mutter wie er als (getrennte) Person schon immer lebte.

Berühmt sind die *Femmes Maison* von Louise Bourgeois – Frauenkörper als Häuser gebildet, dabei gehen Mutter-Körper-Kind (Selbst/Person) ineinander über: »Die Thematik der Frau, deren Körper bewohnt und bewohnbar ist, wird ebenso in *Standing Figure,* 1945–1947, aufgenommen (...). (Abb. 1) Das hochformatige Gemälde gehört zu den ›Femmes Maison‹ und beschreibt den Menschen als ein Konstrukt, dessen in sich geschlossener Organismus tendenziell unzugänglich und ohne Bewusstsein bleibt. Die Bindung von Mutter und Kind, die Verknüpfung von Haus und Körper, wird zur ›Cellula‹, die dem Lebewesen Wachstum und Vermehrung ermöglicht und für das Individuum Geborgenheit, mitunter auch Ausgrenzung oder Trennung vom Anderen bedeutet.«[22]

---

21 Jaffé 1961, S. 229
22 Keller 2004, S. 12

Abb. 1: Louise Bourgeois: Standing Figure (Femmes Maison), 1945-1947 (© VG Bild-Kunst, Bonn 2006).

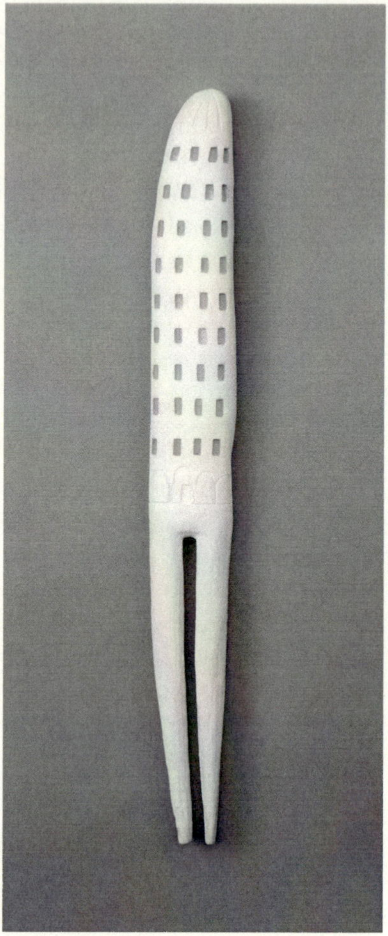

Abb. 2: Louise Bourgeois: Portrait of Jean-Louis (© VG Bild-Kunst, Bonn 2006).

Ein schönes Exemplar künstlerischer Verdichtung von Haus und Mensch ist die Skulptur von Louise Bourgeois *Portrait Jean-Louis* (Abb. 2).

Wohl kein Autor hat die Symbolik des Hauses so umfassend dargestellt wie Otto Rank[23] und dabei die Ambiguität der Bedeutungen, die im *Haus* zusammenfließen, so treffend berücksichtigt, denn der »Grabbau, der sich dann zum Hausbau und schließlich im Tempelbau zur Architektur entwickelt, hat von Anfang an das selbstschöpferische Prinzip zur Grundlage, wie ja auch das Haus selbst, soweit es Nachbildung der schützenden Mutterhülle gewesen sein mag, doch ein vom Menschen selbst geschaffener Ersatz derselben war. Ersatz aber nicht nur im Sinne der Wiederherstellung des Unerreichbaren (...), sondern auch im Sinne der selbstschöpferischen Tendenz nach Unabhängigkeit von der mütterlichen Bindung, ja geradezu der eigenwilligen Überwindung derselben.«

Das Grabhaus, das Totenhaus, ist aber nicht die Rückkehr in den Mutterleib, vielmehr der Aufenthalt der Seele nach dem Tod des Körpers: »Dieses erste Haus, der Grabbau, wird so von selbst zu einer Hülle der Seele, zu einem menschlichen Körper, in dem die Totenseele nach dem Verlassen der Erde ›haust‹.«[24] Rank setzt an den allerersten Beginn der menschlichen Kultur also den Glauben an das Weiterleben der Seele oder des Geistes nach dem Tod des Menschen bzw. seines Körpers, so dass der Grabbau dem Hausbau voranging, der Grabbau also als allererstes zivilisatorisches, jedenfalls architektonisches Werk des Menschen (sicher gingen der Erwerb des Feuers und der Gebrauch einiger Werkzeuge voraus) angesehen wird. Vorher fand das Leben in Erd- und Felshöhlen statt; die Bewegung ging von der Natur (dem Inneren der Erde) zur Kultur (das Haus wird auf die Oberfläche der Erde gebaut) bis auf die Höhe, der Stätte der Tempel (der alten Griechen), in denen die Götter *wohnten*. Die Parallele zu ziehen zwischen dem phylogenetischen Verlust der Natur und dem ontogenetischen des Mutterleibs bzw. der frühen

23 Rank 1932, S. 162
24 ebd.

Mutterbeziehung, dürfte nicht schwerfallen; in beiden Bereichen bedingen sich einerseits der Verlust (und das Bedauern darum) der Geborgenheit der instinktgesteuerten Existenz als Naturwesen bzw. ontogenetisch der der mütterlichen, besonders pränatalen Umhüllung andererseits und der Gewinn an Freiheit des Willens, der Entscheidung, der kreativen Gestaltung des eigenen Lebens. Das in die Natur völlig eingebettete Lebewesen macht sich selbstverständlich keine Gedanken über seine Situation, der Mensch aber ist ambivalent in seinem basalen Autonomie-Abhängigkeits-Konflikt: Die ersehnte, verlorene Geborgenheit, die Mutter-Umhüllung, bedeutet ihm ein Festgehalten-Werden, ein Verschlingen gar, während die erwünschte und gewonnene Freiheit auch Gefahr bedeutet, Unsicherheit, so dass Angst und Aggression mit *beiden* Zuständen verbunden sind. Angst vor Identitätsverlust wie auch vor grenzenloser Freiheit erzeugt Aggression, die sich ein Ziel sucht: Sowohl die verschlingende als auch die verlassende Mutter, der nicht schützende und helfende Vater, der eigene Körper, auch das eigene Haus, die im paranoiden Modus erlebten Mitmenschen, die ganze Welt.

> »Am Anfang stand bei Louise Bourgeois die Angst. Die Angst, nicht als Junge, sondern als unerwünschtes Mädchen auf die Welt gekommen zu sein. Die Angst, nicht gebraucht zu werden. Die Angst, im konfliktreichen Leben ihrer Eltern als Schachfigur missbraucht zu werden. Die Angst, unfruchtbar zu sein. Die Angst, als Ehefrau, als Mutter und Künstlerin zu versagen. Die Angst vor dem Verlassensein. (…) Auf die Frage, was es denn sei, wovor sie Angst verspüre, antwortete sie: ›Ich habe Angst vor allem, einfach vor allem.‹ Die Unverrückbarkeit von Ängsten führte Louise Bourgeois am Anfang zu enigmatischen Bildern von Schutzlosigkeit, zu totemistisch aufragenden Skulpturen und zur Choreographie erstarrter Beziehungen. Ihre Gemälde von 1945 bis 1947 stellten aufrechtstehende Mischwesen aus Frauen und Häusern vor. Unbekleidete Körper mit geraden oder angewinkelten Beinen gingen durch direkte Linien in mehrstöckige Wohnarchitekturen über. Nicht nur, dass anstelle von Augen, Mund und Nase einzelne Türen und Fenster getreten waren. Das Gehirn und der gesamte Sinnesapparat der Frau kamen nur als Haus vor. Aus den Fenstern ragten unerklärlicherweise Arme, aus dem Dach quollen anstelle des Kaminrauchs Haare heraus. Um einen surrealen

> Traum oder um soziale Anklage schien es aber nicht zu gehen. Einiges an den schematischen Darstellungen deutete darauf hin, dass sich im Sinne Franz Kafkas eine weibliche ›Verwandlung‹ zugetragen hatte. Wie einen riesigen Wasserkrug trug diese Frau ihr Haus. Sie verschwand und verlor sich darin. Wahrscheinlich wurde sie auch blind.«[25]

Auch in vielen Märchen wird das Haus-Motiv verwendet, um verschlingende mütterliche Aspekte zu bebildern. Im russischen Märchen *Wassilissa, die Wunderschöne*[26] schickt die böse Stiefmutter die Heldin in den Wald, um sie loszuwerden: »Der Wald war finster, und die Leute fürchteten sich vor ihm, denn tief innen stand das Haus der Hexe Baba Jaga, und die Menschen, die ihr zu nahe kamen, fraß sie, als wären es Hühnchen. (…) Der Weg war lang wie der Tag, und als der Abend kam, stand Wassilissa vor Baba Jagas Haus. Der Zaun war aus Menschenknochen gemacht, und auf den Pfählen steckten Schädel von Menschen. Die Angeln des Tores waren Menschenfüße, der Riegel war eine Menschenhand und das Schloss ein Menschenmund mit scharfen Zähnen.« So »bedeutet die Baba-Jaga-Figur im weitesten Sinne die Auseinandersetzung des Individuums mit der Natur als Lebensspenderin und Todbringerin. Der Gang der Heldin zur Baba Jaga in den Wald bedeutet den Weg zum Ursprung in vorgeburtliche und frühestkindliche Stadien, die real oder im frühen Erleben – man denke an den Geburtsvorgang selbst – die Möglichkeit des Lebens und des Todes enthalten. (…) Der Weg zur Baba Jaga ist wie ein Gang nach innen, zu den psychotischen Kernen, eine Regression zu Urängsten (Verfolgung, Verschlingung, Zerstörung) als innerpsychischen Gegebenheiten; ihre Überwindung bedeutet dann Progression zu einem eigenen Selbst und reifen Beziehungen.«[27] Im Grimmschen Märchen *Hänsel und Gretel* stehen sich das Haus des Vaters, aus dem die jungen Helden verstoßen werden, und das Hexenhaus im tiefen Wald gegenüber: »Nun war's schon der dritte Morgen, dass sie ihres Vaters Haus verlassen hatten. (…) Sie gerieten immer tiefer in den Wald (…).«[28] Die Kinder folgen einem schneeweißen Vöglein, »bis sie zu einem Häuschen gelangten,

---

25 Kellein 1999, S. 6
26 Borchers 1979
27 Hirsch/Hirsch-Löwer 1987
28 Grimms Märchen 1946, S. 126

(...) und als sie ganz nah herankamen, so sahen sie, dass das Häuslein aus Brot gebaut war und mit Kuchen gedeckt.« Nachdem die Kinder die bekannten Abenteuer bestanden und die Hexe besiegt hatten, überquerten sie mit Hilfe einer Ente ein großes Wasser, der Wald kam ihnen immer bekannter vor, »und endlich erblickten sie von weitem ihres Vaters Haus.« Die Fortsetzung des Märchens müsste eigentlich sein, dass sie auch dieses, das Haus ihrer Kindheit, hinter sich lassen und vor allem sich auch voneinander trennen würden, um ein jeweils individuelles Leben zu führen. Hänsel und Gretel ist Bettelheims[29] Lieblingsmärchen, wahrscheinlich weil die Kinder aus eigener Kraft sich durch die Fährnisse der psychosexuellen Entwicklung hindurchkämpfen. »›Hänsel und Gretel‹ ist eines der vielen Märchen, in denen zwei Geschwister sich gegenseitig retten, was ihnen gelingt, weil sie sich zusammentun.«[30] Natürlich wird die Doppelwertigkeit des Knusperhäuschens von Bettelheim bemerkt: »Das Lebkuchenhäuschen ist ein Bild, wie es niemand wieder vergisst: Wie unglaublich reizvoll und verlockend sein Anblick ist und welch schreckliche Gefahr einem droht, wenn man der Verlockung nachgibt. (...) Das Haus symbolisiert die orale Gier und wie gern man ihr nachgeben möchte. (...) So kann zum Beispiel in Träumen wie in Phantasien und der Vorstellung des Kindes ein Haus, als der Ort, an dem man wohnt, den Körper symbolisieren – und zwar im Allgemeinen den der Mutter. Ein Lebkuchenhaus, welches man ›aufessen‹ kann, ist ein Symbol der Mutter, die tatsächlich ja das Kind mit ihrem Körper nährt. So steht das Haus (...) in ihrem Unbewussten für die gute Mutter, die ihren Körper für die Ernährung ihres Kindes hergibt.«

Dass Hänsel und Gretel zum Vater und ins Elternhaus zurückkehren, nachdem die böse mütterliche Macht in Gestalt sowohl der Stiefmutter als auch der Hexe aufgehört hat zu existieren, versteht Bettelheim als Reifungsschritt der Kinder, die sie noch bleiben, deshalb noch (nun gute) Eltern brauchen; erst die Adoleszenz würde fordern, das Elternhaus zu verlassen.

---

29 Bettelheim 1975, S. 151ff.

30 ebd., S. 157

Und der Dichter findet solche Bilder extremer Mutter-Ambivalenz, wohl durch traum- oder tagtraumartige Mechanismen der Durchlässigkeit von Ich-Grenzen. Goethes *Mignon*[31], das zu Tränen rühren kann wie sonst nur bestimmte Musik es schafft, weil Goethe mir – »Was hat man dir, du armes Kind, gethan ...« – die Vater-Tochter-Inzest-Dynamik, den ungeheuren Vertrauensbruch durch den Vater, das Versagen des mütterlichen Schutzes, verbunden mit dem partiellen Einverständnis und Sehnen des Kindes, erfasst zu haben scheint:

Mignon
Kennst du das Land, wo die Citronen blühn,
Im dunklen Laub die Goldorangen glühn,
Ein sanfter Wind vom blauen Himmel weht,
Die Myrte still und hoch der Lorbeer steht,
Kennst du es wohl?
  Dahin! Dahin
Möcht ich mit dir, o mein Geliebter, ziehn.

Kennst du das Haus? Auf Säulen ruht sein Dach,
Es glänzt der Saal, es schimmert das Gemach,
Und Marmorbilder stehn und sehn mich an:
Was hat man dir, du armes Kind, gethan?
  Dahin! Dahin
Möcht ich mit dir, du mein Beschützer, ziehn.

Kennst du den Berg und seinen Wolkensteg?
Das Maultier sucht im Nebel seinen Weg;
In Höhlen wohnt der Drachen Brut;
Es stürzt der Fels und über ihn die Flut,
Kennst du ihn wohl?
  Dahin! Dahin
Geht unser Weg! o Vater, laßt uns ziehn!

Wieder kommt hier ein Haus vor – auf Säulen ruht es fest; was aber bedeutet denn der Ablauf von Sehnsucht nach einem südlichen Paradies,

31 Goethe 1795, S. 234

gefolgt von der – doch wohl prekären – Sicherheit (die verlässlichen Säulen) des (Eltern- ?) Hauses – aber die kalten Marmorbilder wissen schon – und dann das Chaos, Drachen hausen in Höhlen – der Weg ist versperrt, und das Kind *will* ihn gehen, mit dem – mit welchem denn ? – Vater … Wo ist denn hier der Schutz durch die Mutter, die Sicherheit und Geborgenheit eines Hauses für das Kind?

Haus und *Mutterleib* sind metaphorische Bilder für eine existentielle Sicherheit, von der man jedoch unbewusst gewiss ist, dass sie im Prinzip immer potentiell in katastrophale Vernichtung oder existentielle Verlassenheit umschlagen kann. Wie eine *Mutter* immer wieder auch zur Verfolgerin für das Kind werden kann, kann ein Haus auch tatsächlich einmal zusammenstürzen. Insofern kann man dem *Unheimlichen*, das Freud[32] im weiblichen Genitale fand – »Dieses Unheimliche ist aber der Eingang zur alten Heimat des Menschenkindes, zur Örtlichkeit, in der jeder einmal und zuerst geweilt hat« – dem »altvertrauten« Ort des Beginns des (extrauterinen) Lebens, noch eine ergänzende Bedeutung geben: Es ist ein Ort der Sehnsucht und des Schreckens. Die Sehnsucht ist die nach dem »Guten«, nach der Wiedererlangung paradiesischen Umschlossen- und Gehalten-Seins, auch der Ort der sexuellen Vereinigung, die ja auch Eigenschaften seliger Verschmelzung und damit narzisstischen Glücks haben kann. *Omne animal post coitum triste* könnte die Bedeutung haben, in der Vereinigung einen Abglanz paradiesischen Glücks erlebt, dieses aber wieder verloren zu haben und nie ganz erreichen zu können. Unheimlich aber ist der Ort durch das Grauen, das ein drohendes Verschlingen bewirkt, ein Sog, der individuelles Leben auslöschte, jede Freiheit und Beweglichkeit zunichte machte; kurz, es droht ein Tod – in geringerer Form wäre es die Angst vor emotionaler Abhängigkeit oder sexueller Hörigkeit. Warum sonst greift der eine oder die andere nach einer verbrachten Nacht im Morgengrauen nach seinen Kleidern und schleicht sich heimlich fort – aus Angst vor einem gemeinsamen Frühstück, das eine nahe, persönliche Beziehung repräsentiert, wie mir[33] einmal aufge-

32 Freud 1919h, S. 259
33 Hirsch 1989a

fallen ist. Edgar Allen Poe hat eine solche Urangst der Menschheit, in ein Unbekanntes hinabgesaugt zu werden, in seiner Erzählung *Der Mahlstrom* in literarische Form gebracht. In Bezug auf das Haus drückt es Marjorie Garber[34] folgendermaßen aus: »Das Heim ist mehr als ein Ort und mehr als eine Ideologie (…): Es ist der Grund von Möglichkeiten, ein Ort des Beginns und des Endes (*or as the poets have it, of womb and tomb*)«. Das Unheimliche liegt in der Ambiguität von Geburt und Tod, Leben und Vergehen, Sicherheit und Vernichtung, die im Bild der Vulva enthalten sind – und das Bild des Hauses kann exakt dieselbe Bedeutung annehmen.

Das Haus als Körper

Zurück zu Rank, der noch in anderer Weise das Haus mit dem Körper in Zusammenhang bringt. Die ersten Häuser waren Pfahlbauten, keineswegs nur in das Wasser hineingebaut, auch auf dem festen Land wurden die Häuser auf Pfählen errichtet. Während für Rank die Errichtung von Erdhöhlen als erste Behausung des Menschen eher einem »dem Nestbau verwandten Instinkt zur Wiederherstellung der verlorenen Mutterleibssituation«[35] entspricht, war der nächste Schritt schon einer in Richtung Erfindung, nämlich der Baum, zwar noch vornehmlich schützend, auch vorgefunden, aber schon von der Erde abgehoben, ein Zwischenschritt hin zur Errichtung des ersten richtigen Hauses durch »die erste Erfindung eines selbstgeschaffenen Schutzes (…), der von der mütterlichen Höhle verschieden ist.« Nicht mehr die mütterliche Höhle ist Vorbild: »Es ist gleichsam ein erhöhter, vergrößerter, wenn man so sagen darf, auf Baumstelzen stehender Mensch, der sich bereits vor den Gefahren der Erde zu schützen sucht.« Jedes Kind baut sich mit großem Eifer Höhlen aus Decken und Matratzen und Kissen, selbstgeschaffene Gehäuse, die im Spiel Macht und Autar-

34 Garber 2000, S. 69
35 Rank 1932, S. 166

kie bedeuten dürften, sich ein eigenes schützendes Reich zu erschaffen. Vielleicht zeichnet das größer werdende Kind die Menschheitsentwicklung nach, wenn es später dann mit ähnlicher Lust und größerem handwerklichem Geschick nach oben strebt und Baumhäuser baut.

Das Vorbild des Hauses ist der Körper des Menschen, und auch insofern ist es von der Höhle verschieden, die eher als Symbol für den weiblichen Innenraum dient … Das scheint der Anfang eines Prinzips zu sein, das in der griechischen Antike seine Blüte erlebte: »Was man sprichwörtlich von Sokrates gesagt hatte, dass er nämlich die Philosophie vom Himmel heruntergeholt habe, um nunmehr vom Menschen aus zu philosophieren, das gilt für die gesamte griechische Kultur, die nach einem anderen bekannten Ausspruch den Menschen zum Maß aller Dinge machte. So waren auch die großen architektonischen Bauten nicht mehr wie im Orient makrokosmische Widerspiegelungen himmlischer Anlagen, sondern erweiterte Makrokosmen, d. h. aber nicht nur vergrößerte, sondern auch erhöhte Menschen.«[36]

Als schönstes Beispiel gilt Rank die Säule, die »nicht als Nachbildung, sondern geradezu als Abstraktion des menschlichen Körpers« aufgefasst wird, mit einer »Tendenz zur Verwesentlichung desselben im Symbol der Geistigkeit, dem Kopf.«[37] Denn der Fuß, der Schaft und der Kopf der Säule sind dem menschlichen Körper nachgebildet. Die dorische Säule stellt »die gedrungene Schönheit des männlichen Körpers (…) dar« wie Rank Vitruvius (30 v. Chr.) zitiert, während die ionische dem weiblichen Körper entspricht: »Am Kapitäl brachten sie [die Baumeister] Schnecken an, die rechts und links herabhingen, wie künstlich gedrehte Locken, schmückten die Stirn anstatt der Haare mit Wulsten und Fruchtgehängen und führten am ganzen Schafte Rillen herab wie die Falten am weiblichen Gewande. So bildeten sie bei der Erfindung der beiden Säulenarten in der einen den nackten schmucklosen Körper des Mannes, in der anderen die zierliche Gestalt des geschmückten Weibes nach.«[38] Manchmal sind die Säulen ganz als menschliche Ge-

36 ebd., S. 169
37 ebd., S. 173
38 ebd., S. 171

stalten gebildet, man nennt sie Karyatiden. Auch Freud[39] dachte an solche Symbolik: »Ich kenne Patienten, die allerdings die architektonische Symbolik des Körpers und der Genitalien (reicht doch das sexuelle Interesse weit über das Gebiet der äußeren Genitalien hinaus) beibehalten haben, denen Pfeiler und Säulen Beine bedeuten (wie im Hohen Lied).« Haus- und Tempelbau sind also nicht einfach Naturnachahmung, sondern Naturüberwindung, wie auch die Gründung von Städten, auch wenn diese einem Mutter-Mangel entsprechen. Rank ist aufgefallen, dass viele Städtegründer in den Mythen früh mutterlos bleiben: der sumerische König Sargon; Moses, der ausgesetzt wurde; die ausgesetzten Zwillinge Romulus und Remus. Romulus erschlägt wie Kain seinen Bruder – ein Ausdruck des offenbar menschlichen Bedürfnisses, den Bau eines Hauses oder die Gründung einer Stadt mit einem Opfer zu sühnen, »da sich in ihnen [den Geistern nämlich, die den Geopferten entsprechen] die Idee verkörpert, dass alles Geschaffene, wenn es lebensfähig sein soll, seine Existenz zerstörtem Leben verdankt. Jedenfalls bestätigt aber das Bauopfer, wie immer man es auffassen mag, wieder die dualistische Problematik der Baukunst und prinzipiell allen Kunstschaffens überhaupt. Vor allem zeigt es in eklatanter Weise das Haus als Muttersymbol, aber auch als Grabstätte, in die das Kind gebettet wird, um im Gebäude selbst zu neuem Leben zu erstehen.«[40] Auch noch in der christlichen Kirche oder Kathedrale werden (prominente) Menschen bestattet.

»Denn wie der griechische Tempel die Vermenschlichung des ursprünglich kosmischen Sakralbaus darstellt, so ist die [christliche] Kirche die Vergeistigung desselben (...). Die Kirchen-Architektur erhebt sich nicht nur über diesen primitiven Schutzcharakter des Grabbaus, sondern ebenso über die selbstschöpferische Gestaltung des eigenen Körpers im Hausbau zum essentiellen Symbol des Seelischen im Sakralbau (...). Denn die Kathedrale repräsentiert gerade den höchsten architektonischen Ausdruck der (...) Umarbeitung des animalischen Unterweltsbegriffs

39 Freud 1900, S. 351f.
40 Rank 1932, S. 191

in den spirituellen Seelenbegriff, der im Kopf lokalisiert ist. [So stellt] der Kirchenbau weniger den Gesamtmenschen selbst als dessen Haupt mit Mund, Rachen und Kehle dar.«[41] Allerdings räumt Rank ein, dass »gewiss (…) auch der Kirchenbau noch Vieles von der ursprünglich präanimalistischen Körpersymbolik beibehalten [hat], aber es erscheint in der Kathedralen-Architektur auf die geistige Oberwelt umgearbeitet oder mindestens umgedeutet.«[42] Warum auch soll das vom Menschen kreativ Geschaffene nur von eindimensionalem und nicht etwa vieldeutigem symbolischen Gehalt sein? Mir ist aufgefallen, dass die christlichen Kirchen, einige Beispiele der romanischen Kathedrale jedenfalls, dem sexuellen, männlichen und weiblichen, Körper nachempfunden sein dürften.

Die Kuppel der Kathedrale von Pisa ist für mich überdeutlich weiblich, wie eine große weibliche Brust mit der Brustwarze (nimmt man die Taufkapelle hinzu, hat man zwei wenn auch ungleiche Brüste) oder auch wie der rundgewölbte Bauch einer Schwangeren mit einem hervorspringenden Nabel. Der phallische Turm ist von dem weiblichen Kirchenbau getrennt – dass der *Schiefe Turm* durch seine Neigung an Potenz sichtlich eingebüßt hat, war sicher nicht im Sinne der Erbauer.

Abb. 3: Kathedrale von Pisa.

41 ebd., S. 175
42 ebd., S. 176

Abb. 4:
Kathedrale von Trani.

Auch die Betrachtung der Kathedrale von Trani (Apulien) ließ mich an den weiblichen Körper denken: Die große Portalöffnung des Westgiebels scheint mir unübersehbar dem weiblichen Genitale nachgebildet, eine begehbare Vulva und Vagina (wie wir sie viel später bei Niki de Saint Phalle in Form ihrer *Nanas* wiederfinden). Der phallische Turm ist allerdings – bisexuell sozusagen – an das Kirchenschiff angelehnt, oder wenn man die Öffnung am Fuße des Turms als eines der Beine eines männlichen Partners sieht, umschlingen sich Kirchenschiff und Campanile wie ein liebendes Paar. Auch Freud fiel diese Analogie ein beim Anblick des 1902 zusammengestürzten Campanile neben San Marco in Venedig. Freud[43] schreibt auf einer Postkarte an seine Schwägerin Minna Bernays am 28.08.1902: »Bei köstlichstem Cafe und Wasser Erholung nach den Strapazen der Reise. Vor uns der Trümmerhaufen des Campanile hinter Bretterzäunen. Die Kirche ist schöner denn je, wie eine junge Witwe nach dem Tod des Herrn Gemahl. Dann wollen wir auf dem Lido ein Seebad nehmen (...).«

---

43 Freud 2002

In seinem Vortrag über Gulliver-Phantasien schildert Ferenczi[44], ein weiterer großer Schüler Freuds, ein witziges Beispiel aus Jonathan Swifts Roman für die Verwendung des Haus-Symbols für den weiblichen Körper:

> »Ein (…) [schlimmes] Vergehen bringt Gulliver in höchste Todesgefahr. Ich meine sein Urinieren vor der Kaiserin. Wie Sie vielleicht wissen, ist Königin oder Kaiserin eines der typischen Symbole der Mutter. In den Gemächern der Kaiserin bricht ein Feuer aus, das die Liliputaner nicht zu löschen vermögen. Zum Glück ist unser Held Gulliver bei der Hand und erfüllt diese heldenhafte Aufgabe in folgender Weise: ›Ich hatte am Abend zuvor reichlich von einem köstlichen Wein getrunken (…), der sehr urintreibend wirkt. In Folge des glücklichsten Zufalls von der Welt hatte ich noch nicht den geringsten Teil wieder von mir gegeben. Die Hitze, in die ich durch die große Nähe der Flammen und durch die Anstrengung, mit der ich sie zu löschen suchte, geraten war, bewirkte, dass der Wein mich trieb, Urin zu lassen; und ich entleerte ihn in solcher Menge und richtete ihn so trefflich auf die gefährdeten Punkte, dass der Brand in drei Minuten völlig gelöscht war (…).‹ Jedermann, der mit der Ausdrucksweise des Unbewussten vertraut ist, wird wissen, dass eine Brandlöschung im Haus einer Frau, noch dazu durch Hineinurinieren, die kindliche Vorstellung vom Geschlechtsverkehr darstellt, in der die Frau durch das Haus symbolisiert wird. Die von Gulliver erwähnte Hitze ist das Symbol des leidenschaftlichen Verlangens des Mannes (das Feuer ist gleichzeitig ein Symbol der Gefahren, denen sich das Geschlechtsorgan aussetzt). Und wirklich folgt die Strafdrohung der Missetat auf dem Fuße, und charakteristischerweise kommt sie vom Kaiser, diesem typischen Vatersubstitut.«

C. G. Jung baute sich sozusagen zwei Türme, einen weiblichen Bau, der rund war, den er Turm nannte, und später einen weiteren, männlichen Turm: »Das Gefühl der Ruhe und Erneuerung, das ich mir mit dem Turm verband, war von Anfang an sehr stark. Er bedeutete für mich so etwas wie eine mütterliche Stätte. Allmählich erhielt ich jedoch den Eindruck, dass er noch nicht alles ausdrückte, was zu sagen war, so

44 Ferenczi 1927, 320f.

dass noch etwas fehlte. So kam nach vier Jahren (...) 1927, der Mittelbau mit einem turmartigen Annex hinzu. Nach einer gewissen Zeit hatte ich erneut das Gefühl der Unvollständigkeit. Auch in dieser Form schien mir der Bau noch zu primitiv. So wurde 1930 – es waren wieder vier Jahre vergangen – die turmartige Appendix zu einem richtigen Turm ausgebaut. In diesem zweiten Turm bestimmte ich einen Raum ausschließlich für mich.«[45]

Rückt der Kirchturm mit dem Kirchengebäude zusammen, wie es später wohl allgemein üblich wurde, kann man in diesem Zusammenhang von einer bisexuellen Konstruktion des Kirchengebäudes sprechen. Ich stelle mir einen gläubigen südländischen, also katholischen Christen vor, der sich jeden Tag symbolisch in einen furchterregenden Mutterleib begibt – vielleicht vom triangulierenden Turm beschützt, der ab und zu durch einen Glockenklang auf seine Existenz hinweist – dort an den allfälligen Tod, auch den eigenen, erinnert wird und mit dem Tod Jesu Christi konfrontiert wird, der jedoch als hoffnungsfrohes Beispiel auferstanden ist vom Tode, um in einer symbolischen Wiedergeburt durch eben dieses Tor in die helle (südliche) Sonne zu schreiten, die fortan einen entlasteten Tagesablauf begleitet, bis zum nächsten kleinen »Stirb-und-Werde« am folgenden Morgen.

Vielleicht ist es interessant genug, hier Ranks Zusammenfassung seiner Gedanken zu zitieren:

> »Aber auch Christus selbst ist noch ein solcher Baum gewordener Mensch, der zwar am Pfahl stirbt, aber auch an ihm ewig weiterlebt und jedenfalls als Überwinder des Unterweltsdrachen über die chthonische Wiedergeburt hinaus in die himmlischen geistigen Höhen wächst. Und wie die ursprünglich hölzerne Baumsäule im dauerhafteren Material des Steines architektonisch wiederersteht, so strebt der auf den Säulen ruhende Tempel immer höher hinauf, bis er in der Kathedrale selbst nur mehr den oberen, von allem Irdischen losgelösten Teil repräsentiert, der makrokosmisch den Himmel, mikrokosmisch den Kopf symbolisiert. Und trotzdem erscheint die Kirche mit ihrer dunklen grabartigen Atmo-

45 Jaffé, 1961, S. 228

sphäre immer noch als unterirdisches Haus gedacht, das im Grunde unterirdisch ist, auch wenn es an der Oberfläche steht oder sich darüber hinaus erhebt (...). Diese beiden der Baukunst inhärenten Tendenzen führen einmal vom Unterleib zum Raumcharakter des Hauses (Palast der Gedärme) oder zum Schutzcharakter der Festung (Trojaburg), das andere Mal vom Oberleib (Hals, Kopf) zum aufstrebenden Stil der Tempeltürme oder zur Geistigkeit der Kathedralen; im ersten Falle bildet der animalische Mutter-Körper mit seiner schützenden Hülle (Wärme, Fell) im zweiten die eigene Aufrechterhaltung des Menschen selbst (Turm) das natürliche, bzw. ideologische Vorbild für den Bau, der im ersten Falle Nutzbau, im zweiten Sakralbau ist (...). Der architektonische Bau stellt eine ans Tageslicht gebrachte unterirdische Höhle, gleichsam eine Verbindung von Höhle und Baum (Säule) dar, d.h. aber ist Ausdruck einer von der Erde weg und in die Höhe strebenden Ideologie, deren verschiedene Entwicklungsstadien in den verschiedenen Architekturformen zweckentsprechenden Ausdruck gefunden haben. Ich sage ideologisches Vorbild, denn das Haus ist bei aller körperlichen Symbolik doch weit mehr als eine die Natur kopierende Nachbildung des mütterlichen Schutzes, es ist, wie bereits gezeigt wurde, darüber hinaus zum Symbol des schöpferischen Ich geworden, das sich von der mütterlichen Hülle befreit und zur eigenen Selbständigkeit erhoben hat.«[46]

46 Rank 1932, S. 180

4. Das Haus als Selbst

> »Die einzig typische, d.h. regelmäßige Darstellung der menschlichen Person als Ganzes ist die als *Haus*.«[47]

Lange vor Freud war die Verbindung Haus-Körper-Selbst (Person, Ich) bekannt; Freud[48] selbst bezieht sich in der *Traumdeutung* auf Scherners 1861 erschienenes Buch *Das Leben des Traumes*, in dem dieser mehrfach die Haussymbolik in Beziehung zum Selbst setzt. Der »Vater« des *katathymen Bilderlebens*, der Tagtraumtechnik, Hanscarl Leuner[49], misst dem Hausmotiv eine herausragende Bedeutung bei: »Nicht selten birgt es vielfältigen und gravierenden Konfliktstoff. Aus diesem Grunde sollte das Hausmotiv erst dem mit dem Symboldrama gut vertrauten Patienten, dem der Therapeut eine gewisse Belastung zumuten kann, angeboten werden.« Das Haus ist eine »Metapher« der eigenen Person: »Nach bisheriger Erfahrung wird das Haus überwiegend als eine Darstellung der eigenen Person oder eines ihrer Teile erlebt. Im Hausmotiv drücken sich Strukturen aus, in die der Patient sich selbst und seine Wünsche, Vorlieben, Abwehrhaltungen und Ängste proji-

47 Freud 1916–17, S. 154
48 Freud 1900
49 Leuner 1970, S. 83

ziert. Diese symbolisierten psychischen Anteile beziehen sich auf die im derzeitigen Moment emotional erlebten Einschätzungen des Selbst.«[50] Beim Gang durch das imaginierte Haus werden sowohl allgemeine Klischees verwendet (die Küche als Ort der Oralität, das Schlafzimmer natürlich als dem der Sexualität, der Keller ist Ort der Vorratshaltung, aber auch, wie der Dachboden, der Aufbewahrungsort für abgelegte, d.h. verdrängte Dinge der Vergangenheit) als auch auf individuelle Besonderheiten geachtet, namentlich auf den Charakter der Zimmer, ob es chaotisch, schmutzig oder aufgeräumt, appetitlich imaginiert wird, den Charakter des Wohnzimmers, warm oder kühl, gemütlich oder unwohnlich, all das lässt tief blicken, lässt Rückschlüsse auch auf unbewusste Kräfte zu, die unter Umständen als gefährlich eingeschätzt werden: »Die bloße Besichtigung eines Hauses kann beim Patienten einen tiefen Eindruck hinterlassen, wenn er dadurch ahnt oder ihm vorbewusst deutlich wird, dass es ›so‹ in ihm ›aussieht‹ besonders wenn das imaginierte Haus im höchsten Maße von dem abweicht, was er sich bisher als ›sein Haus‹ vorgestellt hatte, das er in geheimen Träumen gern gebaut hätte. Deshalb ist Vorsicht mit dem Hausmotiv am Platz.«[51] Einen traumhaften Gang durchs Haus werden wir gleich unternehmen, wenn wir Gregor Schneiders *Haus ur* besichtigen. Und auch das Haussymbol im Traum ist mit dem der Tagtraum-Imagination identisch.

Das Haus ist *eigentlich* das mütterlich vertraute, *das* Symbol der Geborgenheit und Sicherheit. (Welch' schönes Bild: Wenn es draußen stürmt und der Regen wie aus Kübeln gegen die Scheiben drängt, am Kamin zu sitzen, *gemütlich* mit einem dicken Buch und einem Glas Rotwein in einen weichen Sessel gekuschelt ...) *Heimlich* hatte ja neben der heute geläufigen Bedeutung von verborgen, versteckt noch die mit dem Heim verbundene; man sagt heute noch *heimelig*, wie schon eingangs erwähnt. Freud geht in *Das Unheimliche* ausgiebig den etymologischen Verwicklungen auf den Grund und findet im Grimmschen Wörterbuch: »*aus dem heimatlichen, häuslichen entwickelt sich weiter*

50 ebd.

51 ebd., S. 90

der begriff des fremden augen entzogenen, verborgenen, geheimen«[52] und weiter: »*die bedeutung des versteckten, gefährlichen (…) entwickelt sich noch weiter, so dasz heimlich den sinn empfängt, den sonst unheimlich (…) hat*: ›mir ist zu zeiten wie dem menschen, der in nacht wandelt und an gespenster glaubt, jeder winkel ist ihm heimlich und schauerhaft.‹« (Freud hat übrigens die Hervorhebung im Text des Wörterbuchs selbst vorgenommen.) Freud dazu: »Also heimlich ist ein Wort, das seine Bedeutung nach einer Ambivalenz hin entwickelt, bis es endlich mit seinem Gegensatz unheimlich zusammenfällt. Unheimlich ist irgendwie eine Art von heimlich.«[53]

Kein Wunder, dass der Ort des Auftauchens des Unheimlichen *das Haus* ist, das *eigentlich* heimlich-heimelig ist. Freud wieder: »Wir haben ja gehört, dass manche moderne Sprachen unseren Ausdruck: *ein unheimliches Haus* gar nicht anders wiedergeben können als durch die Umschreibung: Ein Haus, in dem es spukt.«[54] Im Schauerroman ist das Grauen erregende Unheimliche in einem Schloss (Graf Dracula in seinem Schloss in Transsylvanien) oder ehrwürdigen Herrensitz angesiedelt. In *Wuthering Heights* (Sturmhöhe) von Emily Brontë ist es ein einsames Haus auf einer Anhöhe. Das Vertraute wird durch beunruhigende Zeichen, die erst einmal nicht zu entschlüsseln sind, verfremdet – in Bram Stokers Roman *Graf Dracula* begibt sich der gesichert bürgerlich lebende junge Mann (und Verlobte einer ebensolchen Braut) in ein fremdes Gebiet – die Pferde scheuen, die einfachen, einheimischen Menschen sind kurz vor der panischen Flucht –, und nichts ist sichtbar, das die Irritation erklären könnte. Später dringt das Unheimliche in die bürgerlichen, schmucken Häuser der Heimat ein – als Vorboten schwärmen Scharen von Ratten aus, die ein unbekanntes Unheil vage ankündigen …[55]

In fast jedem Kriminalfilm (heute Actionfilm oder Thriller) dringt der Held – der Polizist, manchmal ein Journalist oder ein durch die

52 Freud 1919h, S. 236
53 ebd., S. 237
54 ebd., S. 254f.
55 vgl. Hirsch 2005

Umstände zum Einzelkampf gezwungener Bürger – in ein ihm unbekanntes Haus ein oder in eine Wohnung, in dem das Böse (der Verbrecher, der Psychopath, der Serienmörder) oder das Unheimliche (eine entsetzlich zugerichtete Leiche, rätselhafte Zeichen oder Hinweise) enthalten ist. In dem schönen Film *Gaslight*, der einen wahrhaft einem Hitchcock würdigen Stoff behandelt – und auch der Regisseur, George Cukor, steht Hitchcock in nichts nach, wie auch Hitchcock leicht die wunderbare Ingrid Bergman hätte gewinnen können, wenn er den Stoff verfilmt hätte –, steht ein Haus im Zentrum der Handlung, woraus sich der deutsche Titel *Das Haus der Lady Alquist* ableitet, eigentlich nichtssagend im Vergleich zum Originaltitel, denn er bezeichnet lediglich den Ort des Unheimlichen, während *Gaslight* einen Hinweis gibt auf das Mittel oder das Zeichen, durch das das Unheimliche erzeugt wird. Das Haus ist ein Elternhaus, jedenfalls das, in dem die Protagonistin aufgewachsen ist, das ihr eigentlich vertraut ist und in das sie nach langer Zeit der Abwesenheit mit ihrem in der Fremde gerade vermählten Ehemann zurückkehrt. Dieser ist übermäßig um ihre Gesundheit besorgt, geht im übrigen seinen umfangreichen Geschäften nach – die junge Frau, alleingelassen, gerät zunehmend außer Fassung durch die Zeichen, die sie nicht deuten kann: Während der Abwesenheit des Mannes sind vom – scheinbar nicht zugänglichen – Dachboden her Geräusche zu hören, während gleichzeitig das Gaslicht regelmäßig schwächer wird. Die unerträgliche Spannung zwischen dem vertrauten Haus und dem Unheimlichen, Unbekannten in ihm führt zu einer zunehmenden Verwirrung der jungen Frau, und der besorgte Ehemann ist kurz davor, sie in die Nervenklinik zu bringen, was ihm allerdings nicht wenig gelegen käme, wie man später erfährt. Diese Spannung wird erst durch einen triangulierenden Dritten – einen Journalisten, der sich natürlich prompt in die derangierte junge Frau verliebt – nach und nach aufgelöst, indem er der Ursache – die sich nicht im verwirrten Geist der jungen Frau, sondern real auf dem Dachboden befindet – auf die Spur kommt: Der scheinbar besorgte Ehemann hatte die arglose junge Frau nur geheiratet, um durch sie in das Haus zu kommen, in dem er Juwelen der Tante vermutete, die diese als berühmte Sängerin einst vom Zaren bekommen hatte ... Während er auf dem Dachboden nachforschte, verursachte er die Geräusche, und da er oben Licht machte, fiel der Druck im Leitungssystem des Hauses: das Gaslicht wurde schwächer. Und das ist wirklich die Methode, jemanden, der abhängig ist, verrückt zu machen: ihn für etwas zu beschuldigen, wofür der Ankläger jedoch selbst verantwortlich ist, und jede dadurch erzeugte Irritation oder Angst als Beweis zu verwenden, dass die Beschuldigung realistisch ist – die Voraussetzung ist dabei, dass kein Dritter anwesend ist, mit dem darüber (meta-) kommuniziert werden kann (im Film kam ja der rettende Dritte wie der Prinz im Märchen dazu). Das sind die Bedingungen der klassischen Double-bind-Dynamik, die als ein Faktor der Verursachung schwerer Psychosen galt und vielleicht noch gelten kann, und die pragmatischen US-Amerikaner haben anhand dieses Films ein Wort erfunden für »Jemanden-verrückt-Machen«: *to gaslight, gaslighting*.

So kann das Haus als Muttersymbol verrückt-machend bedrohlich werden, gleichzeitig symbolisiert es aber auch das von der Psychose bedrohte, verunsicherte Selbst, in dem heimliche Kräfte am Werk sind, die man nicht beherrscht, nicht einmal kennt. Das Haus kann auch direkt als Bild für das Selbst verwendet werden, das von einer mütterlichen Macht in seiner Existenz bedroht ist. Da wir nun einmal die Mutter-Hülle verloren haben, gilt es, Ersatz zu schaffen. Ein eigenes Haus zu schaffen scheint die Billigung und wohlwollende Erlaubnis einer Mutter zur Voraussetzung zu haben. Das gilt im mehr konkreten Sinne für die Kulturgeschichte – wenn der natürliche Schutz nicht ausreicht, baut der Mensch sich selbst einen überdachten Schutz, aber Naturgewalten wie Erdbeben, Flutwellen und Wirbelstürme erheben oft genug Einspruch – ebenso müsste eine wohlwollende Mutter auch dem Kind gestatten, nach und nach sein eigenes »Haus« zu bauen, sein Selbst zu entwickeln. Rank hatte ja dem Bewohnen der Erd- und Felshöhle noch nicht die Qualität einer kulturellen Leistung – und das ist: der Natur etwas Eigenes entgegenzusetzen – zugestanden. Er sah in der Höhle eher ein Imitat des Mutterleibes, dem bloßen Schutz dienend. Auch noch eine erste Laubhütte sah er eher in Analogie zum Nestbau der Vögel (»nesting« bei Garber), auch dieser eher eine Nachahmung.

»Cocooning«[56] bezeichnet schon eine Abgrenzung dem Mütterlichen gegenüber, einen Rückzug an einen intimen Ort (innerhalb des Hauses) oder in ein Haus, das dann den Charakter einer bewehrten Festung (»My home is my castle«) bekommt, eine Transformation der Wohnung zur Enklave (so die amerikanische Trendforscherin Faith Popcorn[57]), wie es der israelische Künstler Absalon (1964–1993) als reduzierteste Ein-Personen-Zellen gebaut und in mehreren Metropolen aufgestellt hat: Das wäre kein Imitat der Mutter-Hülle, vielmehr ein wenn auch paranoid-trotziges, selbstgeschaffenes Dagegen-Setzen. Arnold Modell[58] nannte die Illusion der Selbstgenügsamkeit bei narzisstischen Persönlichkeiten »cocon« aufgrund von Beziehungsunfähigkeit. Interpretationen in der Therapie solcher Patienten kämen bedrohlichen Intrusionen gleich und müssten lange Zeit vermieden werden. Einen poetischen Ausdruck einer solcher Verletzlichkeit aufgrund von massiven Intrusionen in das »private Selbst« und die daraus erwachsende Notwendigkeit einer Stabilisierung durch Rückzug, die aber immer wieder durch neuerliches Eindringen gefährdet ist, hat Manfred Schmidt[59] in einem Gedicht Rilkes gefunden, in dem auch die Haus-Metapher (das Haus steht für das Selbst) verwendet wird:

> »Ach wehe, meine Mutter reißt mich ein.
> Da hab ich Stein auf Stein zu mir gelegt
> und stand schon wie ein kleines Haus,
> um das sich groß der Tag bewegt …
> Sie reißt mich ein, indem sie kommt und schaut.
> Sie sieht es nicht, dass einer baut,
> sie geht mir mitten durch die Wand von Stein,
> ach wehe, meine Mutter reißt mich ein.«[60]

56 Garber 2000, S. 20
57 zit. bei Schulze 2003, S. 283
58 Modell 1976
59 Schmidt 1999, S. 198
60 Rilke 1982, S. 100–102

Die Haus-Metapher verwendete Freud einmal andeutungsweise für die Psyche oder das Gesamtselbst, das »Seelenleben«, mit dem berühmten Satz aus den *Vorlesungen zur Einführung in die Psychoanalyse*[61]: »Die dritte und empfindlichste Kränkung [nach der kopernikanischen Wende und den Forschungen Darwins, die beide die Ideen der Sonderstellung des Erdplaneten bzw. des biologischen Menschen auflösten] aber soll die menschliche Größensucht durch die heutige psychologische Forschung erfahren, welche dem Ich nachweisen will, dass es nicht einmal Herr im eigenen Hause, sondern auf kärgliche Nachrichten angewiesen bleibt von dem, was unbewusst in seinem Seelenleben vorgeht.« Zu dieser Zeit schreibt Freud noch vom Unbewussten, das eigenen Gesetzen gehorchte, wenig später strukturierte er den psychischen Apparat in die Gebilde Es, Ich und Über-Ich, so dass man sich den Zwei-Fronten-Krieg, in dem das arme Ich oft genug zerrieben wird, auch räumlich vorstellen kann. Leicht stellt man sich diesen psychischen Apparat als übereinander geschichtet vor: Das Es natürlich im Keller, das Ich, wie bei C. G. Jung, in der Mitte, und das Über-Ich darüber schwebend, und so erhält er eine vertikale Struktur, genau wie Bachelard[62] sich das Haus als »vertikales Wesen«, bestimmt durch die »Polarität von Keller und Dachboden« vorstellt und wie es durch den Traum C. G. Jungs (s. das Kapitel *Das Haus im Traum*) auch bestätigt wird.

Freuds entmutigende Feststellung, das Ich sei nicht Herr im eigenen Haus, führt direkt zu einer Auseinandersetzung, die Elisabeth Bronfen[63] mit dem *Haus ur* bzw. dem *Totes Haus ur* Gregor Schneiders geführt hat. Das *Haus ur* ist ein Haus der Familie Gregor Schneiders in Mönchengladbach, das er nach und nach zu einem verfremdeten, vertrauten-unvertrauten Kunstwerk umbaute und das er in den deutschen Pavillon der Biennale Venedig 2001 hineinbaute, wodurch es aber in den Augen des Künstlers zum *Totes Haus ur* werden musste. Was Gregor Schneider gemacht hat, schildert Daniel Birnbaum[64]:

61 Freud 1916–17, S. 295
62 Bachelard 1957, S. 43
63 Bronfen 2001
64 Birnbaum 2001, S. 73

»Was ist Schneiders ›Haus ur‹? Nichts von dem, was der Künstler selbst uns dazu mitteilt, ist völlig unzweideutig. Wem gehört es? Lebt er wirklich hier? (...) Wir fragen, aber wir erhalten keine eindeutigen Antworten. Vor über 15 Jahren begann Schneider, der damals ein Teenager war, das Gebäude in der Unterheydener Straße von innen her auseinander zu nehmen. (...) Inzwischen ist es fast nicht mehr möglich, die ursprünglichen Dimensionen und die ursprüngliche Anordnung der verschiedenen Räume zu rekonstruieren. Die Liste der Verbesserungen, die der Künstler im Verlauf der letzten anderthalb Jahrzehnte vorgenommen hat, liest sich wie eine merkwürdige Form experimenteller Literatur, die sich durch jede nur vorstellbare Wiederholung und Verdoppelung der architektonischen Grundeinheiten hindurcharbeitet: ›Wand vor Wand, Decke unter Decke, Wandteil vor Wand, Raum im Raum, Blei um Raum, Licht um Raum, Wand vor Wand (...).‹ An diesem Punkt angelangt, vermag sich noch nicht einmal der Künstler selbst an alle Schritte zu erinnern: ›Das Haus lässt keine komplette Dokumentation mehr zu. Die dahinter liegenden Raumschichten lassen sich nur noch ausmessen. Bis zu den letzten kommt keiner mehr, es sei denn, man würde das Haus systematisch aufbohren und zerstören. Röntgen ist wegen der Bleischichten nicht möglich.‹«

Im Gegensatz zum *Haus ur* ist das *Totes Haus ur* das Ergebnis einer sozusagen kreativen Selbstbeschädigung, und zwar deshalb notwendig, weil die Ausstellung des Hauses in Venedig seine Demontage erfordert: »Wenn Schneider Abschnitte des Hauses verschiebt, oder außerhalb des Hauses Repliken der Räume herstellt, sind diese Teile nicht mehr für ihn lebendig. Sie sind keine Bestandteile des Organismus mehr, sondern tot. Gregor Schneider bezeichnet diese abgeschnittenen Körperteile als ›Totes Haus ur‹. ›Ausstellen ist immer ein Abtöten der Arbeiten‹, sagt er, während die Arbeit das Leben selber ist. Man versucht, das Haus als eine Erweiterung des Körpers des Künstlers zu begreifen. Die Vorgänge im Haus wären demnach eine Art Umgestaltung des Selbst. Zumindest partiell handelt es sich auch um eine Frage der Selbstverstümmelung.«[65] Haus und Selbst und Körper gehen hier wieder einmal ineinander über.

65 ebd., S. 80

Elisabeth Bronfen nähert sich in ihrem brillanten Artikel im Ausstellungskatalog der Biennale Gregor Schneiders Arbeit von der Seite der Psychoanalyse und der Philosophie Heideggers. Um *mit der Tür ins Haus* zu fallen, ein Zitat: »Die architektonisch markierte und rituell gefeierte Heimatlosigkeit bietet die einzige lebbare und tragfähige Wohnstätte, die dem reifen Subjekt, das gezwungen ist anzuerkennen, dass er oder sie niemals Herr im eigenen Haus sein kann, offensteht.«[66] Das versteht man erst ganz, wenn man den Kontext der Intentionen Hitchcocks, Freuds, Abrahams und Toroks sowie Heideggers erfährt, in den die Autorin das *Haus ur* stellt. Die Autorin lässt sich erst einmal von Hitchcock durch das Haus des grauenhaften Verbrechens, um das es im Film *Psycho* geht, führen, und zwar in dem Werbetrailer, in dem Hitchcock den zukünftigen Zuschauern des Films die Räumlichkeiten, aber nur diese, des Tatorts demonstriert und sie damit in eine unheimliche Stimmung versetzt: Die Räumlichkeiten sind durchschnittlich vertraut und bergen doch ein entsetzliches Geheimnis (natürlich will man alles erfahren – dann wird das Unheimliche in sich zusammenfallen und aufgelöst – und unbedingt den Film sehen wollen). Das Sichtbare ist nicht das Reale. Ebenso im *Haus ur*; wie Hitchcock ist Gregor Schneider »besessen von Heimlichem, das ins Unheimliche umschlägt.« Er »beschränkt sich nicht darauf, sein eigenes Heim so umzubauen, dass man, hat man erst einmal die Schwelle dieses Hauses überschritten, nie sicher sein kann, was einen als nächstes erwartet (...). Er irritiert die normale Wahrnehmung des Besuchers, denn Fenster und Türen sind nicht das, was sie zu sein scheinen, und die Tunnel und Korridore führen in scheinbar endlose Labyrinthe.«[67] – »Wenn die Orte und die in ihnen befindlichen Gegenstände nicht das sind, was das Auge sieht, kann man der eigenen Wahrnehmung dann überhaupt noch trauen?«[68], fragt Elisabeth Bronfen.

Bronfen zieht die Verbindung zur Psychoanalyse mit dem Konzept der *Krypta* der französischen Psychoanalytiker Abraham und Torok.[69]

66 Bronfen 2001, S. 55
67 ebd., S. 33f.
68 ebd., S. 37
69 Abraham/Torok 1994

»Man muss sich das Unbewusste auch wie eine Krypta vorstellen. Es enthält ein verdrängtes Wissen, das, obwohl es nicht unmittelbar zugänglich ist, Spuren in der Psyche zurücklässt, indem es verzerrte Wissensäußerungen hervorruft.«[70] Die Krypta ist der abgekapselte, verborgene Niederschlag traumatischer, unassimilierbarer, deshalb im Wiederholungszwang destruktiv weiterwirkender Erfahrungen – man kann dafür den Begriff *traumatisches Introjekt* verwenden, wie ich es ausführlich, auch in der Identifikation mit Ferenczi, getan habe.[71] Das Introjekt – die Krypta – macht sich durch seine Wirkung bemerkbar – um mit Abraham und Torok zu sprechen, durch das Phantom – es macht Symptome, besonders auch Körpersymptome, steuert das Verhalten, macht Schuldgefühl und Selbstwerterniedrigung wie ein feindliches, verfolgendes Über-Ich. Ebenso wie das *Phantom* sich des Körpers bemächtigt, »kann [es] sich in einer Figur manifestieren, einem Gespenst, einer Erscheinung, einem Spektralkörper – aber auch in einem Gebäude, einem phantasmagorischen gespenstischen Ort, der ein geheimes Wissen birgt. In beiden Fällen bestätigt das Phantom die Idee, dass hier ein Wissen vorhanden ist, auch wenn es zugleich dessen Unfassbarkeit und Unzugänglichkeit betont.«[72] Das *Haus ur* ist ein Ort, »der, und das ist das eigentlich Entscheidende, wie ein Phantom funktioniert. Diese Räume, die Gregor Schneider ausdrücklich als belebte Körper wahrnimmt, materialisieren eine Wissenslücke und lassen Kraft dieser Verkörperung bei den Besuchern, die sie durchquert haben, unfassbare, aber dennoch markante Spuren zurück, ähnlich wie im Falle Hitchcocks, der es uns erlaubt, den Schauplatz seiner grauenhaften Mordgeschichte aufzusuchen, um eine (...) Ahnung von Ereignissen zu gewinnen, die wir immer nur als cineastische Reproduktionen sehen werden.«[73] Wieder werden Haus und Körper gleichgesetzt.

Als Freuds *Das Unheimliche* 1919 erschien, kannte er das Introjekt/Krypta-Konzept nicht, aber neben der Triebbedingtheit des Wiederho-

---

70 Bronfen 2001, S. 40
71 Hirsch 1997, 2004
72 Bronfen 2001, S. 42
73 ebd., S. 45

lungszwangs und dem Zurückführen des Unheimlichen auf kindliche Kastrationsängste nimmt er bereits hier eine Ich-Spaltung in ein kritisches, das Ich beobachtendes *Gewissen* an (wenig später Über-Ich genannt), das einen bedrohlichen Charakter haben kann, während es doch als vordem freundlich bekannt war. Das Motiv des Doppelgängers (von Rank[74] ausführlich bearbeitet, der den Doppelgänger ursprünglich als »Versicherung gegen den Untergang des Ichs« verstand, wie Freud ihn zitiert, als eine »energische Dementierung der Macht des Todes«, wie Rank es ausdrückt – wir erinnern uns an die Stadtgründer, die Zwillinge waren, deren einer sterben musste, damit der andere die historische Großtat vollbringen konnte) führt Freud nun auf die Spaltung von Ich und Gewissen zurück – ein Gewissen, das aber, feindlich, bedrohlich geworden, das Gefühl der Unheimlichkeit erzeugt. Mit diesen mehr dem narzisstischen Bereich als der Trieblehre zugehörenden Gedanken nähert sich Freud beträchtlich den – von Ferenczi[75] später begründeten – Vorstellungen des Introjekts als Folge traumatischer Erfahrungen.

Zurück zu Elisabeth Bronfen, die nun einen anderen Spezialisten des Unheimlichen heranzieht: Martin Heidegger, »der sich dieses Begriffs bedient, um nachdrücklich darauf hinzuweisen, dass das Verkennen, das heißt die mangelhafte Beherrschung des Raums, den man bewohnt, dem menschlichen ›Dasein‹ immer schon eingeschrieben ist, unabhängig davon, ob es sich dabei um einen Körper oder ein Gebäude handelt. In Heideggers Darstellung des Unheimlichen entspricht ein radikales Gefühl des Unheimlichwerdens einer besonderen ontologischen Empfindlichkeit, die das Subjekt jedes Mal heimsucht, wenn er oder sie der seiner/ihrer weltlichen Existenz innewohnenden Instabilität besonders nahekommt.«[76] Bronfen überträgt nun Freuds und besonders Heideggers Konzepte des Unheimlichen (hier könnte man mit dem Wort noch weiterspielen: Unheimlich – ohne Heim) auf das *Haus ur* Schneiders, der verlange, dass wir »unsere Wohnstatt unheimlich machen«, um zu uns selbst in unserer prinzipiellen Heimatlosigkeit

---

74 Rank 1914

75 Ferenczi 1933

76 Bronfen 2001, S. 47

und »psychischen Instabilität« finden zu können. »Mit anderen Worten, wenn wir den Rundgang, den er uns vorschlägt, antreten, erleben wir körperlich Passagen, die uns in die Irre führen, Fenster, die einen verwirrenden Eindruck davon vermitteln, was sich jenseits der Mauer befindet, trügerische Türen, die keinen Ausweg bieten, und entdecken auf diese Weise unsere Heimatlosigkeit in der Welt. Zugleich aber sind wir gezwungen anzuerkennen, dass wir, gerade deshalb, weil unsere Existenz in der Welt auf radikale Weise durch die von uns bewohnten Räume determiniert wird, niemals der Heimatlosigkeit entkommen können, die sie uns auferlegen. (…) Er macht sein Haus unheimlich, (…) um damit die Existenz als ›In-der-Welt-Sein‹ in den Vordergrund treten zu lassen.«[77] Indem wir uns der Unsicherheit unserer Existenz vergewissern, indem wir den Wohnraum unsicher-unvertraut machen, schaffen wir wenigstens eine darauf bauende Sicherheit. Damit sind wir wieder bei Freuds Diktum: »Nicht Herr im eigenen Haus« angelangt, das mit Heidegger, wie ihn Bronfen referiert, erläutert wird: »Denn auch wenn Heidegger mit Freuds Behauptung übereinstimmt, dass alle Gewissheiten Selbsttäuschungen und Mechanismen der Selbstverkennung seien, rückt er in seiner Darstellung des Unheimlichen die Tatsache in den Vordergrund, dass wir durch die Preisgabe der Illusion, unser Dasein hätte irgendein Fundament, tatsächlich einen existentiellen Grund gewinnen, indem wir ständig neu verhandeln, wie wir die Welt bewohnen.«[78] Damit müsste übrigens die Aufhebung der ständigen Verdrängung des eigenen Todes verbunden sein, wie ich ergänzen möchte, der die allergrößte und eigentlich unfassbare Kränkung und Verunsicherung für den Menschen bedeutet. Nicht umsonst hat Freud diese Bedrohung als[79] bedeutendste Quelle des Gefühls des Unheimlichen bezeichnet, wenn sie aus der Verdrängung auftauchen will: »Im allerhöchsten Grade unheimlich erscheint vielen Menschen, was mit dem Tod, mit Leichen und mit der Wiederkehr der Toten, mit Geistern und Gespenstern, zusammenhängt.« Und weiter: »Da fast alle von uns in diesem

77 ebd., S. 48f.
78 ebd., S. 55
79 Freud 1919h, S. 254

Punkt so denken wie die Wilden [nämlich an den Tod nicht wirklich glauben], ist es auch nicht zu verwundern, dass die primitive Angst vor dem Toten bei uns noch so mächtig ist und bereit liegt, sich zu äußern, sowie irgend etwas ihr entgegenkommt.«[80]

80 ebd., S. 255f.

5. Kind und Haus

»Das Kind malt ein anderes, unergründliches Haus.«[81]

In seinem bahnbrechenden Buch *Kindheit und Gesellschaft* hat Erikson[82] zehn- bis zwölfjährige, also pubertierende Kinder beschrieben, die er mit Bauklötzen eine »aufregende Filmszene« spielen ließ – mit dem Erfolg, dass praktisch keine einzige aufregende Filmszene entstand, sondern die Kinder das spielten, was ihnen in den Sinn kam. Und dabei stellten sich signifikante Geschlechtsunterschiede heraus. »Um ein Beispiel zu geben, das uns unmittelbar auf den Modus des weiblichen Umschließens bringt, so bauten Mädchen viel öfter als Jungen einen Raum in der Form eines Kreises von Möbeln, ohne Wände, auf.«[83] Ein Junge hatte eine Schilddrüsenerkrankung, er war fett und »effeminiert« – der baute auch einen Kreis, aber anderthalb Jahre später war er nach einer Hormonbehandlung ganz schlank und baute einen *sehr schlanken* Turm: »Dass sein Turm, nun wo er selbst endlich schlank wurde, der allerschlankste war, ist eines jener ›einzigartigen‹ Elemente, die daran

81 Elizabeth Bishop, *Cestina*, 1975; zit. bei Garber 2000, S. 66
82 Erikson 1950
83 ebd., S. 95

denken lassen, dass irgendein Gefühl des eigenen körperlichen Selbst die räumlichen Modalitäten dieser Aufbauten beeinflusst.«[84] »Der signifikanteste Geschlechtsunterschied lag in der Tendenz der Knaben, Strukturen, Gebäude, Türme oder Straßen zu bauen; die Mädchen neigten dazu, den Spieltisch als Inneres eines Hauses zu verwerten, wobei sie Bauklötze nur in einfacher Weise, in geringer Zahl oder gar nicht benutzten.«[85] Die häusliche Idylle aber wurde oft durch das Eindringen eines Tieres, eines Mannes oder eines Jungen gestört, doch die Eindringlinge wurden nicht abgewehrt, »vielmehr besitzt die Mehrzahl dieser Einbrüche ein Element von Humor und angenehmer Erregung.«[86] Erikson folgert: »Es ist jetzt deutlich, (...) dass sie [die dargestellten Motive] tatsächlich der Morphologie der Sexualorgane weitgehend entsprechen: Auf der männlichen Seite *äußere* Organe, *aufrichtbaren* und *eindringenden* Charakters, die höchst *bewegliche* Spermazellen leiten; auf der weiblichen Seite *innere* Organe mit einem vorraumartigen *Zugang*, der zum statisch erwartenden Ovum führt.«[87] Weiterhin nimmt Erikson einen »tiefgreifenden Unterschied im Raumsinn der beiden Geschlechter« an, und »dass die sexuelle Differenzierung offensichtlich den entscheidendsten Unterschied im Grundplan des menschlichern Körpers mit sich bringt, der seinerseits die biologische Erfahrung und die gesellschaftliche Rolle mitbestimmt.«[88] Die beobachteten Spielkonstruktionen könnten aber auch Ausdruck der gesellschaftlich vermittelten Rollenerwartungen an das jeweilige Geschlecht sein.

Wer einwendet, diese Untersuchung sei in den 30er Jahren des 20. Jahrhunderts gemacht worden und von völlig überholten Geschlechtsrollenklischees bestimmt, wird erstaunt sein, dass Nachprüfungen in den 90er Jahren ganz ähnliche Ergebnisse hervorbrachten. In einer neueren Untersuchung von Elizabeth L. Mayor[89] bauten wieder die

---

84 ebd.
85 ebd., S. 97
86 ebd., S. 100
87 ebd.
88 ebd.
89 Mayor 1991

Mädchen häufiger umschlossene Räume, die Jungen Türme, und wieder blieb die Frage offen, welcher Anteil daran die Projektion eines geschlechtsbestimmten Körper-Ichs und welche die je differente Sozialisation gehabt hatte. Wichtig (und für die Autoren anscheinend überraschend) war die Beobachtung, dass die Mädchen keineswegs depressiv gestimmt waren angesichts ihrer von innen heraus inszenierten Weiblichkeit, vielmehr fröhlich und stolz – das widersprach der (damals?) noch immer vorherrschenden psychoanalytischen Auffassung der Frau als Mangelwesen. Ängstlich erschienen vielmehr die Jungen: Im Unterschied zu den achtjährigen scheuten sich die zehnjährigen, pubertierenden Jungen, zu ihrer Männlichkeit zu stehen, sie verbargen oder zerstörten ihre Türme. Wenn das die Autorin auch nicht unbedingt Kastrationsangst nennen möchte, stellt sie jedoch fest, »dass diese Jungen ängstlich sind, der Beste zu sein, der Größte, ehrgeizig, konkurrierend und, in ihren eigenen Bezeichnungen, ›maskulin‹«.[90]

Daniel Benveniste[91] ermunterte 44 Kinder im Alter von zwei bis neun Jahren, Geschichten zu erfinden; das Ergebnis fasst er so zusammen:

> »Mehr Geschichten von Mädchen als solche von Jungen wurden in Zusammenhang gebracht mit oral-rezeptiver Orientierung, Nahrung, Autorität, Bedürfnis nach Unterstützung, Reproduktion, Häusern, mit Symbolen weiblicher Genitalien, mit Müttern oder Frauen, Schwestern oder Mädchen sowie Säuglingen. Andererseits wurden mehr Geschichten von Jungen in Zusammenhang gebracht mit analer Orientierung, Masochismus, Ängstlichkeit, Macht, männlichen Genitalien, Gebäuden, Hinabfallen oder Hinabsinken sowie Ansteigen und Hinaufgehen. Die wiederkehrenden Bilder und Themen in den Geschichten der Jungen, scheint mir, reflektieren verschiedene symbolische Repräsentationen der Welt, wie sie von der körperlichen Erfahrung der Jungen abgeleitet wurden, namentlich von dem periodischen Ansteigen und Hinabsinken des Penis. Mit dem Phallo-Zentrismus der Jungen ist ihre Neigung zu Gebäuden und eine Vielzahl von anderen phallischen Symbolen assoziiert. (…) Wie die Jungen in dieser Studie anscheinend Welten konstruiert haben, die die

90 ebd., S. 507
91 Benveniste 1998

Struktur und die Position ihrer Genitalien widerspiegelten, so machten es auch die Mädchen. Ihr Interesse an den weiblichen Genitalien ähnlichen Objekten war größer als das der Jungen, ebenso ihr Interesse an Müttern und Frauen, an Schwestern und Mädchen. Ihr großes Interesse an Autorität, Nahrung, am Haus, an Reproduktion und an Säuglingen allerdings mag nicht nur ihre körperliche Erfahrung wiedergeben, sondern, wenn man es künstlich trennt, die Sozialisation dieser körperlichen Erfahrung. (...) In dieser Beziehung bemerkenswert ist das größere Interesse der Mädchen an dem Bild des ›Hauses‹, das man differenzieren kann von dem größeren Interesse der Jungen an dem Bild des ›Gebäudes‹ (...).«[92]

Das Haus ist hier offenbar assoziiert mit häuslich, mit dem heimischen Herd und der Familie, Gebäude dagegen mit Öffentlichkeit, Arbeit, »Business«, Macht, Ansehen etc. Benveniste schließt sich der Ansicht der Anthropologin Mary Douglas[93] an: »Der soziale Körper führt zwingend zu der Art und Weise, wie der physische Körper wahrgenommen wird. Die physische Erfahrung des Körpers, immer modifiziert durch die sozialen Kategorien, durch die er bekannt wird, hält eine besondere Sicht der Gesellschaft aufrecht. Es gibt einen kontinuierlichen Austausch der Bedeutungen zwischen den zwei Arten der körperlichen Erfahrung, so dass jede die Kategorie der anderen verstärkt.«

Es scheint mir selbstverständlich, dass Kinderzeichnungen unbewusste Vorstellungen und Phantasien verschlüsselt wie Trauminhalte wiedergeben. Vielleicht kann man tatsächlich ein kollektives Unbewusstes annehmen, man denke an typische, von vielen Menschen unabhängig voneinander geträumte Träume, in denen sie z.B. nackt durch die Straßen gehen. Spontan erfinden so viele Kinder ein ubiquitäres Motiv: Ein Haus, daneben ein Baum. Für mich ist es keine Frage, dass es sich hier um Symbole für Frau und Mann, Mutter und Vater handelt (Abb. 5–12).

---

92 ebd., S. 69
93 Douglas 1970, S. 72

Abb. 5: Thies: Haus/Baum.

Abb. 6: Felix: Haus/Baum.

Abb. 7: Felix: Haus/Baum.

Abb. 8: Felix: Haus/Baum/Regenbogen.

Der Baum hat oft einen sehr phallischen Charakter, man beachte in Felix' zweitem Bild (siehe Abb. 7) die beiden Äste des Baumstamms; denkt man nicht gleich an einen schreitenden oder im Stechschritt marschierenden Mann, dem oberhalb des nach vorn gestreckten Beines noch ein weiteres Glied emporragt? Die mehr oder weniger betonte Tür in den Kinderzeichnungen stellt für mich eine »Leibespforte« dar, wie Freud[94] es formuliert: »Der menschliche Leib (…) findet (…) im Traum häufig eine Darstellung durch das Symbol des Hauses. In der Fortführung dieser Darstellung sind dann Fenster, Türen und Tore die Eingänge in die Körperhöhlen, die Fassaden glatt oder mit Balkonen und Vorsprüngen zum Anhalten versehen. Dieselbe Symbolik findet sich aber auch in unserem Sprachgebrauch, wenn wir einen gut Bekannten vertraulich als ›*altes Haus*‹ begrüßen, wenn wir davon sprechen, einem eins *aufs Dachl zu geben* oder von einem anderen behaupten, es sei bei ihm nicht richtig im *Oberstübchen*. In der Anatomie heißen die Körperöffnungen direkt die *Leibespforten*.« Das Motiv *Haus/Baum* scheint als Ausdruck eines wahrlich kollektiven Unbewussten ubiquitär verbreitet zu sein.

In der einen Zeichnung von Julian (Abb. 9) findet sich sogar ein Gebilde im Haus, das deutlich eine intrauterine Situation wiedergibt, in dem »Haus« befindet sich also ein »Bewohner«.

Abb. 9: Julian: Haus/Baum/»Uterus«.

94 Freud 1916–17, S. 161

Fügt das Kind noch eine Blume hinzu (Abb. 10), ist die ödipale Dreieckssituation komplett, die Blume wäre dann das Kind.[95]

Abb. 10: Felix: Haus/Baum/Blume.

Diese Bilder stammen aus Deutschland, das Motiv kommt aber anscheinend in vielen, wenn nicht allen Kulturen vor: Ein Kollege aus Venezuela fand das Haus-Baum-Motiv bei Kindern, die ihr Haus vor und nach einer Flutkatastrophe gemalt hatten[96] (Abb. 11), und der Kinderanalytiker Antonino Ferro[97] (Abb. 12) teilte es aus einer Kindertherapie, die in Italien stattgefunden hatte, mit.

95 Karin Schneider-Henn, München, verdanke ich den Hinweis auf die Blume.

96 Benveniste o. J.

97 Ferro 1996, S. 53

Abb. 11: Ernesto: La casa antes de la Luvia.

Abb. 12: Binta: Großes und kleines Haus mit Baum.

Es findet es sich auch in der Zeichnung eines sechsjährigen Mädchens, Binta Emballó aus Guinea-Bissau in West-Afrika, die sie ihrer Patin, die sie über eine entsprechende Organisation finanziell unterstützt, ins ferne Europa schickte: Schaut man sich die beiden Häuser Bintas an, denkt man sicher zuerst an Gesichter, Augen und Mund, der Kopf bedeckt mit einem Hut, genau wie die in einem weiteren Erdteil, nämlich Nordamerika, lebende Autorin Garber[98] schreibt: »Das Dach ist das Haar oder der Hut, die Fenster im zweiten Stock sind Augen, die Tür ist ein Mund.« Rilke dichtet:[99]

> »Wie eine Mütze grünlich-samten
> steht meinem Haus das moosge Dach …«

Die Assoziation Haus – Gesicht scheint wirklich weit verbreitet: Der Erzähler McEwan[100] lässt den 15-jährigen Helden Jack mit seinen Gedanken über das *Haus* spielen: »Ich knallte die Haustür zu und ging über die Straße. Früher hatten an unserer Straße lauter Häuser gestanden. Jetzt stand unser Haus auf freiem Gelände, wo Brennesseln zwischen Wellblechfetzen wuchsen. Die übrigen Häuser hatte man für eine

98 Garber 2000, S. 66
99 Rilke 1923
100 McEwan 1978, S. 18f.

Stadtautobahn abgerissen, die dann nie gebaut wurde. Manchmal kamen Kinder von den Hochhäusern und spielten bei unserem Haus, aber meistens gingen sie die Straße weiter bis zu den Fertighäusern, wo sie die Wände umschmissen und mitnahmen, was sie finden konnten (...). Unser Haus war alt und geräumig. Es sollte in der Bauart ein wenig wie ein Schloss wirken, mit dicken Mauern, niedrigen Fenstern und Zinnen über der Haustür. Von der anderen Straßenseite her sah es aus wie ein Gesicht, das sich konzentriert, sich an etwas erinnern will.«

Binta hat zwei Häuser gezeichnet, und der Gedanke liegt nahe, dass sie nicht nur Gesichter, sondern dass das größere die Mutter, das kleinere das Kind bedeuten, zumal Binta ein Mädchen ist. Denn wenn der Baum, eine Palme, den Vater repräsentiert, warum hat er dann kein »Gesicht«? Warum steht überhaupt in diesem ubiquitären Motiv stets ein Baum neben dem Haus? Wenn es der väterliche Phallus ist, müsste die Hausfassade dem weiblichen Geschlecht entsprechen, die Tür das weibliche Genitale bedeuten, die Fenster im ersten Stock die Brüste darstellen. Aber warum ein Entweder-oder? War nicht auch schon Rank[101] zu dem Schluss gekommen, wie wir gesehen haben, dass beides gültig ist, die Kathedrale sowohl noch aus Wurzeln »prä-animalistischen« Denkens den Mutterleib repräsentiert, als auch als Zeichen der Vergeistigung der christlichen Religion den Kopf mit den entsprechenden Öffnungen, eine Deutung, die Rank für die Kathedrale allerdings für die überwiegende hält. Und so stelle ich eine frappierende Übereinstimmung fest von dem Typ der Kathedrale, deren Turm, der Campanile, separat neben dem Kirchengebäude steht, mit dem Motiv aus dem kindlichen Unbewussten, in dem der Baum das Haus begleitet.

Einen deutlichen Hinweis sowohl auf die Vereinigung der Geschlechter, als auch auf die embryonale Situation enthält das andere Bild des fünfjährigen Julian, aus dessen Unbewusstem ein Höhlenmotiv mit einem länglichen Gebilde darin an die Oberfläche kam, und das Kind erklärt dazu: »Eine Höhle mit einem Wurm drin (Abb. 13).«

---

101 Rank 1932

Abb. 13: Julian: Höhle mit Wurm.

Ein Kinderreim tut ein Übriges, den Verdacht auf die Phantasie von Mann und Frau des ödipalen Kindes zu bestärken:

> »Ich kenne einen Hampelmann,
> der wohnt in einem Haus,
> und einen Baum mit Äpfeln dran,
> und eine kleine Maus.«

Da steht der kleine »Hampelmann« wieder neben dem Haus, und der Baum hat vielleicht zwei dicke Äpfel an sich baumeln, dann wäre das männliche Geschlecht komplett dargestellt, und dass die Maus ein phallisches Symbol ist, weiß jeder, der einmal eine hysterisch schreiende Frau hat auf einen Stuhl springen sehen, wenn eine kleine Maus über den Fußboden huschte …

Auch in der bildenden Kunst kommt das Motiv häufig vor, ein Beispiel ist ein vor-abstraktes Gemälde von Wassilij Kandinski (Abb. 14).

Abb. 14: Wassilij Kandinski: Kochel – Gerade Straße. (© VG Bild-Kunst, Bonn 2006).

Abb. 15: Edvard Munch: Roter wilder Wein (© The Munch Museum/ The Munch Ellingsen Group/VG Bild-Kunst, Bonn 2006).

Man denke auch an Edvard Munchs berühmtes Bild *Wilder roter Wein* (Abb. 15), auch hier findet sich ein ragender Baum. Den wilden roten Wein kann man darüber hinaus noch als krebsartige Überwucherung, als krankhaften Befall der »Mutter«, z.B. als morbide Gesellschaft des Fin de Siècle (des 19. Jahrhunderts) deuten.

Das Hausmotiv (ohne Baum) ist in der bildenden Kunst überall zu finden, manchmal mit einer bewussten Bedeutung versehen wie *Burnt House* von Robert Gober, dem abgebrannten Elternhaus (Abb. 16).

Abb. 16: Robert Gober: Burnt House (1980) (© Robert Gober).

Abb. 17: Roy Lichtenstein: House I (1996) (© VG-Bild-Kunst, Bonn 2006).

Oft ist es einfach nur ein Haus, wie Roy Lichtenstein ein Einfamilienhaus fast im Originalmaßstab schuf (Abb. 17), das dreidimensional erscheint, bei näherem Hinsehen aber flach ist wie eine überdimensionale Zeichnung – das könnte der Sinn sein: Nichts dahinter hinter dem kleinbürgerlichen Leben ... Im Museum am Ostwall in Dortmund fand eine Ausstellung *Munch revisited – Edvard Munch und die heutige Kunst*[102] statt, in der Bilder aus charakteristischen Motivbereichen aus Munchs Schaffen entsprechenden Werken zeitgenössischer Künstler gegenübergestellt wurden. In einem dieser Bereiche (*Mensch und Raum*) stellten nicht weniger als zwölf Exponate das Thema *Haus* in den Mittelpunkt.

102 vgl. Pahlke 2005

6. Das ödipale Haus

Im Berlin der 50er Jahre gab es jedes Jahr mitten im Sommer die Veranstaltung *Tag der offenen Tür* der städtischen Einrichtungen. Vielleicht, um die (damals vielen) Daheimgebliebenen, die sich keinen Urlaub leisten konnten, ein bisschen zu versöhnen, konnte man mit Hilfe eines Scheckhefts vom Schwimmbad bis zum Wasserwerk viele Institutionen besichtigen, und es gab auch eine Menge anderer Vergünstigungen. Das Attraktivste aber war die Verlosung eines *Traumhauses*, eines wenn auch winzigen Einfamilienhauses, das die Träume etwa eines pubertierenden, alleinerzogenen Jungen damals entfachte: Ach, könnte er es doch für Mutter und die Geschwister gewinnen!

Eine Gruppensituation; Herr Joachim Gutheil beginnt: Seine Freundin, die Mutter seines anderthalbjährigen Sohnes, hat ihn hinausgeworfen, daraufhin ist er nicht wieder zurückgekehrt und wohnt jetzt in seiner Werkstatt. Das kam so: Sie kam nach Hause und tobte, ihr Analytiker hätte ihr Termine vorgeschrieben, die sie gar nicht einhalten könne, da gehe sie nicht wieder hin! Dem sanften Herrn Gutheil, der sich nie gegen sie wehren konnte, entfuhr es: »Du hast einen Autoritätskomplex!« Daraufhin platzte sie vor Wut und warf ihn hinaus. Er ging wortlos, kehrte aber auch – gekränkt – nicht zurück. Sie hatte ihn vor einiger Zeit dazu bewogen, ihr eine Wohnung herzurichten, die sie kaufte, um mit ihm zusammenzuziehen, was er eigentlich nie wollte. Dann wurde es ihr gleich wieder zu eng, als er dann doch zu ihr zog, und jetzt wirft sie ihn hinaus! Der Hintergrund aber dürfte sein, dass die Frau eifersüchtig ist, dass er mit seiner Mutter wieder eine Wohnung gekauft hat, ohne sie vorher zu informieren. Es sei »einfach« ein günstiges Geschäft gewesen, er hatte natürlich kein Geld, musste das Geld wieder von Mutter nehmen, schließlich sei es seine Altersversorgung, er mache ja die Wohnungen viel wertvoller, vermiete sie dann …

Herr Gutheil geht also von der Mutter zur Frau, um ein Kind zu zeugen, dann kehrt er zur Mutter zurück!

Frau Gesine Gleichmuth, die erst vor kurzem in die Gruppe gekommen ist, knüpft an die Schwierigkeit, mit jemandem zusammenzuleben, an. Wenn ihr neuer Freund ihr nahe kommt, zum Beispiel Sonntagnachmittag nach einem bis dahin schönen Wochenende, sind ihre Gefühle weg. Als ob etwas in ihr ist, das ihr verbietet, eine Beziehung durchzuhalten; dabei werde es mit Anfang 30 langsam Zeit. Eine zweite Stimme geht dann scharf mit ihr ins Gericht: »Du machst alles kaputt, wie kannst du nur deine Gefühle aufgeben, so wirst du es nie schaffen, eine eigene Familie zu haben!« Ihre Schwestern sind alle wieder in die Elterngegend gezogen; eine Schwester war in eine Großstadt gegangen, bekam ein Kind, um dann (ohne Mann) zu den Eltern zurückzuziehen: Eine Tochter bringt ein Kind zur Familie, zum Vater, der natürlich schon immer die Töchter als seinen Besitz betrachtet und immer an ihren Freunden oder Männern etwas auszusetzen gehabt hat.

Jetzt unterbricht Herr Giovanni Antinori: Er möchte von Herrn Gutheil mehr wissen, schließlich habe auch er als Kind Phantasien gehabt, das Elternhaus für die Mutter umzubauen. Er fühlt sich sehr an seine Wohnsituation in der Kindheit erinnert: Es gab für alle nur ein Schlafzimmer, zwischen dem Bett der Eltern und den Betten der Kinder war nur ein Vorhang. Die Mutter hatte über mehrere Jahre einen Freund, kam am Wochenende stets nachts um drei Uhr von der

»Schneiderin« zurück, die sie angeblich jeden Samstag besuchen musste, der Vater tobte dann: »Du Hure!«, woraufhin die Eltern Sex hatten. Die Geschwister konnten nicht vermeiden, aufgeweckt durch den Krach, das ganze Drama jedes Mal mitzuerleben. Herr Antinori hat die Phantasie gehabt, sein Elternhaus zu übernehmen und *umzubauen* – blitzschnell begreift das ein Gruppenmitglied und sagt, dann könne er endlich im Schlafzimmer eine Wand einbauen!

Mir fällt eine Anekdote ein, und ich bringe sie in die Gruppe: Die Mutter, deren Mann früh gestorben ist, sagt zu ihrem kleinen Sohn: »Wenn du groß bist, wirst du Architekt, weil du ja manuell so geschickt bist, und dann baust du *uns* ein Haus …« Der Junge hat später zwar brillant Architektur studiert, zum Erstaunen aller dann aber ein nur mittelmäßiges Examen gemacht und in seinem Leben nie ein Haus gebaut, nie in seinem Beruf gearbeitet, sondern vielmehr als ewiger studentischer Rebell bis zu seinem Tod in einem besetzten Mietshaus gelebt …

So geht es in der Gruppensituation um die Unfähigkeit, ein Leben im eigenen Recht zu führen, Haus und Kinder für sich selbst zu schaffen, sie vielmehr wie unter einem hypnotischen Befehl den Eltern darzubringen: Herr Gutheil zeugt ein Kind für die unersättliche, beherrschende Frau, er baut die Eigentumswohnungen für seine geschicktere Mutter (sie fordert nicht so deutlich), mit der er aber gleichwohl über die Immobilien innig und lebenslang verbunden bleibt – kein Wunder, dass die Frau eifersüchtig wird. Bei Frau Gleichmuth geht es nicht um Immobilien, aber auch um die Ablösung vom Eltern*haus*, wie man sagt, den Schwestern ist es nicht gelungen, sich ein eigenes Leben einzurichten, sie kehren zurück. Frau Gleichmuth hat zwar ihre eigene Wohnung, aber große Probleme, nicht die Flucht zu ergreifen, wenn eine Beziehung einmal ernsthaft und real werden könnte.

Ähnlich auch die Geschichte von Melanie Huber: Nach der Trennung von ihrem langjährigen Freund hat sie einen zwölf Jahre älteren Mann kennen gelernt, ist etwas verliebt und ist zu ihm gegangen, hat mit ihm geschlafen. Am Morgen dann steht plötzlich eine Frau in der Wohnung, beide Frauen fragen gleichzeitig, wie in einer Filmkomödie:

»Wer bist *du* denn?!« Er schickt die andere weg, es ist ihm furchtbar peinlich, er bittet um Verzeihung, will Melanie unbedingt weiter sehen. Sie wundert sich über ihn, als er gesteht, dass sie seine Lebenspläne völlig durcheinandergebracht habe, denn eigentlich wollte er im nächsten Monat mit der anderen zusammenziehen. Ich sage, dann hatte die Inszenierung wohl den Sinn, dass das nicht gehen sollte. – Ja, zumal es das Haus seiner Mutter sei. Der Vater der Mutter, der darin gelebt hatte, sei gerade gestorben, da sagte der Sohn, also Melanies Geliebter, zu seiner Mutter: »Ich baue die Wohnung (des verstorbenen Großvaters) aus, und dann kannst du sie gut vermieten.« – »Nein«, sagt die Mutter, »du kannst doch mit deiner Freundin da einziehen!« Ähnlich geschickt wie die Mutter Herrn Gutheils hat sie zwar nichts gegen die Freundin, möchte aber noch mit ihrem Sohn verbunden bleiben und benutzt, wie wahrscheinlich sehr häufig in unserem zeitgenössischen Leben, eine Immobilie dazu. Und die Szene mit den beiden Frauen beweist der Mutter und ihm selbst, dass er die Wohnung der Mutter nicht haben will.

Man kann die Dynamik ödipal nennen, wenn sie vom – inzwischen erwachsenen – Kind ausgeht, pseudoödipal, wenn sie von den Eltern betrieben wird, die ihr »Kind« nicht so gern verlieren möchten, die dementsprechend in ihrem eigenen Leben nicht so viel Inhalt und Sinn sehen können, dass sie das »Kind« nicht in ein eigenes Leben entlassen wollen. Natürlich wird das weitgehend unbewusst geschehen, und ein bewusstes »Wann ziehst du endlich aus!« wäre deshalb gar kein Widerspruch. Ödipal würde man es nennen, wenn das adoleszente oder bereits erwachsene »Kind« seinerseits zuviel Angst hätte, in ein selbstverantwortetes Leben hinüberzuwechseln, oder auch Schuldgefühle, die Eltern allein zu lassen. »Ödipal« würde in diesem Zusammenhang ja gar nicht einmal unbedingt bedeuten, mit der Mutter Sex haben und den Vater totschlagen zu wollen, sondern würde bedeuten, diese ödipalen Wünsche eben nicht aufgeben zu können und deshalb mit den Eltern verbunden zu bleiben, denn die Aufgabe des etwa sechsjährigen Kindes wäre ja, sich von den Eltern relativ zu lösen (Freud: *Der Untergang des Ödipuskomplexes*[103]), um ein

103 Freud 1924d

neues Bewusstsein seiner selbst als getrenntes Kind zu gewinnen, und der Schuleintritt ist ein erster großer Schritt in die Selbständigkeit.

Es folgt die Geschichte von Herrn Konrad Klein: Im zweiten Vorgespräch sagt er unvermittelt: »Ich ziehe zu meiner Mutter zurück ...« – Ob er sich von seiner Frau scheiden lassen wolle, da er sich ja vor einiger Zeit schon getrennt habe? – Sie wollten sich schon eines Tages scheiden lassen, bisher aber nicht, »weil: Wir haben ein gemeinsames Haus.« Betrübt erinnert er sich: »Anfangs habe ich noch mitentschieden, da haben wir noch in einer Wohnung gewohnt ...« Er hatte jahrelang zwölf Stunden gearbeitet, um für das Haus zu sparen und später für die Abzahlungen, danach hat er noch täglich am Haus gearbeitet. Nachdem er sich getrennt hatte, wollte er seinen Haus-Anteil seiner Frau schenken, die hätte es zwar gern genommen, aber er habe es sich überlegt, denn im Notfall, das heißt, wenn sie ihre Raten einmal nicht abzahlen könnte, müsste er doch weiter alles zahlen, das wollte er dann doch nicht. Bei der Trennung hat er nur seine Stereoanlage mitgenommen »und das hochverschuldete Konto«. Um *Schuld* wird es wohl gehen, um seine *Schuldgefühle*, Frau und Kinder zu verlassen. Anfangs hat er ihr freiwillig einen sehr hohen Unterhalt gezahlt, aber als er ihr das Haus geben und auch noch alle Ratenzahlungen allein übernehmen sollte, hat er endlich einmal deutlich »Nein« zu ihr gesagt, zahlt aber jetzt noch das Doppelte von dem, was er zahlen müsste. Spontan sagt er, er habe Schuldgefühle wegen der Trennung ... Er hat zeitlebens immer nur getan, was die anderen gesagt haben. Vor der Trennung hatte seine Frau immer gesagt, sie gebe es auf, ihn verändern zu wollen, damit er ein besseres Selbstwertgefühl bekomme, nicht so schüchtern sei etc. Fast ohne Spott hat sie gesagt, er solle sich doch auf dem freien Markt eine andere Frau suchen, seinen Marktwert herausfinden (dabei hat sie von seiner Schüchternheit am meisten profitiert ...). Er hat aber so viel gearbeitet, er konnte gar nicht ausgehen, um jemanden kennen zu lernen. Die Arbeit hat nie ein Ende genommen, denn die Frau wollte immer, dass das Haus umgebaut werden sollte; kaum war die eine Ecke fertig, kam die nächste dran. Das Haus sollte perfekt sein, alles war auch immer wie geleckt, geputzt, alles blinkte. Als er nach der Trennung schon seine eigene kleine Wohnung hatte, sagte sie pausenlos, wenn sie einmal zu Besuch kam: »Da kannst du was hinstellen, da musst du was ändern, so sieht das nicht gut aus …« Wenn er früher schon einmal zu ihr sagte: »Komm, wir gehen Pizza essen«, sagte sie: »Ach guck' mal, da muss noch etwas im Keller gemacht werden!« Vier oder fünf Sachen waren immer zu machen, »da wurde eben nichts aus dem Italiener«. Jetzt zieht er in das Haus der Mutter, das soll ja auch umgebaut werden! Weil die Mutter nicht mehr die Treppe steigen kann, soll sie unten ein Bad kriegen. Der Bruder ist Installateur, aber der macht nichts. – Schon wieder ein Haus, frage ich. – »Ja, aber das ist jetzt anders, weil es vernünftig ist, weil ich es auch will. Beim eigenen Haus hatte ich immer das Gefühl, ich schufte so viel, weil es gemacht werden musste, weil *sie* es wollte!«

Das ist ein Paradox! Das »eigene Haus« ist eigentlich das Haus der Frau, die immer mehr will, immer mehr wie im Märchen *Von dem Fischer syner Fru*. Das Haus der Mutter, das doch aber wirklich nicht seines ist, baut er *freiwillig* um … Dieses »nie genug« einer Frau entspricht seinem Schuldgefühl. Sie macht ihm auch noch Vorwürfe, dass er schüchtern sei, von sich selbst nichts halte (was ja dem Schuldgefühl entspricht), die Frau schlägt zynisch vor, er solle doch mal zu anderen Frauen gehen. Das hat er inzwischen nun endlich getan und eine liebe Frau gefunden, die ihn nicht ständig herumkommandiert. Die Frau im Märchen *Von dem Fischer syner Fru* wollte erst einmal eine Hütte, dann ein Haus, dann einen Palast, wurde sogar Kaiserin, und erst als sie Päpstin werden wollte, landete sie wieder im *Pissputt*.

Zurück zu Herrn Gutheil, den die Frau hinausgeworfen hatte. Er war damals so verliebt und wollte die Frau unbedingt haben, aber als sie ein Paar waren, erschrak er über ihre extrem aggressive Eifersucht. Sie verbot ihm praktisch jedes Treffen mit irgendeinem Menschen, besonders mit Frauen, und er hatte doch viele Bekannte und Freundinnen, mit denen er so gut reden konnte, weil er so gut zuhören konnte … Immer musste er grübeln, ob sie die Richtige sei. Aber sie kamen sich doch immer näher. Allerdings machte sie zunehmenden Druck, mit ihm zusammenzuziehen, sie seien doch jetzt ein Paar, ob er sie nicht liebe; wenn er es täte, würde er auch mit ihr zusammenziehen! Nein, er wollte nicht mit ihr zusammenleben, aber er erklärte sich bereit, für sie eine Eigentumswohnung in der Nähe zu finden, die er ihr ausbauen würde – wie er es seit Jahren für seine Mutter tat: Als Nebeneinnahme und für seine Altersversorgung, denn von seinem Beruf allein könne er nicht leben. Er hat schon lange Wohnungen günstig gekauft, die er ausgebaut oder umgebaut, saniert und renoviert hatte, um sie dann zu vermieten. *Natürlich* habe er sie nie finanzieren können, auch habe ihm keine Bank Geld geben wollen, und so habe die Mutter immer das Eigenkapital gegeben, während er selbst seinen Arbeitseinsatz beigetragen habe. Er verstehe sich mit seiner Mutter sehr gut, wenn sie die Planungen für eine neue Wohnung besprechen, auch die Finanzierung, wenn sie die Einrichtung gemeinsam besorgen würden.

Die Wohnung, die er für seine Freundin umbaut und einrichtet, trennt und verbindet. Genau wie seine Kinder: Er zeugt sie, aber sie leben bei der Mutter, er kommt nur zu Besuch. Das war schon beim ersten Kind so, die Tochter ist jetzt fast 20 Jahre alt, bald nach ihrer Geburt verließ er ihre Mutter, inzwischen ist es beim zweiten Kind genauso, er »darf« es kaum noch sehen. Als würde es nicht einem (ödipalen) Verbot unterliegen, das Haus mit der Mutter zusammen zu bauen, nicht einmal Sexualität mit einer Frau zu haben, die er allerdings zur Mutter macht und die dementsprechend seinen Penis benutzt und *verwaltet.*[104] Nicht einmal das Zeugen der Kinder ist verboten, sondern es ist das *Zusammenleben mit einer Frau*, an dem er scheitert, und das ist nicht ödipal, sondern bedeutet, *die Mutter zu verlassen*, indem er zu einer anderen Frau geht, und sich auch insofern zu trennen, als er es mit seinem eigenen Leben anders und besser machen würde, als es seine Eltern konnten, wenn er es denn schaffte. Und gleichzeitig: einer neuen Mutter-Frau zu nahe sein, als dass er es aushalten könnte.

Er erzählt der Freundin von der Wohnung, in die sie einziehen soll, in der es aber erste Probleme mit dem Renovieren gibt. Da jammert sie und macht ihm Vorwürfe. Er wird wütend, denn er arbeitet doch für

104 vgl. Hirsch 1988

sie, und schreit sie erstmalig an; sie rennt aus seiner Wohnung, er hält sie fest … Schließlich bleibt sie bei ihm und hilft ihm sogar bei seiner Arbeit, weil sie sich mit Computern auskennt. Er kehrt aber zurück zu seinem zwanghaften Grübeln, ob die Beziehung etwas wird … Kurze Zeit später geht es wieder los: Sie ruft an, er soll helfen, ein unsinniger Wunsch! Er wird wütend, sie ist verzweifelt; er sieht aber ein, dass sie irgendwie Ängste und Probleme hat – sie rennt aus der Wohnung, kommt aber wieder, bleibt über Nacht, hilft ihm am Computer. Ich sage, er bekommt Schuldgefühle, weil er aggressiv war, wo sie es doch so schwer hat – wie seine Mutter – aber das hört er gar nicht …

Die Freundin hat wohl Angst, die Wohnung zu beziehen, ihre erste Eigentumswohnung. Herr Gutheil berichtet: Kurz vor dem Einzug sei sie völlig erledigt, sie klage, sie wolle die Wohnung nicht wirklich, sie sei außerdem noch nicht fertig, alles sei ein einziges Chaos. Aber sie will ihn auch nicht mehr in *seiner* Wohnung besuchen, sie müsse sich erst einmal zwingen, in der neuen Wohnung zurechtzukommen. Er bleibt ziemlich gelassen, sie solle es so machen, wie sie es könne. Das ist ihr aber auch nicht recht, wütend sagt sie, er sei irgendwie ihr Feind, weil er nicht mit ihr zusammenziehen und eine Familie gründen wolle – das bedeutet doch, dass sie aus Angst, in ihre eigene Wohnung zu ziehen, also auch in seine Nähe zu ziehen, *noch mehr* von ihm will, was sie aber nicht bekommen kann. Damit begründet sie nun das, was ihr an ihrem Umzug Angst macht, und hat in ihm auch jemanden gefunden, der Schuld an ihrem Unglück ist. Und sie sagt es auch, ungeachtet der fehlenden Logik: »Wenn ich da einziehe, was soll denn dann noch weiter werden mit uns, nur noch zusammenziehen und Kinder kriegen – und das willst du ja nicht!«

Nun ist sie doch glücklich umgezogen. Er fühlt sich in der neuen Wohnung der Freundin sehr wohl, er geht oft dort hin. Ihre frühere Mietwohnung mochte er nicht. Er denkt: »Hier würde ich gerne einziehen«, was »natürlich Quatsch wäre«. Es ist die Wohnung, die *er* gefunden und gestaltet hat, also sein Werk, aber eben doch nicht die eigene und schon gar nicht eine gemeinsame Wohnung. Der Gedanke, in der neuen Wohnung zusammenzuleben, wird gleich wieder verworfen.

Irgendwie vermutet er eine Verbindung zum Elternhaus. Nach der Scheidung der Eltern sind er und der Bruder mit der Mutter aus dem Elternhaus ausgezogen, der Vater ist allein dortgeblieben. Das war aber so leer für ihn, deshalb drängte er, dass die Kinder zu ihm ziehen sollten. Sie blieben zwar bei der Mutter, sind aber oft zum Vater gegangen, sie hatten dort alle Freiheiten, durften Parties feiern, der Vater war auch kaum da, sie durften sogar im Lebensmittelgeschäft an der Ecke anschreiben lassen, auf Kosten des Vaters unbegrenzt einkaufen. Herr Gutheil hat als Jugendlicher ein oberes Stockwerk bezogen, hat sich dort eine kleine Wohnung gemütlich eingerichtet, selbst gestaltet ... Dort hat er ganz allein für sich laut Musik hören können, es war ein rauschhaftes Glück, er brauchte niemanden. Davon hat es etwas, wenn er jetzt in der Wohnung der Freundin allein ist, wenn sie früh zur Arbeit gegangen ist.

Mir kommt hier das Haus vor wie ein Übergangsobjekt:[105] Es ist selbstgestaltet, repräsentiert aber nicht Trennung, sondern Verbindung (»Elternhaus« als Repräsentanz der guten Eltern), in der Adoleszenz hat er sich das im Haus des Vaters geschaffen, dadurch wurde die Trennung der Eltern in gewisser Weise repariert. In eine gemeinsame Wohnung mit einer Frau zu ziehen, bedeutet Verschlungen-Werden, nichts selbst mehr regeln, bewirken und gestalten zu können – andererseits würde das (gelingende) Zusammenleben mit einer Frau auch eine endgültige Trennung von den Eltern bzw. der Kindheit bedeuten. Dementsprechend will er nicht, dass die Freundin wieder in seine Wohnung kommt (»eindringt«), die Freundin ist da wie die Mutter, die ihm nicht zu nahe kommen soll – die gemeinsam gestalteten Wohnungen verhindern das (sie leben ja nicht in ihnen zusammen), verbinden sie dennoch. Das ist übergangsobjektartig, das Haus als Verbindendes, als Sicherheit (Objektsicherung), ohne bedrohliche Nähe. Und er kommt nie zur Ruhe,

---

105 Das Übergangsobjekt ist wie der berühmte Teddybär, aber längst nicht nur wie dieser, ein Objekt, das das Kleinkind in der Phantasie zum selbsterschaffenen Muttterersatz macht, so dass es belastende Situationen wie Trennungen ertragen kann. Es ist im intermediären Raum zwischen Mutter und Kind lokalisiert; Winnicott (1971) hat diesen genialen Gedanken gehabt.

es ist wie eine Sucht: Wenn die eine Wohnung fertig ist, wird sie vermietet, die Verbindung zur Mutter droht abzureißen, es wird eine neue Wohnung gesucht, wieder engerer Kontakt durch die gemeinsame Beschäftigung mit der Wohnung, die dann wieder fertig wird etc. etc.

Wieder gibt es eine Krise; die Freundin macht ihn für ihr Glück oder vielmehr Unglück verantwortlich, das will er nicht! Er hat seinen Bruder besucht, dessen Ehe ihm haarsträubend langweilig vorkommt, so bürgerlich; aber der scheint völlig zufrieden zu sein. Aber Herr Gutheil kriegt auch keine Alternative hin, langsam hat er das Gefühl, er müsse für die Freundin wie für die Mutter da sein! »Ich guck' mir das noch zwei bis drei Jahre an …«; aber er muss sehen, dass der jetzige Zustand seine Art der Beziehung *ist*. Der Gedanke einer Zwischenlösung – und immer sind seine Beziehungen und seine Wohnungen Zwischenlösungen gewesen – ist ein Gedanke, der eine Entscheidung für oder gegen die Frau ersetzt. Wie um die Ambivalenz zu illustrieren, fällt ihm ein: »Wenn ich an den letzten Umzug meiner Mutter denke, den ich für sie organisiert habe: Sie war wie ein Feldwebel, genau wie meine Freundin.« Er entwirft ein regressives Bild des kleinen Jungen, des »kleinen Kerls«, der er einmal war, der alleingelassen zu den Buntstiften greift und für sich malt »ohne Verbindung« (zu den Menschen) wie er selbst sagt. Und nun hat er den Drang, weiterzuwandern, weil es mit der Freundin nicht gehen soll, nicht gehen kann.

Wieder haben sie sich fürchterlich gestritten, sich dann aber vertragen, dann war gelingende Sexualität möglich. Herr Gutheil bemerkt den Zusammenhang zwischen dem Sich-Streiten und dem folgenden Gut-Zusammen-Sein-Können, aber er verdrängt den aggressiven Anfang des Ablaufs und sagt: »Vielleicht kaufe ich ja die Nachbarwohnung …« Er denkt also daran, sich zu nähern, wenn es auch noch immer keine gemeinsame Wohnung wäre. Gleichzeitig traut er sich aber nicht, eine harmlose Verabredung mit einer Bekannten einzugehen, traut sich nicht, allein einer Einladung zu folgen, wie er es selbstverständlich getan hätte, wenn er nicht mit der Freundin zusammen wäre, denn die ist dagegen: »Unsere Beziehung hielte so etwas nicht aus …« Herr Gutheil denkt an Odysseus, der verheiratet ist und doch durch die Welt zieht und Abenteuer erlebt – ich sage, Odysseus, der die Sirenen sowohl hören will, als er ihnen aber auch nicht nachgibt, und dann verspreche ich mich: »*Ödipus* kann sich nicht entscheiden ...«

Er hatte immer den Traum, das Elternhaus wiederzubekommen, obwohl es längst verkauft und umgebaut ist. Als ob er dadurch die Familie reparieren könnte. Nach der Scheidung war der Vater völlig verzweifelt (vorher war er nie für die Kinder da und überhaupt meistens abwesend), klammerte sich an die Kinder, weinte, er liebe sie doch ... Die Mutter hatte sich getrennt, sie war also in den Augen des Jungen verantwortlich für den Kummer des Vaters. Der Wunsch, das Elternhaus wiederzubekommen, führt aber zu einem ödipalen Bündnis mit der Mutter, es entsteht die Gefahr, ein besserer Mann für sie zu sein, als der Vater es war. Das jetzt gezeugte Kind ist also inzestuös, er zeugt es zwar für die »Mutter«, kann aber nicht ein Vater sein, er würde an Vaters Stelle treten. Und er hat es auch nicht wie ein Mann gezeugt, sozusagen. Die Freundin hat am Anfang ihrer Beziehung peinlich genau auf Verhütung geachtet, hat ihm Druck gemacht zu verhüten, was ihm einfiele, unvorsichtig zu sein! Dann aber war sie nach und nach immer weniger konsequent, es entstand in ihr der Wunsch, mit ihm zusammenzuziehen, dem er anfangs nicht nachkam. Und da hat sie ihm eines Tages bzw. eines Nachts praktisch befohlen, er solle während des sexuellen Beisammenseins »kommen«: »Los, komm' jetzt!« – Er fühlte sich hilflos, sah keine Möglichkeit, sich dagegen zu wehren, da musste ja eine Schwangerschaft eintreten, er denkt, das war ein Attentat. Die Frau hat seinen Penis, weiß Gott, »verwaltet«, und er hat es zugelassen. So hat sie bewirkt, dass sie gegen bzw. ohne seinen Willen zweimal schwanger geworden ist, einmal kam es zu einer Fehlgeburt, dann wurde ihr Sohn geboren. Die Freundin war also wie Iokaste, Ödipus' Mutter und später – leider – Gattin, die einen heftigen Kinderwunsch hatte, während Laios zögerte, die schwanger wurde gegen seinen Willen, nachdem sie ihn betrunken gemacht hatte. Eine andere Stimme in ihm sagt: Du hättest dich ja abgrenzen können – wäre er aber ein Knabe, den die Mutter zum Geschlechtsverkehr gezwungen hätte, hätte er das nicht gekonnt, sich nicht wehren können, gleichwohl aber schwere ödipale Schuld auf sich geladen. Und das andere Hindernis, ein Vater zu sein: Er will nicht wie sein Vater egoistisch sein und die Kinder verlassen, aber er kann auch nicht besser sein aus ödipaler Hemmung, findet einfach den eigenen Weg nicht und verlässt dann doch seine Kinder.

Herr Gutheil wundert sich, dass er trotz der engen Verbundenheit mit der Mutter über Jahre immer wieder Freundinnen hatte. Ich sage, das sei nicht unbedingt ein Widerspruch; für ihn als Jugendlicher damals, der zu Hause lebte, bedeutete Sexualität keine Trennung, er hatte die Beziehungen zu den Mädchen abgetrennt von seinem sonstigen Leben, da er ja noch längst nicht mit ihnen zusammenleben, sondern bei der Mutter bleiben wollte. Die Freundin macht jetzt Terror wegen eines Tanzkurses, den er noch nicht einmal allein, sondern mit ihr gemeinsam machen wollte: Sie sei nicht gut im Tanzen, außerdem sei sie schwanger, wofür er das denn brauche, er wolle sich doch nur nach anderen Frauen umsehen! Die Mutter war klüger, denn sie hat nicht einen derartigen Druck gemacht. Die Freundin will ihn ganz, aber mit dem Terror läuft sie erst recht Gefahr, ihn zu verlieren. Er sagt aber: »Wenn der Terror so weitergeht, macht mir das Tanzen keinen Spaß, dann kann ich auch darauf verzichten.« Also unterwirft er sich dem Terror, obwohl er protestiert. Die Mutter hätte etwa sagen können, jedenfalls hatte sie eine solche Haltung: »Bau' uns ein Haus!« Er hätte darauf entgegnet: »Nein, ich bau' *dir* eines [die Eigentumswohnung], und dann besuche ich dich.« – »Gut«, würde ihm die Mutter zustimmen, um ihn zu behalten.

Jetzt hat Herr Gutheil, ähnlich wie Herr Klein, das Gefühl, immer nachgegeben, alles gegeben zu haben, was die Frau wollte – nun gut, zusammenziehen wollte er nicht, und eigentlich auch kein Kind mit ihr. Aber nie hat er seinen Willen durchgesetzt, immer hat er nachgegeben. Und jetzt, wo sie doch alles hat, was sie wollte, sie wohnten ja praktisch zusammen, sie hatte das Kind, das er inzwischen sehr liebt und für das er da sein will – da wirft sie ihn hinaus, als hätte er seine Schuldigkeit getan, könne nun gehen, als gäbe es ihn und seine Bedürfnisse gar nicht. Allerdings fragt er sich selbst, welche Bedürfnisse es denn überhaupt sind, und ist noch gar nicht so weit zu denken, dass er, wenn er sie kennen würde, sie auch durchsetzen könnte.

7. Das Haus im Traum

> »Der menschliche Leib als Ganzes wird von der Traumphantasie als Haus vorgestellt, das einzelne Körperorgan durch einen Teil des Hauses.«[106]

»Moderne psychologische Betrachtungen des Hauses beginnen häufig mit dem berühmten Traum C. G. Jungs von ihm selbst als ein Haus«, sagt Marjorie Garber.[107] C. G. Jung[108] berichtet:

> »Besonders einer [der Träume] war mir wichtig, denn er brachte mich zum ersten Mal auf den Begriff des ›kollektiven Unbewussten‹ (...). Dies war der Traum: Ich war in einem mir unbekannten Hause, das zwei Stockwerke hatte. Es war ›mein Haus‹. Ich befand mich im oberen Stock. Dort war eine Art Wohnzimmer, in welchem schöne alte Möbel im Rokoko-Stil standen. An den Wänden hingen kostbare alte Bilder. Ich wunderte mich, dass dies mein Haus sein sollte, und dachte: Nicht übel! Aber da fiel mir ein, dass ich noch gar nicht wisse, wie es im unteren Stock aussehe. Ich ging die Treppe hinunter und gelangte in das Erdgeschoss. Dort war alles viel älter, und ich sah, dass dieser Teil des Hauses etwa aus dem 15. oder aus dem 16. Jahrhundert stammte. Die Einrich-

106 Freud 1900, S. 230
107 Garber 2000, S. 100
108 Jaffé 1961, S. 162f.

tung war mittelalterlich, und die Fußböden bestanden aus rotem Backstein. Alles war etwas dunkel. Ich ging von einem Raum in den anderen und dachte: Jetzt muss ich das Haus doch ganz explorieren! Ich kam an eine schwere Tür, die ich öffnete. Dahinter entdeckte ich eine steinerne Treppe, die in den Keller führte. Ich stieg hinunter und befand mich in einem schön gewölbten, sehr altertümlichen Raum. Ich untersuchte die Wände und entdeckte, dass sich zwischen den gewöhnlichen Mauersteinen Lagen von Backsteinen befanden; der Mörtel enthielt Backsteinsplitter. Daran erkannte ich, dass die Mauern aus römischer Zeit stammten. Mein Interesse war nun aufs Höchste gestiegen. Ich untersuchte auch den Fußboden, der aus Steinplatten bestand. In einer von ihnen entdeckte ich einen Ring. Als ich daran zog, hob sich die Steinplatte, und wiederum fand sich dort eine Treppe. Es waren schmale Steinstufen, die in die Tiefe führten. Ich stieg hinunter und kam in eine niedrige Felshöhle. Dicker Staub lag am Boden und darin lagen Knochen und zerbrochene Gefäße wie Überreste einer primitiven Kultur. Ich entdeckte zwei offenbar sehr alte und halb zerfallene Menschenschädel. – Dann erwachte ich.«

Jung erklärt am besten selbst, wie er seinen Traum versteht und welche wichtige Bedeutung er für ihn und die Jungianische Psychologie hatte:

»Es war mir deutlich, dass das Haus eine Art Bild der Psyche darstellte, d.h. meiner damaligen Bewusstseinslage mit bis dahin unbewussten Ergänzungen. Das Bewusstsein war durch den Wohnraum charakterisiert, er hatte eine bewohnte Atmosphäre, trotz des altertümlichen Stils. Im Erdgeschoss begann bereits das Unbewusste. Je tiefer ich kam, desto fremder und dunkler wurde es. In der Höhle entdeckte ich Überreste einer primitiven Kultur, d.h. die Welt des primitiven Menschen in mir, welche vom Bewusstsein kaum mehr erreicht oder erhellt werden kann. Die primitive Seele des Menschen grenzt an das Leben der Tierseele, wie auch die Höhlen der Urzeit meist von Tieren bewohnt wurden, bevor die Menschen sie für sich in Anspruch nahmen. (...) Der Traum fügte nunmehr weitere Bewusstseinsschichten hinzu: das längst nicht mehr bewohnte Erdgeschoss im mittelalterlichen Stil, dann den römischen Keller und schließlich die prähistorische Höhle. Sie stellen verflossene Zeiten und überlebte Bewusstseinsstufen dar (...). Mein Traum (...) stellte etwas wie ein Strukturdiagramm der menschlichen Seele dar, eine Voraussetzung durchaus *unpersönlicher* Natur. Diese Idee schlug ein, (...) und der

Traum wurde mir zu einem Leitbild, das sich in der Folgezeit in einem mir unbekannten Maße bestätigte. Er gab mir die erste Ahnung eines kollektiven a priori der persönlichen Psyche, das ich zunächst als Spuren früherer Funktionsweisen auffasste. Erst später, bei vermehrter Erfahrung und zuverlässigem Wissen, erkannte ich die Funktionsweisen als Instinktformen, als Archetypen.«

Wie er selbst sagt, hat Jung sich viele Gedanken über diesen Schlüsseltraum seiner Psychologie gemacht, und so ist diesen auch nichts hinzuzufügen. Außer daran zu erinnern, dass er beim Bau seines realen Hauses am See, dem »Turm«, immer wieder Annexe und Appendices angefügt hat, als ob er damit seinen Traum hat Wirklichkeit werden lassen wollen. Auch in die Tiefe ist er – real – gegangen: »Als wir 1923 anfingen, hier zu bauen, besuchte uns meine älteste Tochter und rief: ›Was, du baust hier? Hier sind ja Leichen!‹ Ich dachte natürlich: Unsinn! Keine Rede davon! – Als wir aber vier Jahre später wiederum bauten, fanden wir tatsächlich ein Skelett. Es lag in 2,20 m Tiefe. (...) Sie gehörte zu den vielen Dutzenden französischer Soldaten, welche 1799 in der Linth ertranken und dann an den Ufern des Obersees angeschwemmt wurden (...). Meine Tochter hatte die Anwesenheit der Leiche gespürt. Ihr Ahnungsvermögen ist ein Erbstück von meiner Großmutter mütterlicherseits her.«[109] So hat Jung tatsächlich im Untergeschoss ein Stück Geschichte entdeckt, eine »Leiche im Keller«, wie er es im Traum aus dem kollektiven Unbewussten holte. Garber[110] macht dazu einen ironischen Witz, wenn sie sagt, Jung »analyzed his own lakeside *edifice* [!] complex.«

»Wir müssen zeigen, dass das Haus für die Gedanken, Erinnerungen und Träume des Menschen eine der großen Integrationsmächte ist. In dieser Integration ist die Träumerei das verbindende Prinzip.« Das sagt Bachelard[111], der Jungianische Analytiker; das Haus also ist die integrierende Macht, natürlich das Haus als Bild, als Metapher für das Selbst, den Körper, die Mutter und andere Personen. So bedient sich

109 ebd., S. 235
110 Garber 2000, S. 104
111 Bachelard 1957, S. 33

auch der Traum natürlich dieses Bildes, ähnlich wie es als Thema dem Patienten gegeben wird, der im katathymen Bilderleben in seinem Phantasiehause herumwandern soll. Isabel Allende[112] schreibt in ihrem Roman *Das Geisterhaus* über das Haus der Familie, als wäre es ein Traumbild. Der Patriarch, der es sich in den Kopf gesetzt hatte, »das solideste, größte (...) Haus bauen zu lassen, das man sich denken konnte, dazu beschaffen, tausend Jahre zu überdauern und viele Generationen einer zahlreichen Familie rechtmäßiger Truebas zu beherbergen«, hatte sich gedacht, »es sollte ein Spiegel seiner selbst, seiner Familie und seines Ansehens sein. (...) Er konnte nicht wissen, dass dieses feierliche würfelförmige Haus, das solide und selbstzufrieden wie ein Hut in der grünen Geometrie des Gartens saß, nach und nach Auswüchse und Anhängsel bekommen würde, Wendeltreppen, die nirgendwo hinführten, gewaltige Türme, riesige Fenster, die sich nicht öffnen ließen, Türen, die ins Leere mündeten, gewundene Gänge und Fensterluken zwischen den Schlafzimmern, damit man sich zur Stunde der Siesta verständigen konnte, je nach den Einfällen Claras, die bei jedem neuen Gast, den sie unterbringen musste, irgendwo ein Zimmer anbauen oder, wenn die Geister ihr anzeigten, dass in den Grundmauern ein Schatz oder ein unbeerdigter Leichnam lag, eine Mauer einreißen ließ, bis die Villa ein verwunschenes, unmöglich sauber zu haltendes und gegen zahlreiche Gesetze und Bauvorschriften verstoßendes Haus wurde.« In dieser poetischen Beschreibung sind fast alle Elemente der typischen Träume zu finden, die sich des Bildes des Hauses bedienen, auch das Unwirkliche, zum Teil Unheimliche des Traums hat die Autorin eingefangen, und auch die bildende Kunst hat das Haus oft genug traumartig verfremdet, wie wir es am *Haus ur* Gregor Schneiders erfahren haben.

Träume, da sie ja Bilder verwenden, spielen sich immer in Räumen ab, in Landschaften, Häusern, Zimmern, Straßen und Plätzen; es wird also das Haus als Bild besonders deutlich verwendet werden müssen, damit man es auch als Traumsymbol verstehen kann. »Solch ein Traumhaus, bestehend aus Elementen der Wirklichkeit und der Phantasie, ist

112 Allende 1982, S. 98f.

eine Verbindung von Erlebnisbildern und Symbolen. Im Traumhause sind also mehrere Inhalte unseres Lebens, auch werdende, zu einer psychischen Einheit verbunden«, schreibt Aeppli[113], und auch er versteht das Haus als Abbild des Selbst: »Was ›im Hause‹ geschieht, geschieht in uns drin. Wir selbst sind sehr oft das Haus.«[114] Wenn das Haus Sicherheit und Geborgenheit, auch Sesshaftigkeit bedeuten soll, und Bachelard lässt seine Neigung, das Elternhaus als Kindheitsidylle zu idealisieren, auch im Traum erkennen (»Wenn man vom Elternhaus träumt, (…) dann hat man an dieser ersten Wärme teil, an dieser wohltemperierten Materie des materiellen Paradieses.«[115]), dann kann das bedrohte Haus, das Haus, das bröckelt oder wankt, natürlich auch die Gefährdung dieser Sicherheit bedeuten. Frau Waldheim träumte einmal von Hauswänden, die verschwimmen, von Wänden zwischen Räumen, die sich auflösen – ganz offensichtlich Bilder für ihre Angst, ihre Ich-Grenzen könnten sich auflösen. Unwirklichkeitsgefühle können mit Hausbildern im Traum einhergehen, man läuft Treppen hoch, die im Nichts enden, an einer Wand – ganz so wie das *Haus ur* von Gregor Schneider, dessen Kunst-Haus man auch als materialisierten Haus-Traum verstehen kann.

Ein Beispiel für einen solchen bedrohlichen Traum, den Frau Regina Rabe berichtet: »Es ist ganz dunkel in der Wohnung (wo Frau Rabe zuletzt mit ihren Eltern gewohnt hatte). Es ist so, als ob sie ein Kind wäre, welches aufwacht und seine Eltern sucht. Sie wusste im Traum, dass da Menschen schlafen. Sie hat eine Tür aufgemacht, war dann von einem hellen Licht geblendet, das war ›wie ein Schlag ins Herz‹ als ob sie etwas ganz Schlimmes gemacht hätte. Sie hat Herzschmerzen bekommen; die Leute hinter der Tür waren ganz ärgerlich. Sie hat überlegt, wo sie hingehen kann: Entweder aus dem Haus hinaus und die Türe hinter sich schließen, oder eine Etage höher gehen. Aber dann würden die da unten wissen, wo sie sei, dann könnten die ihr etwas ganz Schlimmes antun …«

113 Aeppli 1932, S. 246
114 ebd., S. 247
115 Bachelard 1957, S. 34

Die Ängste sind hier klar die eines alleingelassenen Kindes, das seine Eltern sucht, dabei aber in verbotene Räume eindringt, die Eltern urszenenartig überrascht und Angst vor Bestrafung bekommen muss, als hätte es ein Verbrechen begangen. Aus dem Haus, dem Elternhaus, kann es nicht gehen, da es ja ein Kind ist; bewegt es sich »nach oben«, entwickelt es sich also weiter, muss es ebenso mit Bestrafung rechnen. Frau Rabe hatte auch einen anderen Traum, der die große Verunsicherung mit Hilfe des Hausbildes ausdrückte: Sie ist in einem Hotel, das aus mehreren Etagen besteht (vertikal; als Kind hat sie einmal in einem Hochhaus gewohnt). Sie ist in einem Zimmer, das ist lang wie ein Schlauch, da ist sie zu dritt, sie muss ausziehen in ein großes eigenes Zimmer. Anfangs hat sie gedacht, das ist ein tolles Zimmer, dann war es ihr aber viel zu groß (zu Hause hat sie immer beengt gewohnt, es sich aber gemütlich eingerichtet). Sie hat sich ganz verloren gefühlt; das Zimmer hatte eine Holzverkleidung mit rotem Samt, sie dachte, das sei viel zu schön für sie. Dann verwandelte sich der Raum aber, er war gar nicht mehr schön, in ihm war ein riesiges Bett, ein großes Regal, aber verstaubt, alles war muffig; da sollte sie übernachten. Sie wollte sich eine gemütliche Ecke machen, aber das Bett war staubig, ganz verdreckt. Sie ging zurück ins Zimmer, dort war ein Bett wie ihr Kinderbett, aber auch dort alles verdreckt, sie musste erst einmal fegen. Sie dachte, sie würde nie fertig, es kam immer neuer Sand. Das andere Zimmer war dunkel, da hat sie es schon gar nicht ausgehalten. Dann führte eine schmale steile Wendeltreppe ganz tief nach unten; sie hatte Angst, abzustürzen. Es waren nun viele andere Menschen da; sie hatte Angst, durch den Sturz aufgerissen zu werden. Plötzlich kam eine junge Frau auf einem Skateboard, sie glitt hinunter; Frau Rabe hatte Angst, dass sie abstürzt, wollte ihr helfen, aber die junge Frau hat das elegant geschafft. – Man kann in dem Traum eine Aufforderung zur Individuation, zur Identitätsentwicklung sehen, aus dem ödipalen Raum (»zu dritt«) musste sie ausziehen, das Zimmer war aber erst viel zu groß, dann zu schön, also unpassend. Dann musste sie aber harte Arbeit leisten (da wird auch die Analyse gemeint sein), kaum zu schaffen, wie Sisyphus, der Dreck kam immer wieder nach. Und nun auch noch der Abstieg bzw. Sturz in die Tiefe – da teilt sie sich in einen ängstlichen Teil und einen anderen, die junge Frau, die es elegant schaffen kann.

Oft wird im Traum ein Dualismus dargestellt, manchmal im selben Traum, manchmal in aufeinander folgenden: Das Haus als Zeichen der Sicherheit, aber auch der Stagnation, des Festgehaltenwerdens, und andererseits das Auto (oder ein Bus, die Eisenbahn) als Zeichen für Autonomie, Fortbewegung, Entwicklung. Dann aber ist das Auto oft behindert, die Bremsen sind angezogen, der Motor defekt, oder auch die Bremsen defekt, so dass man in den Abgrund zu rasen droht ... Mir ist aufgefallen, dass in dem Film *Mulholland Drive* von David Lynch fast nur Innenräume von Häusern vorkommen, die Häuser selbst in verschiedenen Qualitäten, normal erscheinend oder verwunschen oder gar unheimlich, und andererseits Autos, auf diese Weise werden das Statische und die Bewegung gegenübergestellt. David Lynch ist übrigens ein Filmregisseur, der in fast allen seinen Filmen einen Stil entwickelt hat, durch den der Film einem Traum völlig ähnlich ist, assoziativ, bildhaft, die Logik der Handlung verlassend, mit plötzlichen Brüchen arbeitend, das Gefühl von Fremdheit und Unwirklichkeit erzeugend. Ein anderer Film, in dem das Haus für das Weibliche, Mütterliche, das Auto für den Vater steht, ist *Die Rückkehr* von Andrej Swjaginzew; im Haus leben die Söhne mit Mutter und Großmutter, der abwesende und plötzlich auftauchende Vater nimmt sie im Auto auf eine geheimnisvolle, Initiation und damit Erwachsen-Werden repräsentierende Reise mit.[116]

Verschiedene Räume können auch verschiedene Mitglieder der Herkunftsfamilie repräsentieren, die Mutter wohnt in einem Raum, der Vater in einem anderen und die Geschwister in wieder anderen Räumen. Aeppli[117] meint, dass nicht benutzte Räume im Traum Teile des Selbst sind, die nicht bewohnt werden, brach liegen, ungenutzten kreativen Möglichkeiten entsprechen oder auch ungelebten affektiven Bereichen. Der Traum kann sich mit der Fassade beschäftigen, hinter der sich ein chaotisches oder traumatisches Familienleben verbirgt, eine zerrüttete

116 Swjaginzew 2003
117 Aeppli 1932, S. 251

Ehe, natürlich oft genug eine existentiell verunsicherte Persönlichkeit. Das Haus kann sich verändern, wird umgebaut, wie es Isabel Allende im oben genannten Beispiel fast wie im Traum, jedenfalls romanhaft beschrieben hat; ein Neubau »stellt nichts anderes dar, als eine Erneuerung unserer Selbst.«[118]

Die vertikale Ausrichtung des Hauses lässt die verschiedenen Charaktere der Räume auf verschiedenen Etagen deutlich werden. Der Keller bedeutet natürlich den Abstieg in das Unbewusste, in archetypische Frühzeiten, »ist er doch in die Erde eingebaut«.[119] »Im Keller (…) lebt Unerlaubtes (…), in ihm sind die Vorräte der Seele, die Möglichkeiten des Unbewussten, auch das, was noch nicht ausgepackt wurde (…). Wer träumt von einem Gang in den Keller, der geht hinab in diese Tiefe, um Speise zu holen, um den Wein heraufzutragen, oder er muss die Begegnung tun mit dunklen Wesenszügen seiner Seele. Darum ist der Keller ein Ort des Reichtums, aber auch ein Ort der Angst. Er umschließt alles, was ›unten‹ ist, damit auch den dunklen Teil unseres Leibes.«[120] Ist der Keller mit einem Schacht, der immer enger wird, verbunden, denkt man an Geburtsträume bzw. Rückwanderungsträume, aber der Keller im Traum kann auch familiäre Gewalt repräsentieren, die real einmal in diesem der Öffentlichkeit entzogenen Raum ausgeübt wurde. Die Mutter eines Kindes, das vom Vater über Jahre sexuell missbraucht worden war, sagte schon einmal: »Geh' in den Keller, Vati helfen!« Und sie müsste gewusst haben, dass der Missbrauch im Keller stattfand. Diese Patientin hatte einmal einen Traum: Sie ist ein Kind und steht vor einer Kellertreppe, sie sieht sich doppelt: eine Hälfte von ihr sieht auf den Hof, wo Kinder spielen, die andere Hälfte ist nackt, schon entwickelt wie eine Frau. Die erste Hälfte will verhindern, dass sie an den Schlüssel kommt, um in den Keller zu gelangen, diese Hälfte möchte lieber auf den Hof zu den anderen Kindern …[121] In anderen Träumen liegen Bomben im Keller, eine Explo-

118 ebd., S. 255
119 ebd., S. 247
120 ebd., S. 248
121 Hirsch 1987, S. 66

sion droht – natürlich die bildhaften Entsprechungen von nicht mehr ganz unbewusster Aggression. Die sprichwörtlichen »Leichen im Keller« können vermutet, geträumt werden, einige Leichen sind uns bereits begegnet: C. G. Jung fand sie unter seinem Haus, Isabel Allende erdichtete sie in ihrem Roman.

Ein Beispiel für das Schlafzimmer im Traum hatten wir schon gegeben, in der Regel ist es das Elternschlafzimmer, das ödipal tabuisierte. Sicher kann die Küche orale Bedürftigkeit und auch Befriedigung bedeuten. Der Dachboden ist »das Oberstübchen« schon bei Freud, in ihm wird »das Gebälke unserer Gedankenstruktur sichtbar (...). Auf dem Dachboden sollte Ordnung sein wie in unserem Kopfe. Hier darf es nicht ›spinnen‹, darf sich nicht Gerümpel anhäufen.«[122] Auch Bachelard achtet besonders auf den Dachboden, er setzt der »Rationalität des Daches der Irrationalität des Kellers entgegen«;[123] Bachelard erinnert auch daran, dass das Dach den Menschen beschirmt und beschützt. Der Dachboden kann aber auch einen »Aufstieg« bedeuten, eine vielleicht berufliche Weiterentwicklung, eine Karriereleiter. Dabei wird manchem genauso schwindelig – besonders wenn es sich wieder um eine Wendeltreppe handelt – wie beim Abstieg in den Keller, in unbekannte Tiefen. Überhaupt Treppen – »sie verbinden als Symbol die verschiedenen Stockwerke unserer Persönlichkeit.«[124] »Die Treppe, die zum Keller führt, steigt man immer hinab (...). Die schließlich steilere, strengere Treppe zum Dachboden steigt man immer aufwärts.«[125] Sicher hat Freud Treppen im Traum mit Sexualität (»hoch und 'runter«) in Verbindung gebracht, auch Fahrstühle; aber ein solcher kurzschlussartiger Symbolismus griffe zu kurz, die Treppen verbinden viele Bereiche, bedeuten auch Beziehungen, Entwicklung und Rückentwicklung, Auf- und Abstieg. Aeppli ist aufgefallen, dass unverhältnismäßig häufig von der Wendeltreppe geträumt wird: »Um eine feste Achse sich windend, steigt sie in schmalem Raume über einem Grundkreis steil in die Höhe. Das hat sie

122 Aeppli 1932, S. 251
123 Bachelard 1957, S. 43
124 Aeppli 1932, S. 253
125 Bachelard 1957, S. 50

nun zu einem Symbol der Entwicklung nach oben gemacht. In ihrer Spirale ist jede Stufe über einem Sektor des Grundkreises gelegen, d.h. über einem Teil unserer (...) Grundpersönlichkeit.«[126] Und die Wendeltreppe erzeugt Schwindel und Angst, wie wir gesehen haben. Dazu ein kleines Beispiel: Frau Rabe träumt, sie ist in einem Haus, da ist eine Wendeltreppe, sie konnte in alle Etagen hineinsehen, überall war es ziemlich chaotisch. Sie ist bis ins oberste Stockwerk hinaufgegangen, dort ist ihr ganz schwindelig geworden, sie hatte Angst, hinunterzufallen.

Statt vom Keller und vom Dachboden als Repräsentanten unbewusster, erregender, geheimnisvoller Inhalte wird auch oft von der Rumpelkammer geträumt, in der Ordnung geschafft werden muss. Hier ein Beispiel von Frau Leonie Landgraf: Sie ist in einem kleinen Auto, es macht Spaß zu fahren, es ist ihr eigenes Auto, und das weiß sie auch im Traum. Sie kommt an einen Supermarkt und geht hinein; innen ist es unordentlich, ein großes Durcheinander wie in einer Rumpelkammer. Da ist eine Treppe, die sie hinaufgeht; die obersten Stufen sind etwas defekt, sie muss aufpassen. Oben ist ein Vorraum und auch noch andere Räume, in einem von ihnen sind ihre Möbel zwischengelagert, weil sie umzieht. Im Vorraum ist ein Tisch, an dem stehen Vater und Mutter und ein Schauspieler, ein Ausländer, den sie sehr mag. Der Vater sagt: »Nur einer kann bei mir bleiben.« Frau Landgraf sagt: »Gut, Mama kann bei dir bleiben.« – Der Vater: »Du weißt, dass ich nur 620 Euro geben kann.« – Frau Landgraf: »Ja gut, dann habe ich das und mein eigenes Geld.« Der Schauspieler sagt nichts. – Das Auto bedeutet, selbstbestimmt fahren, wohin sie will, auch ein Stück Wohlstand; real hat sie kein Auto, möchte aber eines Tages eines haben. Sie hat das Gefühl, dass der Schauspieler darauf wartet, dass sie den Vater verlässt, vielleicht, um mit ihm, dem Schauspieler, zu leben. Die Möbel sind zwischengelagert, das heißt, sie ist auf dem Weg. Im Elternhaus war immer nur Mangel, Lebensfeindlichkeit, als ob den verbitterten Eltern das knappe Überleben genügt hätte! Frau Landgraf denkt daran, dass sie sich endlich getraut hat, eine Gehaltserhöhung zu fordern, die ihr auch

---

126 Aeppli 1932, S. 253

bewilligt wurde (»620 Euro«). Vielleicht kann sie bald die Stelle wechseln, vielleicht bekommt sie da einen Dienstwagen. – Dann würde sie die jetzige Firma und den Chef verlassen wie Vater und Mutter, sage ich. – »Genau, sollen die in ihrem Mangel bleiben!«

Wie ein Hochhaus oder Geschäftshaus städtisches Leben repräsentieren kann, wird ein Landhaus im Traum auch einmal die (Nähe zur) Natur repräsentieren: Frau Landgraf träumte einmal, sie sei mit einer Freundin in einem Landhaus, einem richtigen »Traumhaus«, es war auch ein Mann da, der aber nicht zu der Freundin gehörte. Der Mann gefiel ihr sehr. Alle sind in einem kleineren Zimmer, nicht in dem großen Wohnzimmer. Sie unterhalten sich, es liegen Kissen auf dem Boden, es ist alles sehr gemütlich. Dann steht sie auf, um in den großen Wohnraum zu gehen, da entfährt ihr ein Flatus; es ist ihr furchtbar peinlich, obwohl die beiden überhaupt nicht darauf reagieren. Draußen auf der Terrasse regnet es heftig, sie sammelt Kleidungsstücke ein, damit die nicht nass werden. Sie denkt dabei, was für ein gutes Verhältnis sie zur Mutter inzwischen hat, sie telefonieren häufiger, die Beziehung ist nicht eng, aber kontinuierlich (in der Realität gibt es seit Jahren keinen Kontakt; Mutter und Tochter sind keineswegs so gelingend voneinander getrennt, dass sie eine adäquate Beziehung haben könnten). Dann ist sie in einem großen Konferenzraum ihrer Firma, jemand hält einen Vortrag, sie langweilt sich sehr, fängt an, in der Nase zu bohren, denkt, dass sie sowieso keiner sieht, weil alle nach dem Vortragenden blicken. Dann merkt sie aber, dass sie mit einer Videokamera aufgenommen wird – wieder entsetzlich peinliche Gefühle. – Dem Landhaus als Bild für ein trieb- und körpernahes Erleben, sexuellen Wünschen und Körperscham, sogar Wettereinflüssen, steht der Konferenzraum als Repräsentant des städtischen (Berufs-) Lebens gegenüber, das ihr fremd und feindlich ist.

Ein typisches Traummotiv von Patienten, die sich in Analyse befinden, ist: der Analytiker in einem Haus. Meistens mit seiner Frau, und beide werden als Abbilder der realen Personen geträumt. Das Haus ist meist prächtig, groß, gut eingerichtet (viele Bücher!), und das Besondere: Der Träumer oder die Träumerin unterhält sich ganz locker, ohne jede

Scheu oder Angst mit dem Analytiker, vielleicht über interessante kulturelle, philosophische, auch psychologische Themen. Und dann kommt die Frau des Analytikers – entweder ist sie ebenso freundlich, man findet einen ebenso unbefangenen Kontakt, dann ist es ein Traum von ödipaler Versöhnung, familiärer Harmonie. Oder sie ist feindlich, streng, fordert zum Verlassen des Hauses auf, macht entwertende Bemerkungen – dann ist es eben die ödipale Feindin. Häufig findet sich ein beschwörender Satz wie: »Aber es war nicht Ihre Praxis!« Manchmal wird aber auch Aggression und Kritik mit in den Traum hineingepackt: Hinter dem großen schönen Raum erstreckt sich wie hinter einer Fassade oder Kulisse ein großes Chaos oder ein Abgrund; das Haus des Analytikers kann auch völlig übertrieben, protzig oder kitschig eingerichtet sein, es kann sich vielleicht verwandeln von einem »guten«, wärmenden, gemütlichen Raum in ein kaltes Behandlungszimmer eines Mediziners, der sich über den hilflosen Körper einer Abhängigen missbräuchlich hermacht … Zum Abschluss ein Traumbeispiel, Frau Landgraf träumt: Sie kommt auf ein großes Haus zu, in dem »Dr. Hirsch mit seiner Frau« wohnt, es war aber nicht die Praxis. Sie ist reingegangen, es war gut eingerichtet, sie hat etwas mit Dr. Hirsch besprochen. Sie wollte sich das Gespräch unbedingt merken, aber das war sehr schwer. Eine Frau kam herein, die sie zurechtwies, worüber sie sich ärgerte. Sie hat dann in diesem Haus ein Zimmer, Dr. Hirsch und seine Frau kommen gar nicht mehr vor … – »Brauche ich die Therapie eigentlich noch?«, fragt Frau Landgraf.

8. Das Elternhaus

Der Traum vom Haus war, wie wir gesehen haben, oft genug ein Traum vom Elternhaus. Aber auch das Elternhaus als Gebäude hat eine große reale Bedeutung, hinter der sich oft genug eine symbolische verbirgt. Bachelard[127] meint, das Haus, in dem man geboren wurde, sei zeitlebens körperlich eingeschrieben – der Körper erinnere sich noch nach Jahren an die Topographie des Elternhauses, des Hauses der Kindheit. Und das ist ein gutes Haus, es bedeutet die Geborgenheit einer behüteten, glücklichen, geradezu romantisch verklärten Kindheit. »Das Leben beginnt gut, es beginnt umschlossen, umhegt, ganz warm, im Schoße des Hauses.« Und: »Wenn man vom Elternhaus träumt, in der tiefsten Tiefe der Träumerei, dann hat man an dieser ersten Wärme teil, an dieser wohltemperierten Materie des materiellen Paradieses.«[128] Das klingt in gewisser Weise tendenziös, als ob eine natürliche jahrelange Verbundenheit zu einer nicht hinterfragten Familienidylle, materiali-

---

127 Bachelard 1957, S. 40
128 ebd., S. 33f.

siert durch das Gebäude, propagiert werden soll. Es geht mir hier aber nicht so sehr um *Elternhaus* im Sinne von: »Ich hatte ein behütetes Elternhaus«, wie man auch sagt: »Ich hatte eine glückliche Kindheit, wir haben viel im Freien gespielt ...«, auch nicht um das Elternhaus als Ort der Sozialisation – und da findet man »häufiger als man denkt« traumatisierende Verhältnisse – dann wäre das Elternhaus ein Ort des Grauens, an dem die Kinder als schwächstes Glied der Familie den vielfältigen Zwecken der Eltern auf vielfältige Weise geopfert würden.[129] Es soll hier vielmehr um das konkrete Gebäude *Elternhaus* gehen, in dem man aufgewachsen ist, dem man aber dann später eine bestimmte *Bedeutung* gegeben und versucht hat, es im entsprechenden Sinne zu funktionalisieren. Eigentlich ist gemeint, dass man am Gebäude hängt, sich von ihm nicht trennen kann, weil man mit der Herkunftsfamilie noch nicht im Reinen ist, als ob man sie behalten oder verändern könnte, wenn man das Haus behält oder umbaut; das Elternhaus repräsentiert so die Familie, aus der man kommt und von der man noch nicht lassen kann.

Künstler haben sich ihres Elternhauses angenommen; hier ein Beispiel: »Häuser und gestaltete Räume finden sich auch im Werk von Robert Gober. In maßstäblicher Verkleinerung und minutiöser Fertigung widerspiegelt *Burnt House*, 1980, den Mythos vom glücklichen Hause ...(siehe Abb. 16, Seite 72). Durch einen Brand wird das Idyll manipuliert und zerstört. Erst das Feuer macht das Haus zum Schauplatz eines menschlichen Dramas sowie zum stummen Zeugen einer – und somit auch seiner – Kindheit. Gober findet über eine akkurate Nachbildung zur Modifikation des Erlebten.«[130] »Das Objekt *Burnt House* ist Bestandteil der Werkgruppe der *Dollhouses*, in denen Gober sich auf metaphorischer Ebene mit Kindheitserinnerungen und kollektiven Mythen auseinandersetzt. In diesem Objekt zeigt er ein unheilvoll beschädigtes Haus als Sinnbild für ein unbestimmtes Gefühl von Unbehagen und Unbehaustheit. Der Künstler findet eine räumliche

---

129 vgl. Hirsch 2002
130 Keller 2004, S. 16f.

Entsprechung für Ängste und Sehnsüchte, die aus dem Unbewussten diffus auf alltägliche Verhaltensweisen und Handlungsmuster ausstrahlen. Die Bauform im Kolonialstil verweist auf ein gutbürgerliches vorstädtisches Milieu. (...) Es erschließt sich assoziativ ein dramatisches Geschehen mit verheerenden Folgen, das auch in der Kindheit des Künstlers und im schwierigen, konfliktgeladenen Prozess der Loslösung vom Elternhaus seinen Ursprung haben mag. (...) Das Haus verkörpert ein arkadisches Heilsversprechen von Ruhe und Geborgenheit. Dieser ›US-amerikanische Traum‹ wird von Robert Gober als verfehlter Romantizismus und nostalgische Verblendung entlarvt.«[131] Nicht nur durch Brand beschädigt, sondern vollständig abgebrannt ist das Elternhaus von *Gilbert Grape* in dem eindrucksvollen Film *Irgendwo in Iowa* (Abb. 18), denn es repräsentiert, ebenso wie die übermäßig adipöse Mutter, die das Haus nicht verlassen kann und mit ihm verbrennt, das Festgehalten-Werden, Sich-nicht-lösen-Können.

Abb. 18: Gilbert Grape: Brennendes Elternhaus.

131 Pahlke 2005 S. 76

Abb. 19: Opfer: Brennendes Haus.

Ein anderes »schönes« Beispiel eines brennenden Hauses (Abb. 19) findet sich in Andrej Tarkowskijs letztem Film *Opfer* (1985): Der Protagonist hadert mit der Überflussgesellschaft, lebt in einer zumindest stagnierenden Ehe, wenn er auch seinen kleinen Sohn über die Maßen liebt, als Radio und Fernsehen eine atomare Katastrophe andeuten, die bereits nicht mehr aufzuhalten sei. So verspricht er seinem Gott die Opferung des Liebsten, was er hat, und der Zuschauer hat schon erfahren, dass er sein Haus sehr liebt. Der Held verstummt, zieht sich von den Menschen zurück und zündet sein Haus an, das vollständig abbrennt – bis zuletzt weiß man nicht, ob der kleine Sohn sich im Hause befindet …

Kinder gehen aus dem Haus, verlassen das Elternhaus. Damit ist die zentrale und wichtigste Aufgabe eines Menschen bebildert, sich aus der Kindheit, der Familie zu lösen und zu sich selbst, zu einer eigenen Identität zu finden – eine Aufgabe, die sich in der (in unserer Gesellschaft immerhin über zehn Jahre vom 14. bis zum 24. Lebensjahr erstreckenden) Adoleszenz am meisten stellt. Versäumt man diese Aufgabe, weicht ihr aus, bleibt man im »Hotel Mama« hängen. »Nach Angaben des staatlichen Statistikinstituts ISTAT leben 70 % der unverheirateten Italiener im Alter von über 35 Jahren noch immer bei den Eltern … Von den unter 25-jährigen Männern leben sogar 95,5 % bei den Eltern. Das hartnäckige ›Nesthockertum‹ junger Italiener war von Vertretern der Katholischen Kirche wiederholt als ›Zölibat der Bequemlichkeit‹ kritisiert worden.«[132] Eine andere Meldung: »Per einstweiliger Verfügung hat ein Amtsrichter aus dem norditalienischen Ferrara einer 46-jährigen Italienerin verboten, ihren erwachsenen Sohn aus der Wohnung zu weisen. Richter Francesco Salzano habe die Ansicht vertreten, dass die Mutter für ihren 24-jährigen Sohn verantwortlich sei (...). Der junge Mann (...) hatte sich an das Amtsgericht gewandt, nachdem seine Mutter ihn aus der Wohnung geworfen und die Türschlösser ausgewechselt hatte (...). Der Sohn war nach dem Rauswurf bei der Großmutter eingezogen. *La Repubblica* kritisierte den Spruch als ›Verfügung für die Muttersöhnchen‹. In Italien leben 52 % der Männer und 30 % der Frauen über 30 Jahre noch bei den Eltern.«[133]

Umgeht die jugendliche Tochter diese Aufgabe, findet sich später der typische Fall einer *Haus*frau, Mitte oder Ende 30, die aus dem Elternhaus nahtlos in eine Beziehung und dann Ehe zu dem einzigen Mann ihres Lebens (wenn man den Vater nicht mitzählt) hinübergewechselt war, auch beruflich keine Selbstständigkeit anstrebte, vielleicht die Ausbildung abbrach, denn auch der junge Ehemann sagte: »Du brauchst nicht zu arbeiten«, oder gar: »Ich wünsche nicht, dass du arbeitest!«, die dann ein stabiles Gleichgewicht als Hausfrau und Mutter, darüber hinaus als Repräsentantin der Familie, die für Einladungen und gesellschaftliche Kontakte verantwortlich war, gefunden hatte. Wenn dann aber ihre wiederum adoleszenten Kinder aus dem Haus zu gehen drohen (»Dieses Jahr fahre ich nicht mehr mit euch in den Urlaub, sondern mit der Sportjugendgruppe ins Zeltlager!«) oder das Haus verlassen haben, kommt es zu einer heftigen Identitätskrise der *Haus*frau, denn sie wird durch den relativen Verlust der Kinder ihrer Hauptidentität als Mutter beraubt, und die Ehe ist längst erkaltet, der Ehemann hat vielleicht längst eine Geliebte ... Und die notwendige Trennung aus dieser nicht mehr aufrecht zu erhaltenden Identität fällt

---

132 Frankfurter Rundschau, Nr. 42, 19. Februar 1997
133 Frankfurter Rundschau, Nr. 276, 26. November 1996

deshalb so schwer, weil sie nicht nur eine Trennung aus dem Leben der Hausfrau, Ehefrau und Mutter bedeutet, sondern die versäumte Trennung (Individuation) vom Elternhaus mit enthält, also eine doppelte Trennungsarbeit erforderlich macht.

Das Elternhaus kann auch ein Zeichen der Abhängigkeit und mangelnder Loslösung bedeuten für ein von der Familiendynamik sozusagen ausgewähltes Kind, das sich verpflichtet fühlt, das Haus über den Tod der Eltern zu erhalten. »Ich hab' es nicht übers Herz gebracht, das Elternhaus zu verkaufen!«, heißt es dann, »ich hab' meinen Bruder ausbezahlt, der war froh und hatte keine Probleme damit …« Das Haus wird dann vielleicht vermietet, jedenfalls gepflegt wie ein Grab, das Haus wird so zum Grabmal, zum Mausoleum (siehe unten: *Das Familienhaus*). Das Haus ersetzt so die verlorenen Eltern, auch die unerledigte Kindheit, tritt an ihre Stelle oder verbindet den Ungetrennten mit ihnen. Und die Sorge um das Haus ist voll widersprüchlicher Gefühle der Verpflichtung einerseits und des »Klotz am Bein« andererseits, bestimmt aber auch mit latentem Stolz verbunden, eben der Auserwählte unter den Nachkommen zu sein. Kommt diese Dynamik in der therapeutischen Gruppe heraus, sagt vielleicht ein Gruppenmitglied: »Ich wusste gar nicht, dass du ein Haus besitzt, ich kann mich genau erinnern, dass du mal gesagt hast, du würdest nie ein Haus kaufen.« Ja, keines kaufen, in dem er selbst wohnen würde, denn das eigene wäre wiederum ein Zeichen, die Eltern hinter sich gelassen zu haben.

Das Großelternhaus

Häufiger als man denkt ist das Elternhaus eher ein Großelternhaus – es repräsentiert dann nicht die Macht der Eltern oder den Schutz, den sie den Kindern bieten, sondern die Großeltern beherrschen die Familie, und diese Dreigenerationendynamik findet ihren Ausdruck im Bild des Hauses, das den Großeltern gehört, während Eltern und Kinder in ihm bloß eine Art Unterschlupf finden und gezwungen sind, sich dem Regime der Mächtigen zu beugen, mit allen Auswirkungen, die das auf das heranwachsende Kind haben mag. Meist wird ein Elternteil, nämlich das Kind der Großeltern (die Bezeichnung Kind passt ganz gut, weil die Eltern sich zu trennen nicht genügend geschafft hatten) mit ihnen verbunden sein, und der jeweilige andere Elternteil ganz ohnmächtig dastehen. Oft herrscht ein Großelternteil allein, verwitwet oder auch den Partner dominierend.

Zuerst ein Beispiel eines solchen Bündnisses einer Großmutter mit ihrem Sohn, dem Vater von Frau Hilde Habenicht: Nach ihrer Familiengeschichte befragt, sagt sie, sie wisse nicht, wie sie anfangen solle ... – Ich frage deshalb: »In welcher Beziehung standen ihre Eltern zueinander, als Ihre Mutter mit Ihnen schwanger wurde?« – Frau Habenicht schweigt. Dann sagt sie: »Die Eltern haben sich im Alpenverein kennen gelernt ...« Und dann: »Mein Vater ist vaterlos aufgewachsen, sein Vater fiel im Krieg, als seine Mutter mit ihm schwanger war ...« Die Großmutter war eine starke Persönlichkeit, führte mit eiserner Hand das kleine Baustoffgeschäft, das sie von ihren Eltern übernommen hatte. Sie hat dann ein Haus gebaut, in dem sie mit ihrem einzigen Sohn lebte; sie ist nie wieder eine Beziehung zu einem Mann eingegangen. Nach seiner Ausbildung hat dieser Sohn, der Vater von Frau Habenicht, geheiratet und ist mit seiner jungen Frau in das Haus seiner Mutter gezogen. Ihre Mutter beschrieb Frau Habenicht als »mütterlich, beschützend, hilfsbereit, aufopfernd«, während der Vater »die Pascha-Rolle voll ausgelebt hat«, kein Wunder, als Kronprinz und einziger kleiner Mann seiner Mutter. Die Mutter hat sich dem Vater gefügt, »und hinter allem stand ja noch die Großmutter, die schon Probleme damit hatte, dass Mutter evangelisch und nicht katholisch war«, sagt sie in der Identifikation mit der Mutter, denn »Oma war die klassische Schwiegermutter, auf die man keinen Bock hat.« Die Großmutter bestimmte, was Frau Habenicht und ihr Bruder, als sie Kinder waren, anzuziehen hatten, sie verbot ihnen, auf Bäume zu klettern; die Mutter hat sich nicht dagegen gewehrt, der Vater hat sich nicht gekümmert. Es durfte nie Streit geben, aber als Jugendliche hat Frau Habenicht doch versucht, sich gegen den Vater zu wehren, »weil er von seinem Standpunkt nie abwich«, aber die Mutter wiegelte ab, versuchte zu vermitteln. Als die Großmutter im Laufe der Jahre kränkelte und zunehmend hinfällig wurde, wurde sie von der Mutter gepflegt (natürlich); vor fünf Jahren war die Großmutter sehr krank und ganz verwirrt, sie wurde in ein Pflegeheim gebracht, »das war für uns alle eine Befreiung«. Nun waren die Eltern mit sich selbst konfrontiert; sie mögen sich wohl noch immer, meint Frau Habenicht, aber sie haben Kommunikationsprobleme. Der Vater war drei Jahre arbeitslos, jetzt hat er aber wieder eine Stelle. Für Frau Habenicht hat das Haus aber noch längst nicht seine Bedeutung verloren: »Als Großmutter ins Heim gezogen war, zogen mein Mann und ich in ihre Wohnung …«, und ihr wird nicht klar sein, dass sie wiederholt, worunter sie doch gelitten hatte, nämlich im Elternhaus zu leben, und sie wird auch nicht ahnen, dass ihre ihr Leben überschattende Depression sie sowohl mahnt, etwas zu verändern, wie auch gleichzeitig daran hindert, ihr Leben mehr selbstbestimmt in die Hand zu nehmen.

Verbünden sich Großmutter und Mutter – ihre Tochter –, dann führt der Vater ein Schattendasein, und einen solch schwachen Vater würde man für die Entwicklung der Kinder nicht gerade wünschen. – Herr Ulrich Unruh hatte einen solchen Vater, er berichtet: Die Großmutter, eine stattliche Frau, die Mutter der Mutter, war eine Tyrannin, sie beherrschte die ganze Familie. Von ihrem Schwiegersohn, Herrn Unruhs Vater, hielt sie nichts, er tauge nichts, sie hielt auch nichts von seiner ganzen Familie, das seien »alles Trinker«, was leider stimmte, denn die Eltern des Vaters waren beide Alkoholiker. Von deren sieben Kindern überlebten nur drei. Die andern seien durch ihre Sucht, der sie ebenfalls verfallen waren, oder durch Selbstmord gestorben. Die Großmutter hatte zweimal reiche Männer geheiratet, die sie beide beerbt hatte; sie herrschte mit Geld. Sie bot der Familie immer wieder ihr Ferienhaus auf Sylt an, redete dafür aber massiv in die Ferienplanung hinein. Der schwache Vater sagte über Jahre hinweg Ja und Amen dazu, aber einmal wollte er auch woanders Ferien machen, hatte jedoch keine Chance, sich gegen das Bündnis seiner Frau mit seiner Schwiegermutter durchzusetzen. Es gab also eine klare Rangordnung, die Großmutter, die Mutter, dann kamen eher noch die Kinder, ganz am Schluss erst der

Vater. Der Vater war beruflich nicht besonders erfolgreich; als seine Situation immer schwieriger wurde, zog die Familie in ein Einfamilienhaus, das der Großmutter gehörte. Nun war zwar die Miete niedrig, aber die Großmutter, die in der Nähe wohnte, mischte sich täglich in das Familienleben ein. Als Herr Unruh im Jugendlichenalter war, verfiel der Vater zunehmend dem Alkohol. Es wurde so schlimm, dass die Mutter sich von ihm trennte, er musste ausziehen. Wenig später setzte er seinem Leben selbst ein Ende. Für die Großmutter ging es immer um Leistungen, darum, dass Herr Unruh es ja zu etwas bringen solle, ein Arzt in der Familie wäre doch toll. Außerdem legte sie großen Wert darauf, dass er, wenn er schon zur Bundeswehr ginge, doch auch Offizier werden müsse, und stellte sich ihn in einer schmucken Uniform vor. Psychologie war ihr dann nicht so viel wert, sie hat ihn aber zu einer Doktorarbeit gedrängt, Gott sei Dank hat sie ihm Spaß gemacht, auf den Titel lege er aber gar keinen Wert …

Hier repräsentiert »das Haus« also die Regentin der Familie; der Vater ist ein Versager, er hat nichts, schon gar kein Haus. Eine ödipale Beziehung würde in solchen Fällen kompliziert und modifiziert, wenn statt der Eltern die Großeltern die gehassten und vielleicht geliebten Objekte der Kindheit würden. Diese Dynamik wird allzuoft *konkretisiert* in der typischen Großvater-Enkelin-Inzest-Dynamik: Der Großvater, in den meisten Fällen der Vater der Mutter, beherrscht die Familie, die Großmutter sieht schweigend kollaborativ über den Inzest hinweg, die Mutter schweigt, da sie selbst unter diesem ihrem Vater gelitten hat, wenn er sie nicht auch missbraucht hatte, und der Vater ist so weit weg vom Familiengeschehen, dass er nichts bemerkt, nichts mitkriegt.

Ich denke auch an Herrn Berthold Braunschweig, der sich als Kind und Jugendlicher am Anfang eines jeden Monats entsetzlich schämte, wenn er zu den Großeltern »nach oben« gehen musste, die im selben Haus, das ihnen gehörte, und zwar im ersten Stock, in der »Beletage«, lebten, und in einem Umschlag die Miete bringen musste, um sich jedes Mal anzuhören, was für ein Versager der Vater sei … Die Stiefgroßmutter, die zweite Frau des Großvaters, hat sich ständig eingemischt, das ganze Haus beherrscht. In der Adoleszenz von Herrn Braunschweig verbot sie den Besuch seiner Freunde, auch durfte er seine Musik nicht hören. Als die Großmutter den Besuch seiner Freundin, er war 23 Jahre alt, unterbinden wollte, brach Herr Braunschweig mit der ganzen Familie und zog in eine Wohngemeinschaft. In diesem Fall war das Großeltern*paar* mächtig, die Eltern als Paar schwach. Später hat Herr Braunschweig eine Doktorarbeit mit dem Titel geschrieben: »Über die Beziehung von Wohnverhältnissen und psychischen Auffälligkeiten bei Kindern in sozialen Brennpunkten.«

Herr Werner Wunderlich

Zurück zum Elternhaus. Herr Wunderlich, Mitte 40, verheiratet und Vater zweier jugendlicher Kinder, wurde von seinen beiden Schwestern knapp informiert, dass sie beschlossen hätten, das »Haus der Mutter« endlich zu verkaufen. In diesem Haus lebt er mit seiner Familie, er hat im Laufe der Jahre all sein Geld investiert, um es zu erhalten, und nun soll er es verlassen! Rechtlich gehört es den Schwestern und ihm zu gleichen Teilen, aber eigentlich hat er es erhalten und meint, dass er es deshalb für sich beanspruchen kann – die Schwestern auszuzahlen käme auf keinen Fall in Betracht, das könne er nicht aufbringen. Durch das Ansinnen der Schwestern fiel er in eine tiefe Depression, konnte nicht mehr arbeiten – er ist ein mittlerer Verwaltungsbeamter – und denkt daran, seinem Leben ein Ende zu setzen. »Wie können diese habgierigen, neidischen Schwestern mir das Haus wegnehmen, für das ich so viel getan habe!«, ruft er erregt. Eigentlich hat er das Haus nie verlassen. Das »Haus der Mutter« ist sein Elternhaus, das Haus seiner Kindheit. Der Vater war ein wohlhabender Fabrikant, die Mutter war Hausfrau, sie kam aus einfachen Verhältnissen. Wegen der Schwangerschaft mit der neun Jahre älteren Schwester »mussten« die Eltern heiraten, das »einzige Wunschkind« war die mittlere, vier Jahre ältere Schwester, Herr Wunderlich selbst war einerseits von den Eltern gar nicht mehr erwünscht, aber dann doch als einziger Sohn, als »Stammhalter«, willkommen, wie ihn der Vater sah, und die Mutter entwickelte zu »ihrem

Jungen« eine innige, vielleicht ein wenig zu erotische, jedenfalls, solange er klein war, enge körperliche Beziehung.

Der Vater dagegen setzte große Hoffungen in ihn, dass er eines Tages die Fabrik übernehmen würde, und dementsprechend erbost war er, als Herr Wunderlich die Aufnahmeprüfung für das Gymnasium nicht bestand. Deshalb wurde er mit elf Jahren in ein weit entferntes Internat gegeben und blieb dort fünf Jahre – damit verband Herr Wunderlich vor allem ein entsetzliches Heimweh. Im Internat hat er sich immer fremd gefühlt – als er wieder nach Hause kam, fühlte er sich auch dort fremd –, in der Schule allerdings fühlte er sich wohl, hatte viele Kontakte, die Leistungen jedoch blieben mäßig. Dann bekam der Vater Probleme mit seiner Firma, sicher hat er eine falsche Strategie verfolgt, die Banken gaben keinen Kredit mehr, der Vater musste Konkurs anmelden. Er wurde herzkrank und depressiv; Herr Wunderlich hat ihn antriebslos im Bett liegend in Erinnerung. Als Herr Wunderlich 18 Jahre alt war, nahm ihn der Vater beiseite und sagte zu ihm, wenn ihm, dem Vater, einmal etwas zustoßen sollte, so solle er für die Mutter sorgen. 20 Stunden später war er tot, er hatte mit einer Überdosis seiner vielen Medikamente seinem Leben ein Ende gesetzt.

Herrn Wunderlichs Leben war von unauflösbaren Widersprüchen überschattet. Er sollte nicht geboren werden, war aber dann der auserwählte »kleine Mann« der Mutter. Für den Vater sollte er Stammhalter sein – wurde aber »strafversetzt«, wie er sagte, kam ins Internat, als er die Leistungsansprüche des Vaters nicht erfüllte. Auch das Bild des Vaters ist widersprüchlich – ein lebensfroher, mächtiger Mann, und später depressiv, schließlich gänzlich lebensunfähig. Die Mutter war voller Minderwertigkeitsgefühle, andererseits zu Hause dominierend und selbstbewusst die Kinder beherrschend. Kein Wunder, dass Herr Wunderlich, seit er nach der Ausbildung ins Elternhaus zurückgekehrt war, mehrmals für kurze Zeit psychotisch reagiert hatte, schwankend zwischen Grandiosität und Vernichtungsangst.

Herr Wunderlich hatte durch das Internat das Elternhaus verloren, hatte sich später in ihm immer fremd gefühlt – und gerade deshalb wohl hat er es nie verlassen, hatte während der Ausbildung immer sein Zimmer dort und lebte auch nach der Heirat weiter im Elternhaus, das er nach dem Tod des Vaters immer »Haus der Mutter« nannte. Die Mutter wohnte auch in diesem Haus, und als sie pflegebedürftig wurde, übernahm eine Schwester die Pflege, die sie sich aber – aus dem Restvermögen der Mutter – »fürstlich bezahlen ließ«, wie Herr Wunderlich bitter klagte; überdies hätten die Schwestern all die Jahre erhebliches Geld gefordert, als Ausgleich dafür, dass er im Hause lebte.

Herr Wunderlich hatte mit elf Jahren, am Beginn der Pubertät, die Verbannung in das Internat als furchtbare Strafe durch den mächtigen Vater für seine ödipalen, an die Mutter gerichteten Wünsche erlebt – allerdings war die Mutter zumindest latent diesen Wünschen wohl etwas zu weit entgegengekommen. Die Strafe erfolgte wegen seines Leistungsversagens, aber der Vater hatte nicht bedenken können, dass Leistung für den Sohn bedeutete, eines Tages an seine Stelle zu treten (durch Übernahme der Firma), was der Junge damals mit seiner ödipalen Verstrickung verbinden musste, nämlich den Vater zu ersetzen, so dass er die vom Vater geforderte Leistung verweigerte – was der Vater wiederum bestrafte. Der Vater forderte vom Sohn also etwas, was er als ödipaler Vater gleichzeitig streng verbot – was der Sohn auch tat, es musste falsch sein – und in diesem Fall wurde die Dynamik ironischerweise dadurch auf die Spitze getrieben, dass der nun gar nicht mehr mächtige Vater die ödipalen Todeswünsche des Sohnes durch den Selbstmord eigenhändig erfüllte, nicht ohne ihn zu verpflichten, für die Mutter die Funktion eines sorgenden Mannes zu übernehmen. (Nach oder neben dem sexuellen Missbrauch ist der Selbstmord eines Elternteils, besonders in den empfindlichen Lebensaltern des Schulbeginns und der Adoleszenz, das Zerstörerischste, was man seinen Kindern antun kann, denke ich.) Offenbar hat nun Herr Wunderlich eine Möglichkeit gefunden, für die Mutter gemäß dem Auftrag des Vaters zu sorgen, ohne ihr sexueller Mann zu werden: Er setzte an die Stelle der Mutter das Haus, das »Haus der Mutter«, für das er sorgen konnte, ohne in eine inzestuöse Gefahr zu geraten, mit dem er verbunden blieb (man kann es auch so sehen, dass er ein mögliches selbstbestimmtes Leben als getrennter Erwachsener wegen der ödipalen Verstrickung *op-*

ferte) und in das er investierte. So stellte er eine Art Gleichgewicht her zwischen der Angst, die Mutter zu verlieren (das Elternhaus hatte er schon einmal verloren), dadurch dass er erwachsen würde, d.h. sich getrennt haben müsste, wodurch er aber auch den Auftrag des Vaters zurückgewiesen hätte, und der anderen Angst, der Mutter zu nahe zu kommen. Immer wenn dieses Gleichgewicht bedroht war – durch die Trennungsaufforderung, die das Ende der Ausbildung für ihn bedeutete, oder vor allem jetzt dadurch, dass man ihm das Haus wegnehmen wollte, sein grandioses Mittel, seinen zentralen Konflikt eher in Schach zu halten als ihn zu lösen – immer also, wenn dieses Gleichgewicht bedroht war, blieb ihm nichts als der Ausstieg in die Psychose und in die Identifikation mit dem Vater, in die suizidale Depression – übrigens jede Leistung verweigernd.

Frau Susi Sorglos

Frau Sorglos war ein »Nachzügler«, die älteste Schwester war 18 Jahre, die nächste 14 Jahre älter, der sieben Jahre ältere Bruder war der »Liebling der Mutter«. Zu Beginn der Ehe hatte die Mutter alle Träume aufgegeben (Dolmetscherin zu werden, zu reisen, vor allem keine Kinder zu haben!), hatte sich dem Vater völlig untergeordnet, der ein Patriarch war und mit seinen drohenden Jähzornsanfällen das Familienleben überschattete. Die Eltern waren ja schon relativ alt, beide wurden schwer chronisch krank, und Frau Sorglos wurde mit zwölf Jahren erst zur ältesten Schwester, dann zu einer Pfarrersfamilie gegeben. Wahrscheinlich hatte Frau Sorglos bereits damals vorbewusst oder unbewusst den Plan entwickelt, ihr verlorenes Elternhaus wiederzubekommen und umzubauen. Das dazu passende Architekturstudium nahm sie aber erst nach langem hin und her ernsthaft auf, arbeitete erst als Sekretärin, studierte dann halbherzig Innenarchitektur, bis sie sich entschloss, Architektin zu werden. (Die Therapie übrigens suchte sie auf, weil sie extreme Arbeitsstörungen und Prüfungsangst vor ihrer letzten Prüfung, verbunden mit einer »Präsentation« ihrer Arbeit, entwickelt hatte.) Bewusst wollte sie aus dem engen Dorf, in dem das Elternhaus stand, entfliehen und ging zum Studium mit 19 Jahren in die Großstadt. Damit ließ sie den Jähzorn des Vaters sozusagen hinter sich, auch die Geringschätzung durch die Mutter (die hatte ja ihren Lieblingssohn), die ständige Angst vor den Nachbarn, etwas falsch zu machen – die Familie hatte immer eine Außenseiterposition, eigentlich nur Kontakt zu Verwandten und auch nur dann, wenn diese anreisten.

Als die Eltern starben, wollte keiner das heruntergekommene Haus der Eltern, das Elternhaus, übernehmen. Gegen Ende des Studiums zog dann Frau Sorglos mit einer Art von Trotz in das Elternhaus ein, als wollte sie allen demonstrieren – den Nachbarn, den Geschwistern und in der Phantasie vor allem den Eltern –, dass sie jemand sei, den man nicht einfach weggeben konnte, der ein Elternhaus verdient hatte, und zwar dadurch, dass sie das Elternhaus *umbauen* wollte, und zwar von Grund auf, nach ihren eigenen Vorstellungen! Zusammen mit ihrem Freund, der auch Architekt war, aber arbeitslos, zog sie ein. Mit großem Eifer plante sie den umfangreichen, einschneidenden Umbau des Hauses, und da sie wenig Geld hatte, fing sie mit eigenen Händen zu bauen an. Der Freund trug trotz seiner Arbeitslosigkeit leider fast nichts dazu bei, was aber ihrer trotzigen Energie keinen Abbruch tat. Die Zeit ging dahin, das Studium forderte seinen Abschluss, so dass das Paar jahrelang praktisch auf einer Baustelle lebte. Die Lethargie ihres Freundes machte sie wütend, aber sie blieb bei ihm, zumal sie nach dem doch bestandenen Abschlussexamen schwanger wurde ... Sie selbst hatte eine Halbtagsstelle, begab sich nun aber auf Arbeitssuche für ihren Lebensgefährten, um ihn endlich auf Trab zu bringen!

Frau Sorglos hatte ein dürftiges »Elternhaus«, das sie überdies gezwungen war, viel zu früh zu verlassen. Kein Wunder, dass sie es wiederhaben wollte, aber unter *ihren* Bedingungen! In einer trotzigen Gegenabhängigkeit – auf keinen Fall so abhängig wie die Mutter vom Vater! – wollte sie das Elternhaus nach *ihren* Plänen umbauen (das hatte wohl unbewusst sogar ihre Berufswahl bestimmt), und dadurch *eigentlich* ihre dürftige Kindheit, das autoritär-paranoide Familienleben »umbauen«, retrograd verändern, sich nachträglich phantasmatisch eine glückliche Kindheit verschaffen. Nicht zuletzt wegen ihrer Unabhängigkeitsbedürfnisse hatte sie sich einen »schwachen« Mann gesucht, allerdings nicht ohne unter seiner Trägheit wiederum zu leiden. Die extreme Prüfungsangst zeigte an, wie ambivalent sie ihrem Vorhaben gegenüberstand, als ob ein Teil in ihr sie warnen wollte; andererseits würde eine nicht bestandene Prüfung sie gehindert haben, ins berufliche Leben (und da funktionierte sie immer) einzutreten. Ihr zentraler Irrtum war, dass sie die eigenen Pläne, das Elternhaus zu übernehmen und umzubauen, mit Autonomie verwechselte, die sie in ihrer Gegenabhängigkeit noch längst nicht erreicht hatte, sondern viele Jahre der analytischen Gruppenpsychotherapie brauchte (die Entwicklung wurde verzögert durch die »Baustelle« natürlich, aber auch durch die Schwangerschaft und die erste Zeit nach der Geburt des Kindes), eine lange Zeit der Entwicklung also, bis sie nach und nach begriff, dass es ihre Aufgabe war, sich vom »Elternhaus« und darüber hinaus auch von ihrem Vorhaben, es umzugestalten, trennen zu müssen. Obwohl sie die Umbaupläne noch immer nicht ganz aufgegeben hatte, beendete sie mit einem allseitigen guten Gefühl die Therapie, nachdem sie für ihren Mann eine gute Arbeitsstelle in einer 700 km entfernten Kleinstadt gefunden hatte. Wie die Gruppe und ich später erfuhren, blieb sie zwar noch Monate in ihrem Heimatdorf mit dem Kind, entschloss sich dann aber, zu ihrem Mann zu ziehen, und als deutliches Zeichen ihrer nun gewonnenen Autonomie schickte sie eine knappe Postkarte an die Gruppe: »Lieber Dr. Hirsch, liebe Gruppe, ein letztes Mal möchte ich mich noch melden. Ob mich überhaupt noch jemand in der Gruppe kennt? Schließlich bin ich schon mehr als ein Jahr weg. Mein Leben in dieser Zeit war sehr turbulent. Oft habe ich an die Gruppe gedacht. Etwas Wichtiges ist entschieden, ich werde nicht in dem ererbten Haus bleiben. So wie es sich jetzt entwickelt hat, werde ich nach G. ziehen. Franz ist seit einem Jahr dort. Wir haben überlegt, dass wir dort lieber sein möchten. Ich kann mich in unserem Dorf nicht einleben [!]. Auch für unser Kind ist eine Kleinstadt sicher besser. Ich wünsche der Gruppe eine gute Zeit und grüße herzlich – Susi Sorglos«

Frau Lore Leberecht

Auch in der folgenden Geschichte wurden architektonische Fähigkeiten entwickelt, um das »Elternhaus« umzubauen, und auch die Bedingungen geschaffen, die es scheinbar unmöglich machten, es jemals zu verlassen. Frau Leberecht ist in ungewöhnlichen Verhältnissen aufgewachsen. Ihr Vater, ein Kaufmann, war in einer weit entfernten Stadt verheiratet, er hatte mit der Mutter ein Verhältnis, aus dem Frau Leberecht hervorgegangen ist. Die Mutter war eine tüchtige Geschäftsfrau, die alles im Sinn hatte, Erfolg, Anerkennung, »ihren Mann stehen«, nur keine Familie gründen und Kinder haben wollte. Sie war 43 Jahre alt, als Frau Leberecht auf die Welt kam, »gleich nach der Geburt ist sie wieder arbeiten gegangen.« Weil sie sich um das Kind nicht kümmern wollte und konnte, holte sie eine Lehrerin mit ihrer Tochter, die war damals fast 20 Jahre alt, in das Haus – das Haus war groß genug, ein schönes sogenanntes Jugendstilhaus, allein stehend, mit einem großen Garten … Von diesen Frauen wurde sie aufgezogen, wobei die ältere mit ihrem Nachnamen »Tante König« genannt wurde, die Jüngere mit ihrem Vornamen »Tante Lene«. Während »Tante König« streng war, korrekt, und so zu einer Vaterfigur wurde, war ihre Tochter, »Tante Lene«, das genaue Gegenteil, tobte und alberte mit dem Kind herum, beide schliefen eine zeitlang in einem Bett, waren ein Herz und eine Seele, liebten sich heiß und innig … Die Mutter ging morgens aus dem Haus, kam abends spät wieder; der Vater kam nur alle paar Jahre einmal zu Besuch.

Die Beziehungen von Frau Leberecht waren immer chaotisch; mit 15 hatte sie eine lesbische Beziehung zu einer Frau im Alter ihrer Mutter, mit 17 verlobte sie sich, die Beziehung ging aber aus Enttäuschung wieder zu Ende, hatte dann schließlich eine Art Entschluss gefasst, sich auf Beziehungen zu Frauen zu beschränken, aber es entwickelte sich so, dass sie eigentlich immer Beziehungen zu zwei Frauen gleichzeitig hatte.

Das Elternhaus, bzw. das Haus ihrer Mutter, ein *Eltern*haus war es ja nicht, hatte sie früh verlassen. Wie die Mutter machte sie eine berufliche Karriere nach ihrem Studium, obwohl sie die Parallelen zur Tüchtigkeit ihrer Mutter nicht sehen wollte. Als schließlich ihre Mutter pflegebedürftig war, kehrte Frau Leberecht in das Haus ihrer Mutter zurück, um sie zu pflegen (d.h. sie so mütterlich zu versorgen, wie sie selbst eben von dieser ihrer Mutter nicht versorgt worden war; das hatte durchaus etwas von triumphierendem »Heimzahlen«). 15 Jahre lebte sie so mit der Mutter zusammen, und in dieser Zeit entwickelte sie, wie sie sagte, »architektonische Fähigkeiten«, das wäre auch ihr eigentlicher Berufswunsch gewesen: Architektin zu werden, aber die Mutter hätte sie damals gezwungen, etwas »Sicheres« zu erlernen, so dass sie als Beamtin Karriere gemacht hatte. Sie fing nun an, das Haus nach ihren eigenen Vorstellungen und Plänen umbauen zu lassen, legte auch selbst Hand mit an, riss Wände ein, errichtete an anderer Stelle neue, baute das Dachgeschoss aus, obwohl im Hause Platz genug war, ließ die Garage abreißen und baute eine Veranda dorthin ... Dann wurde die Mutter so hinfällig, dass sie zu Hause nicht mehr zu pflegen war, sie musste im hohen Alter in ein Heim gegeben werden – Frau Leberecht empfand ein Gefühl großer Befreiung, ein großes Glücksgefühl, endlich allein in ihrem Reich, wie sie es inzwischen empfand, leben zu können, niemandem Rechenschaft schuldig zu sein, kommen und gehen zu können, wann es ihr passte. Die Heimversorgung der Mutter verschlang aber einiges Geld, und so verfiel sie auf den – unglücklichen – Plan, der älteren ihrer beiden Freundinnen, Nora, einen Teil des Hauses zu verkaufen, in den diese dann einzog. Nun war die Freiheit wieder eingeschränkt, aber es war ja auch ganz schön, immer jemanden in der Nähe zu haben, die Geldsorgen war sie los, und sie hatte ja noch die andere Freundin, Jutta, zu der sie gehen konnte. Beide Frauen wussten voneinander, aber es war doch ein wenig so, als wäre sie mit der einen verheiratet und hätte gleichzeitig eine Geliebte.

Nach dem Tod der alten Mutter wurde Frau Leberecht zunehmend depressiv, sie sah keinen Sinn mehr in ihrem Leben. Nora drängte immer heftiger, sie solle sich von Jutta trennen, dabei hatte Frau Leberecht ganz gegensätzliche Gefühle, nämlich Nora in dem Haus nicht mehr ertragen zu können. Frau Leberecht begann eine analytische Gruppenpsychotherapie, in der sie nach und nach begriff, wie abhängig sie in ihrem ganzen Leben davon geblieben war, von ihrer Mutter endlich einmal mütterliche Zuneigung und Anerkennung zu bekommen, nicht für Leistungen, sondern einfach für ihr So-Sein … Es wurde ihr auch klar, dass das stereotype Bedürfnis, zwei Frauen gleichzeitig zu haben, die direkte Fortsetzung der Beziehungen zu »Tante König« und »Tante Lene« war, immer war es eine etwas Strengere, Kühlere und eine Lebenslustige … Es wird auch ganz klar, dass sie neben »Tante König« und »Tante Lene« immer auf die Mutter geschaut hat, ob nicht von ihr ein Beziehungsangebot käme, und nun trat die Bedeutung des Hauses allmählich hervor: Das Haus entsprach einer Mutter, die Frau Leberecht selbst gestaltet hatte, die sie nach ihren Vorstellungen »umgebaut« hatte, so dass sie das Gefühl hatte, dass dieses Haus als selbstgeschaffene Mutter ihr »Schutz und Halt« biete. Und an diesem Schutz hielt sie fest, entwickelte in ihrem relativ fortgeschrittenen Alter eine Trennungsangst, die Angst vor der Trennung vom Haus, als gelte es, eine reale Mutter zu verlieren. In der Gruppe verteidigte sie das Ansinnen, sie solle sich doch von dieser Mutter-Bindung befreien, durch das Argument, sie habe sich in die Hände von Nora begeben, ihre Freiheit an sie verkauft, sie könne nicht weg, weil Nora ein Teil des Hauses gehörte (da hatte sie sich sozusagen Vater und Mutter geschaffen, ein Elternpaar, wie ja die älteren, herberen Freundinnen auch immer Vaterersatz gewesen sein dürften), und um Nora auszuzahlen, falls diese überhaupt ausziehen wolle, fehle ihr das Geld … Aber das waren eher Rückzugsgefechte, wenn sie auch ewig dauerten und eine lange Bearbeitung in der Therapie notwendig machten, bis Frau Leberecht Nora mitteilen konnte, dass sie sich trennen und das Haus verkaufen wolle. Was vorher undenkbar schien, war nun möglich; Frau Leberecht bezog glücklich eine Eigentumswohnung, die ihrem Leben vollkommen entsprach. Aber die Voraussetzung zu dieser Trennung, letztlich der Trennung von den unerfüllten Hoffnungen ihrer Kindheit, war die Einsicht, wie sie selbst sagte, dass sie, indem sie ihr Haus umgebaut habe, eigentlich ihre Kindheit reparieren wollte. Sie musste auch, wie sie meinte, ein Gefühl des Verrats an ihrer Mutter, eines böswilligen Verlassens, überwinden. Das hätte auch ein Verrat an ihr selbst bedeutet, nämlich einen einmal gefassten Plan umzustoßen, schwach gewesen zu sein, sich verrechnet zu haben. Aber natürlich konnte die Rechnung nicht aufgehen, denn es ist eben unmöglich, sich selbst eine neue »Mutter« zu schaffen.

Das Familienhaus

Das Familienhaus ist eine Ideologie – sie entsteht gerade dann, wenn es keine oder zu wenig Familie gab. Es ist die Illusion, dass ein Haus, das Haus der Familie nämlich, in dem vielleicht Generationen gelebt haben, die Familie ersetzt: Das Haus soll die Familie herstellen oder erhalten, die es längst nicht mehr gibt oder in einem psychologischen Sinne nie gegeben hat. Dann wird unrealistischerweise im Testament verfügt, das Haus solle als Treffpunkt der Familie sozusagen für alle Zeiten dienen – als könne der Erblasser so in der Phantasie noch weiterleben.

Das Haus des Vaters von Frau Cecily Zeisig sollte ein Familienhaus werden. Als Frau Zeisig mit der Therapie begann, lebte sie in dem großen Mietshaus des Vaters und hatte dort auch ihre kleine physiotherapeutische Praxis. Ihre Schwester lebte auch dort mit ihrer kleinen Familie und auch der Vater. Die Eltern waren seit langem geschieden, die Mutter lebte allein in einer benachbarten Stadt. Während ihrer Gruppenpsychotherapie gelang es Frau Zeisig mit großem Widerstreben und beträchtlichem Druck der Gruppe, aus dem Haus des Vaters auszuziehen. Auch das Ansinnen der Schwester, mit ihr zusammen auf dem Dach des Hauses des Vaters zu bauen, konnte sie nur mit Mühe ablehnen. Inzwischen starb der Vater, und die Mutter ist in eine der neuen penthausartigen Wohnungen auf dem Dach eingezogen.

Eine Gruppensituation: Sie kommt viel zu spät zur Gruppensitzung mit riesigem Urlaubsgepäck, der Flieger hatte Verspätung, sie ist mit dem Taxi hergeeilt ... Sie unterbricht das laufende Gespräch und platzt mit ihren Urlaubserlebnissen hinein: Sie wusste in dem kurzen Urlaub immer nicht, was sie wollte, und wenn sie es wusste, konnte sie es nicht durchsetzen gegen das andere Pärchen, mit dem sie im Urlaub waren und das immer genau wusste, was es wollte, die Frau war so dominierend … Ich frage mich, was sie eigentlich erzählen oder fragen oder wissen will. Schließlich denke ich an ihre Schwester, die lebenstüchtiger ist, immer weiß, was sie will, und werfe das in die Debatte: Die Schwester wusste, was sie wollte, sie hat auf dem Haus des Vaters – »Tatsächlich *auf* dem Haus, nicht nur den Dachboden ausgebaut?«, frage ich – »Nein, es war ein Flachdach« – sie hat also tatsächlich zwei Eigentumswohnungen oben daraufgesetzt – ich sage also, die Schwester wusste, was sie wollte, sie hat einen Mann, sie hat ein Kind, ist erfolgreich in ihrem Beruf, und wusste, sie wollte bauen. Da sagt Frau Zeisig: »Na ja, aber sie fühlt sich jetzt da gar nicht mehr wohl, jetzt, wo unsere Mutter in eine der beiden neuen Wohnungen eingezogen ist, kommt ihr die Gegend so furchtbar vor, die Leute sind alle spießig …« Ich werfe ein, das habe sie doch vorher gewusst, da sie doch seit Jahren da lebe. Ja, jetzt sei es der Schwester besonders aufgefallen und es störe sie extrem, sie sei in einer richtigen Krise, habe sie gesagt. – »Aber der herrliche Blick über den Rhein, der unbezahlbare, einmalige Blick!«, gebe ich zu bedenken. – Nein, der Blick spiele jetzt keine Rolle, die Schwester denke daran, wieder auszuziehen, und träume von einem alleinstehenden Häuschen mit Garten, das müsse doch möglich sein … Die Mutter ist eingezogen im Mai, und auch sie fühle sich jetzt in der Wohnung gar nicht wohl: Die Wohnung ist viel kleiner, als die, in der sie zuletzt gewohnt hat. Sie habe zwar eine riesige Glasfront in Richtung Rhein, aber der läge im Westen, und die Wohnung würde extrem aufgeheizt …

Ich sage, sie habe uns die ganze Zeit mit den Campingplatzgeschichten im Urlaub in den Ohren gelegen, geklagt, sie wüsste nicht, was sie wollte, und wenn sie's wüsste, könne sie sich nicht durchsetzen, aber jetzt komme doch heraus, dass sie endlich einmal die richtige Entscheidung getroffen hat, nicht in das Haus des Vaters zurückzuziehen, dass diesmal die Schwester einen Missgriff getan habe, die immer wusste, was sie wollte, und immer das Richtige wollte! Und die Mutter, die unbedingt in das Haus des Vaters wollte (obwohl seit Jahrzehnten geschieden), fühle sich auch nicht wohl. Das sei auch leicht zu erklären, denn Thomas Mann habe überliefert: »Wenn das Haus fertig ist, kommt der Tod«, und für die Mutter bedeute diese Wohnung sicher die

Endstation, und auch die Schwester wünsche sich plötzlich einen Neubeginn, ein neues Haus, eine Veränderung! Frau Zeisig wirft ein: »Dabei ist die Wohnung der Schwester noch nicht 'mal fertig, es ist immer noch eine einzige Baustelle, sie wohnt noch gar nicht darin.« Nicht ohne Genugtuung sage ich, dass wir, die Gruppe und ich, bei der »richtigen« Entscheidung von Frau Zeisig auch kräftig mitgewirkt haben: Als erstes hatten wir damals nicht ausgehalten, dass sie, als sie noch im Haus des Vaters ihre kleine Wohnung hatte, immer Angst hatte, ihm im Treppenhaus zu begegnen, weil er wieder unwirsch und offen aggressiv an ihren Abrechnungen herummäkeln würde, denn sie machte für ihn die Hausverwaltung. Die ewigen Klagen um die Aggressivität des Vaters und die lähmende Behinderung durch ihn hatten uns ganz ungeduldig werden lassen, so dass wir sie ziemlich direkt aufforderten, aus diesem Geisterhaus auszuziehen! Nach langen Widerständen hatte sie es damals geschafft, aber da wollte die Schwester sie verführen, gemeinsam mit ihr oben auf dem Haus des Vaters zu bauen. Nun mussten wir ihr wieder mit einiger Direktheit diesen Plan ausreden, der ja auf eine Art Familienzusammenführung und perpetuierter Abhängigkeit hinauslaufen würde. Dann starb der Vater, die beiden Töchter erbten das Haus, und nun war die Verlockung wieder groß, in eine der Wohnungen zu ziehen, die Schwester setzte sie unter sanften Druck, auch die Mutter entschloss sich, in dieses Haus zu ziehen ... Und ich sage: Als ob wir es gewusst hätten, in diesem Haus herrscht noch der Geist des Vaters, er kommt aus dem Keller von Zeit zu Zeit und bemächtigt sich der Stockwerke, er verdirbt die Stimmung, die Lebensfreude, der Blick über den Rhein ist nichts mehr wert, Schwester und Mutter fühlen sich nicht wohl und wollen wieder ausziehen.

Ein paar Wochen später erzählt Frau Zeisig, dass die Schwester einen Wutanfall bekommen hat, die Schwester ist völlig ausgerastet, als sie von ihren vagen Überlegungen gesprochen hat, alle ihre Eigentumswohnungen zu verkaufen. Die Schwester hat geschrien: »Du zertrümmerst das Familienerbe, du schlägst alles kaputt, du hast das Erbe des Vaters nicht verdient!« Es ist klar, die Schwester möchte mit dem Haus des Vaters eine Art Familienzusammenhalt schaffen, das würde vollends unmöglich, wenn Frau Zeisig nicht nur nicht da wohnte, sondern ihr nicht einmal mehr die Wohnungen gehörten. Und die Wut wird auch von dem Neid auf Frau Zeisig herkommen, die sich – in Gedanken – die Freiheit nimmt, zu gehen, wohin sie will, während die Schwester dableiben muss.

In einer anderen Geschichte musste die Ideologie vom Familienhaus herhalten, um eine handfeste Erbschleicherei rationalisierend zu begründen: Wir haben den Architekten schon kennen gelernt, der seiner Mutter ein Haus bauen sollte, aber nie als Architekt gearbeitet, also kein einziges Haus gebaut hatte. Er hatte in seinem Leben nicht gut für sich gesorgt, und eines Tages war sicher, dass eine fortgeschrittene Krebserkrankung seinem Leben bald ein Ende setzen würde. Wenige Jahre vorher war seine Mutter gestorben, und die 20 Jahre jüngere Halbschwester hatte es kaum ertragen, dass das nicht unerhebliche Erbe der Mutter unter alle vier (Halb-)Geschwister gleichmäßig aufgeteilt wurde. Als sie nun erfuhr, dass der Architekt sterben sollte, besuchte sie ihn häufig, obwohl all die Jahre fast gar kein Kontakt bestanden hatte. Sie versprach ihm, seinen Nachlass zu ordnen und ein paar von seinen Gedichten zu veröffentlichen, auch seiner ehemaligen Lebensgefährtin einen größeren Betrag zukommen zu lassen – er selbst hatte sein Erbe fast nicht angerührt. Die Halbschwester begann nun, dem Sterbenden zu erzählen, dass die Mutter auf dem Sterbebett den Wunsch geäußert hätte, das Haus der Großeltern sollte zu einem Familienhaus gemacht werden, einem Zentrum der Familie, und da sie in diesem Haus wohne, wolle sie es renovieren lassen und fortan unterhalten, damit sich die Familie dort bei jeder Gelegenheit treffen könne. Dieser Gedanke war um so unrealistischer, als die Familie längst in alle Winde, buchstäblich über alle Erdteile verstreut war und schon lange kein besonderer Kontakt zwischen den Fragmenten mehr bestand. Wie aber schon bei der Mutter war auch bei ihm zu vermuten, dass er kurz vor dem Tode, noch dazu beeinträchtigt in seinem Realitätsempfinden durch die stark sedierende Schmerzbekämpfung, sich gern der Illusion einer harmonisch intakten Großfamilie hingab. So unterschrieb er wenige Tage vor seinem Tod eine Überweisung über seinen gesamten Erbanteil auf das Postscheckkonto der Halbschwester, auch noch eine zweite Überweisung forderte sie, falls die erste auf dem Postweg verloren ginge … Ob sie den Betrag an die ehemalige Lebensgefährtin des Verstorbenen weitergeleitet hat, blieb unbekannt, Gedichte jedenfalls wurden nicht veröffentlicht.

Ein besonderes Elternhaus, das auch ein Familienhaus sein sollte, ist mir in der Geschichte von Frau Nora Özdemir begegnet. Die Eltern kamen mit ihr nach Deutschland, als sie sechs Jahre alt war; von Anfang an war sie eine Fremde, die bald begriff, dass sie hart arbeiten müsse, um jemand zu sein, was sie beruflich dann auch geschafft hat. In der Kindheit wie in einer Verkettung mehrfach von verschiedenen Männern missbraucht, kam sie sich in der emotional kalten Familie schon immer als »Hure« vor, abgelehnt, ausgestoßen. Wenn sie jetzt allein ist, und sie ist viel allein, denn sie hat keinen Partner und nur wenig Bekannte, dann gerät sie in Panik, dann fällt ihr die Decke auf den Kopf und sie beschädigt ihren Körper: »Dass ich mich selbst verletze, liegt daran, dass sonst niemand da ist, der mir weh tut.« Das entspricht ihrem alten Spruch, der sich in ihr Hirn gebrannt hat: »Du hast es nicht anders verdient!« Sie sagt die Verabredungen ab, bleibt zu Hause, wo sie es aber kaum aushält, und macht sich dann Vorwürfe; der ganze Teufelskreis wird durch die Selbstbeschädigung beendet. »Ich schaffe es nicht, mir ein angenehmes Zuhause einzurichten.« Sie hat relativ viel Geld verdient und kam eines Tages auf die Idee, *ihren Eltern* in der Türkei ein Haus zu bauen, für die Ferien, dann könnte sie da mit ihren Eltern zusammensein, und die Eltern könnten dort ihren Lebensabend verbringen. Sie hat das Gefühl, den Eltern etwas schuldig zu sein, da sie doch eine »Hure« war. Also ist sie in ihrem Urlaub in die Türkei gefahren, um ein Grundstück zu suchen, und hat für die Eltern ein Haus gekauft. Aber wie das eigene Zuhause für sich selbst war das Haus in der Türkei für die Mutter nicht gut genug, die Räume zu niedrig, die Treppe zu steil, der Fußboden schlecht … Es ist eben unmöglich sich – nachträglich – ein besseres Elternhaus zu schaffen, auch für das neue »Elternhaus« bekommt sie Vorwürfe und sozusagen einen Fußtritt.

9. Das Traumhaus – der Traum vom selbstbestimmten Leben

Ein Haus kann zum Symbol eines ersehnten besseren Lebens werden. Wie der materiell arme und unglückliche Mensch denken könnte: »Wenn ich reich wäre …«, und so gar nicht über sein tatsächliches, psychisches oder soziales Unglück, und wie er aus ihm etwa entkommen könnte, nachdenken muss. Das Haus bekäme so eine ähnliche Funktion wie der Kinderwunsch eines Paares, das in einer schlechten Beziehung lebt: Das Kind soll die Beziehung retten, die Beziehung muss dann nicht als eigentliches Problem gedacht werden, man schiebt das Unglück auf die Kinderlosigkeit. Oder ein beruflich Gescheiterter träumt vom Auswandern: Die »neue Heimat« bringe das Glück, die Rettung aus der Identitätsnot. Die Sehnsucht nach dem Elternhaus ist nach rückwärts gerichtet, das erträumte Haus liegt in der Gegenrichtung, in der Zukunft.[134]

Herr Norbert Gutmann war mit seinen 36 Jahren gar nicht richtig getrennt von den Eltern, er war beruflich in die Fußstapfen seines

134 Bachelard 1957, S. 78

Vaters getreten, machte genau dasselbe wie dieser, nämlich eine Filiale seiner Supermarktkette nach der anderen zu gründen, nur machte er es besser, größer und noch großartiger als der Vater. Er lebte mit seinem Partner in einer großen Wohnung, aber die befand sich in einem Haus, das seinen Eltern gehörte. Er hatte ein furchtbares, wie ein Schlauch geschnittenes Büro – direkt neben dem Büro des Vaters. Er fuhr immer größere und schnellere Autos als der Vater – in den drei Jahren seiner Therapie hatte er jedoch vier teils schwere Unfälle verursacht, so dass er immer wieder ein neues, noch größeres Auto kaufte – dabei träumte er davon, sich endlich einmal einen kleinen Wagen anzuschaffen, der auf seine Bedürfnisse zugeschnitten wäre und der ihm wirklich gefallen würde. (Wieder die antagonistische Bedeutung von Auto und Haus.) Und so träumte er auch von einem großen eigenen Haus mit mehreren Etagen, in dem er sowohl leben, als auch endlich sein Büro einrichten könnte, wie er es sich vorstellte, ohne dass die Eltern ihm ständig hineinregierten. Nun hatte er ein, wie er meinte, ideales Objekt gefunden, das versteigert werden sollte, und er war überzeugt, dass er es bekommen würde, denn er hatte immer alles bekommen, was er wollte, all die vielen Läden gekauft für neue Filialen, manchmal dem Vater vor der Nase weggekauft, das Haus würde er todsicher kriegen! Er hat alle Läden gekriegt, um es dem Vater gleichzutun und ihn zu überrunden, also in heftiger ödipaler Rivalität, aber auch Verbundenheit. Ob er sich nun etwas verschaffen kann, das heißt etwas erreichen kann, das *Unabhängigkeit* bedeutet, darüber ist allerdings noch längst nicht das letzte Wort gesprochen.

Herr Gutmann kommt zur ersten Sitzung nach der längeren Sommerpause, er hätte mich in den Ferien sehr gebraucht, am liebsten hätte er eine »Standleitung« zu mir eingerichtet. Er ist in großer Sorge, sogar Angst, denn jemand hat ihn denunziert, es existiere Schwarzgeld in seiner Firma. Er hat sich erkundigt; wenn alles herauskäme, würde das Strafmaß sieben bis neun Jahre Gefängnis betragen! Das meiste von diesem Geld hat er den Angestellten zusätzlich zu ihrem Gehalt zugesteckt, weil die tarifliche Bezahlung wenig motivierend ist. Diese Praxis hat er von den Eltern übernommen, die jetzt in derselben Situation sind. Die Mutter ist plötzlich um Jahre gealtert, stiert abwesend in die Gegend, hört auf nichts mehr. Vielleicht hat sein ehemaliger langjähriger Buchhalter, der schon für die Eltern gearbeitet, der immer wieder größere Beträge unterschlagen hatte und deshalb kürzlich gefeuert worden war, die Denunziation begangen. Der neue Buchhalter meinte, das kriege er schon hin, er müsste nur, um die Bücher zu verändern, in den nächsten Wochen extrem arbeiten und dafür seine Frau und seine Tochter Tag und Nacht einspannen – oder hat dieser Buchhalter das alles lanciert, um eine Arbeitsbeschaffungsmaßnahme für sich und seine Familie herzustellen, um ihn auszunehmen?

Herr Gutmann hat mit nicht geringem Erstaunen eine seltsame Sehnsucht an sich festgestellt, ins Gefängnis zu gehen. Danach würde er, befreit und sozusagen gereinigt (*das Gefängnis als Purgatorium*), ein völlig neues Leben anfangen. Andererseits würde der Knast ihn umbringen; bevor es dazu käme, würde er untertauchen, aber nach vier Wochen Karibik wäre ihm garantiert langweilig, und er hätte Heimweh ... Unvermittelt, und es ist, als wollte er sich von den trüben Gedanken befreien, denkt er an sein *Traumhaus*, das er ersteigern will, er habe es wieder in der Zeitung als Annonce gefunden, jetzt ist es bald soweit – wenn er das Haus habe, werde alles anders. Die Hauptsache an dem Haus sei das Büro, dann hätte er eine Art Schaltzentrale, würde alles übersehen, hätte alles im Griff. Und dann würde er alles anders machen, anders als seine Eltern, eine saubere Buchführung, keine krummen Dinger mehr, er freue sich schon darauf!

Das Haus verkörpert also ein alternatives, selbstbestimmtes Leben. Hätte er das Haus, stellt er sich vor, wäre er gerade noch einmal einer furchtbaren Bestrafung (für sein bisheriges Leben) entkommen, würde dann wie aufgrund eines Gelübdes ein neues Leben anfangen, und zwar ein zu dem der Eltern alternatives! Er würde sich also trennen von ihnen und ihrem Lebensstil. Der ihm selbst merkwürdige Wunsch, ins Gefängnis zu gehen, wäre einerseits der Wunsch, endlich Ruhe zu haben, wäre aber auch eine Rache an den Eltern, die ihm diesen Lebensstil mitgegeben haben und die ihn nicht loslassen: Sie sollen mal sehen, was sie angerichtet haben. Es wäre darüber hinaus ein Akt der

Selbstbestrafung, denn wie konnte er so schwach oder dumm gewesen sein, sich nicht schon längst von ihnen gelöst und alles anders gemacht zu haben, statt dessen ewig an ihnen zu hängen mit seiner sinnlosen Vaterrivalität. Ich verwende ein Bild: Das Haus ist wie eine Kapelle, die man zu bauen verspricht, wenn Gott noch einmal gnädig wäre, eine furchtbare, eigentlich fällige Bestrafung nicht einträte. Verbunden wäre damit ein Gelübde, ein neues, besseres Leben zu führen, alles anders zu machen. Nachdem ich das so gesagt habe, entgegnet er, ich würde es nicht glauben, aber er habe in seiner Angst jetzt tatsächlich angefangen zu beten, natürlich keine formelhaften Gebete, eher etwa: »Lieber Gott, gemeinsam kriegen wir das schon hin ...«

Wegen seiner nicht ganz korrekten Geschäfte, die nicht eben glücklich verlaufen sind, braucht Herr Gutmann Geld. Er denkt an das feudale Haus auf Elba, das ihm zusammen mit den Eltern je zur Hälfte gehört. Er hat versucht, seinen Anteil zu beleihen, dabei aber erfahren, dass sein Vater ihm zuvorgekommen ist – es gibt nichts mehr zu beleihen. Er versucht darüber hinwegzugehen, wie ein Kumpel, der bewundernd anerkennt, dass der rivalisierende Kumpel (sein Vater) ihn ausgetrickst hat. Als ich sage, dass ihm das doch etwas ausmachen müsste, wird er nachdenklich und denkt seltsamerweise an das einfache Haus der Tante, die keine Kinder hatte, bei der er als Kind die Wochenenden verbracht hatte. Das Fundament des Hauses sei 100 Jahre alt; vor ihrem Tod hatte die Tante es ihm vermacht, er hatte es nie beliehen, nicht in seine Vermögensaufstellungen aufgenommen, hatte es fast vergessen. Jetzt erinnert er sich des Hauses, das könnte er beleihen, dann sei er finanziell gerettet. (All diese Bilder von dem riesigen Haus auf der Mittelmeerinsel, den entsprechenden bösen Eltern, der lieben Tante in ihrem einfachen, aber ehrlich erworbenen Haus werden wie Traumbilder, nämlich etwas unwirklich, geschildert.) Er erinnert sich nun an Szenen aus seiner Kindheit, sieht das Haus der Tante vor sich, den Schuppen daneben, den Tante-Emma-Laden gegenüber. Er ist ganz erschüttert, dass er all das so lange verdrängt hatte. Die Tante hat ihn gemocht, einfach so, wie er war ... Er weint heftig und anhaltend, weil er so wenig davon von den Eltern bekommen hat, aber auch vor Rührung, dass die

Tante ihn einfach liebte. Die Tränen sind so heftig, als ob er die Kindheit verloren und nun wiedergefunden hätte. Wie die Eltern waren, könne er dagegen erst wirklich von der Adoleszenz an erinnern: Die grandiosen Fabriken seines Vaters, die zweimal abgebrannt sind, wer weiß wirklich, aus welchen Gründen, das häufige Alleinsein, weil der Vater unterwegs und die Mutter beschäftigt war, die schlechten Leistungen in der Schule, wo er wegen seiner Fettsucht Außenseiter war … Herr Gutmann schwenkt mit seinen Gedanken wieder um: Er fliege kaum noch nach Elba, ob mir das aufgefallen wäre. Das Haus dort ist 3,2 Millionen (DM) wert, am liebsten würde er es verkaufen. Noch vor zwei Jahren hatte er es ganz als sein eigenes empfunden, war sehr häufig mit den Eltern zusammen da. (In der Gruppe, an der er zur selben Zeit teilnimmt, schildert er seine Situation: »Ich habe nichts, habe kein Vermögen«, im Zusammenhang mit dem grandiosen Haus auf Elba sagt er aber im gleichen Atemzug: »Mir gehört halb Italien«, was erhebliches Gelächter provozierte; natürlich hatte er gemeint, ihm gehöre das halbe Haus in Italien. Die eigentliche Frage, *wer er ist*, verschwindet dahinter aber ganz.) Die Mutter will das Haus auf jeden Fall behalten. Er bekommt Zweifel, ob sein Traumhaus, das er seit ungefähr einem Jahr unbedingt ersteigern will, was immer nicht zustande kommt, weil die Termine abgesagt oder aufgeschoben werden, wirklich seines wäre, unabhängig von den Eltern, oder nicht doch wieder so ein Luftschloss, wie es dem der Eltern entspricht, die er mit ihren Mitteln wieder übertrumpfen will.

Die Häuser sind hier auch Metaphern für Beziehungen. Das einfache Haus der Tante musste er vergessen, sozusagen geheimhalten, nicht in die Listen, die dem Leben der Eltern entsprachen, aufnehmen, damit es mit diesem anderen Leben nicht in Berührung kam, weil er die Liebe der Tante behalten wollte. Er trauert offenbar auch, weil er in der Identifikation (mit dem Aggressor) gezwungen war, es den Eltern derart gleichzumachen, sie mit ihren Mitteln zu übertrumpfen als Kompensation für die fehlende Liebe, die fehlende Beziehungssubstanz (das Fundament). Der Therapieerfolg bisher liegt darin, dass er jetzt »sauber« sein will, erst einmal geschäftlich, anders als der Vater keine unsauberen

Sachen mehr nötig haben will, sich bei diesem Gedanken viel wohler fühlt, sich vorstellt, dass er letztlich unter dem Strich sogar materiell davon profitieren würde.

Der Traum darf nicht erfüllt, das Haus nicht fertig werden

Herr Maximilian Overmann möchte eine Therapie machen, weil er arbeitssüchtig ist. Immer muss er Geld verdienen, hat viel gespart, hat schon zwei Eigentumswohnungen gekauft, die er jeweils selbst restauriert hat. Nie hat er genug Geld, neben seiner Tätigkeit als Möbelverkäufer arbeitet er nachts noch im Wachdienst oder fährt Taxi. Spontan sagt er, sein Traumziel sei ein Mehrfamilienhaus: »Wenn ich mir vorstelle, ich hab' da ein Haus und will darin leben, dann will ich sicher nicht allein leben … Aber vor lauter Arbeit finde ich keine Freundin.« Obwohl er von morgens bis abends unterwegs ist, fehlt ihm etwas, er empfindet einen Mangel; und dann sagt Herr Overmann einen in diesem Zusammenhang tragikomisch klingenden Satz: »Ich kann auf den Mangel einfach nicht verzichten.«

Nach der Familie befragt, sagt Herr Overmann, die Eltern hätten sich nach 36 Jahren getrennt, und zwar, nachdem er das Elternhaus verlassen hatte. Der Vater hat auch so viel wie er arbeiten müssen. Außerdem hat er sich noch das Haus aufgehalst: »Ich hab' zusammen mit meinem Vater das Haus gebaut, mit fünf, sechs Jahren bin ich mit ihm da 'runter; ich mein', ich hab' in der Pubertät die Leitung der Familie übernommen.« Wie er das meine, frage ich ihn. – »Die Schwester ist mit 19 oder 20 Jahren ausgezogen, da war ich ungefähr zwölf, daraufhin hat sich meine Mutter durchgerungen, das Haus mitzubauen. Ich habe damals geglaubt, die Eltern würden sich vertragen, wenn das Haus fertig ist. Deshalb half ich immer mit, ich interessierte mich für alles, was mit dem Bauen zusammenhängt, schließlich bin auch später Schreiner geworden. Nach und nach habe *ich* dann gesagt, was beim Bau gemacht werden sollte, mein Vater war viel zu chaotisch. Als das Haus fast fertig war und die

Eltern hätten da 'runterziehen können, was sie immer vorgehabt haben, ging die Ehe auseinander ... Die Mutter war immer unzufrieden, auch mit dem Haus. Vater hatte regelrecht Angst vor mir manchmal, denn er ist oft vor dem Hausbau geflüchtet und hat mich mit Mutter alleingelassen. Er musste nebenher arbeiten, weil das Haus so viel Geld geschluckt hat. Er war kaum zu Hause; wenn er nicht gearbeitet hat, machte er die Jägerprüfung ... Jetzt wohnt der Vater allein in dem Haus, und es ist immer noch nicht ganz fertig. Dass ich immer so viel arbeiten muss, macht mir Sorge; ja, je älter ich werde, desto ähnlicher werde ich meinem Vater!«

Was soll man dazu sagen, die Geschichte spricht für sich, und wie viele Menschen, die es mit der Familie, in die sie hineingeboren wurden, nicht so gut getroffen hatten, hat Herr Overmann ein psychologisches Wissen erworben, das er jedoch weder reflektieren noch in irgendeiner Weise zu einer Veränderung verwenden kann. Man kann vielleicht sagen, dass die Familienmitglieder in ihrer großen Angst, Beziehungen zueinander zu entwickeln und sich aufeinander einzulassen, *das Haus* an die Stelle eines Familienlebens gesetzt haben, und in notgedrungener Identifikation mit diesem Familienstil und mit dem Vater hat der Junge versucht, mit diesen untauglichen familiendynamischen Mitteln die Familie und sich selbst zu retten. Diese Identifikation reicht bis in die Berufswahl hinein und zeigt seine Ungetrenntheit; die Berufswahl wurde auch bei Frau Sorglos von dem *Elternhaus* und von allem, was damit zusammenhing, beeinflusst.

Frau Natalie Neukirch

Der Familienstil wurde auch bei Frau Neukirch über fast zwei Jahrzehnte von einem »Traumhaus« bestimmt, nach dessen Fertigstellung alles gut sein sollte, das aber nie fertig werden durfte, und kurz bevor es soweit war, ging der Vater mit einer anderen Frau auf und davon ... Sicher ist es für Natalie Neukirch das schlimmste Trauma gewesen, dass ihr Großvater sie im Heizungskeller über Jahre hinweg sexuell missbraucht hat, aber dieses traumatisierende Geschehen war nur möglich auf dem Boden eines unsicheren Familienzusammenhalts. Niemand war da, an den sie sich hätte wenden können, der sie geliebt und geachtet hätte. Als sie während ihrer ersten Psychotherapie ihren ersten »richtigen« Freund hatte, war sie fassungslos und kam sich vor wie das arme Sterntalermädchen im Märchen, als eine ältere Dame sie im Supermarkt ansprach: Sie habe sie schon längere Zeit beobachtet, sie wäre ihr so sympathisch, ob sie nicht ihr kleines Häuschen für ganz billige Miete übernehmen wolle, sie könne es allein nicht mehr unterhalten ... Jetzt kann sie es nicht wirklich begreifen, dass sie mit ihrem Mann das kleine Haus inzwischen wirklich gekauft hat, es wirklich besitzt. Eigentlich hatte sie immer das Gefühl, das Leben sei nur Mühe, bestehe nur aus Schuften, wie der zerstörte Traum ihrer Eltern vom eigenen Haus. Der Vater wollte unbedingt ein eigenes Haus, denn er hatte kein Elternhaus gehabt: Seine Mutter hatte je zwei Kinder von drei Männern, konnte den Kindern in keiner Weise gerecht werden, so dass Frau Neukirchs Vater seit der Kleinkindzeit im Kinderheim aufwachsen musste. Seinen ursprünglichen Berufswunsch, Luftfahrttechniker zu werden (sozusagen ein Traum vom Fliegen) musste er aufgeben, weil es nach dem Krieg für das Fliegen keine Möglichkeit mehr gab, so wurde er Heizungsmonteur.

Der Vater kaufte das Fachwerkhaus, als sie elf Jahre alt war, er hat es völlig neu aufgebaut, die Wände, die Fußböden, das Dach. Jede freie Minute verbrachte die Familie beim Haus, jedes Wochenende baute der Vater daran herum. Die Kinder mussten helfen, dem Vater die Steine reichen, die Hände bluteten, die Knie waren aufgeschürft ... Wie schwer das war, und wofür, für nichts, *um des Schleppens willen*! Einmal ist der Bruder durch den Fußboden gebrochen und konnte nur mit Mühe festgehalten werden (das klingt wie ein Bild für die Bodenlosigkeit der Haus-Utopie des Vaters ...). Der Vater hat natürlich eine Heizung eingebaut, aber die Kinder mussten in die Kellernischen kriechen, in die der Vater nicht hineinkonnte, weil sie kleiner waren, und mussten die Rohre festschrauben. Wehe, ein Kind sagte etwas gegen das Haus oder wollte am Wochenende nicht mit dorthin; der Vater hat dann geschrien und getobt! Als Frau Neukirch 16 oder 17 Jahre alt war, hat sie sich geweigert mitzufahren. Dann musste sie zwar nicht schuften, war aber doch wieder allein in ihrem Zimmer. Denn wegen dieses illusionären Eigenheims war man auch daheim in der kleinen Wohnung nie zu Hause, dort wurde nichts getan, alles verfiel nach und nach, alle Hoffnung richtete sich auf »das Haus«. Als sie einmal sagte, sie ziehe nicht mit dorthin, wurde der Vater extrem wütend, kollabierte fast, bekam einen hochroten Kopf und schrie, was sie ihm antue, nach allem, was er für die Familie getan habe, sie stelle sich außerhalb der Familie, da könne sie gleich gehen, sie würde keinen Pfennig bekommen!

Frau Neukirch war am Wochenende mit ihrer kleinen Familie und anderen Familien aus dem Kindergarten nach Weihnachten ein paar Tage in einem Fachwerkhaus: Da war es lebendig, es gab keine Konflikte, ein sehr schönes Wochenende. Auf dem Rückweg ist sie an dem Fachwerkhaus vorbeigefahren, das der Vater damals ausgebaut hat. Es liegt in einer völlig toten Gegend, ein graues Dorf, wie kann man da hinziehen wollen! Aber das Haus war bewohnt, bunte Bilder waren an den Fenstern der Räume, die sie damals bewohnen sollte, also waren da Kinder, war da Leben. Sie wird wütend – ich sage, der Vater hat ein Versprechen nicht gehalten, dass in diesem Haus, wenn es fertig wäre, ein gutes, lebendiges Familienleben entstehen würde.

Die Haus-Idee des Vaters begann so: Eines Tages kam der Vater nach Hause und sagte knapp, er habe ein Haus gekauft. Es war ein total verrotteter Haufen; der Vater meinte, mehr könne er sich nicht leisten, die Familie müsse eben schuften, wenn sie ein eigenes Haus haben wolle! Das Haus war der Traum des Vaters von einem besseren Leben, aber eigentlich sollte es sein fehlendes Elternhaus rückwirkend reparierend erschaffen. Es bedeutete aber auch für die Familie, für die Kinder das Versprechen eines besseren Lebens, und das wurde nicht gehalten. »Es war zwar was ausgemacht, aber ich kriegte nichts!«, sagt Frau Neukirch. Der Traum vom Haus endete so: Als das Haus nach über zehn Jahren fast fertig war, hat der Vater eine andere Frau gefunden, hat die Familie verlassen und das Haus genauso eigenmächtig verkauft, wie er es angeschafft hatte. Es gab keine Chance, an dieser Entscheidung etwas zu ändern, nicht einmal Abschied nehmen konnte man, nicht einmal die eigenen Sachen herausholen! Kein Wunder, dass sie als Kind immer gedacht hat, fällt ihr hier ein, dass sie umgebracht werden sollte, das bedeute wohl, dass sie kein Recht hatte, zu leben! (Die Symptomatik, die sie in die Therapie geführt hatte, war eine extreme nächtliche Angst; sie konnte nur mit einem großen Küchenmesser und einem angeschalteten Mobiltelefon bei verschlossener Schlafzimmertür die Nacht überstehen. Die Symptomatik war aufgetreten, nachdem ihre Mutter verstorben war.) Wirklich leben durfte keiner in der Familie, eigentlich heute noch nicht, der Vater nicht, die Schwester nicht, obwohl die jetzt ein großes Haus hat und viel Geld, aber ihr Sohn bekam einen Hirntumor mit fünf Jahren, daran machte die Schwester ihr ganzes Unglück fest, und noch immer macht sich die Schwester damit das Leben schwer, obwohl der Tumor längst operiert ist und das Kind gesund. Der Bruder hat viel Geld, aber gut leben kann er auch nicht, ist immer gehetzt. »Meine Mutter ist jetzt tot, aber wirklich gelebt hat sie nicht. Sie sagte immer: ›Es gibt Schlimmeres, den hungernden Kindern in Biafra geht es viel schlechter.‹ Der Vater beschwört heute den Familienzusammenhalt, die Töchter müssten mehr sein Leben teilen, verlangt er, Anteil nehmen an seinem Leben, sie seien doch eine Familie und müssten Kontakt halten und sich gegenseitig helfen. Er habe auch ein Recht auf die Enkel ... Die Schwester versucht, es ihm recht zu machen, Frau Neukirch ist heute distanziert, betrachtet sozusagen kopfschüttelnd seine Illusionen.

Solange das Ersehnte nicht erreicht ist, kann es als *gut* vorgestellt bleiben, ideal, die rettende Alternative zum gegenwärtigen Unglück. Dass ein unrealistisches Sehnsuchtsobjekt die Rettung bringen soll, ist ja bereits ein Zeichen, dass es mit realistischen Mitteln nicht möglich ist, das zu wenig glückliche Leben zu ändern. So entsteht das Paradox, dass die lange sehnsuchtsvoll begehrte Frau (oder ein Mann) mit Skepsis und Angst empfangen wird, wenn sie (er) sich nähert (das war bei Herrn Gutheil der Fall). Manch ein Bräutigam ergreift die Flucht buchstäblich vor dem Traualtar, und der Vater von Frau Neukirch ergriff die Flucht kurz vor Fertigstellung seines Hauses, für das er – scheinbar –

zehn Jahre gelebt hatte, tatsächlich konnte er weder mit einem eigenen Haus noch ohne eines gut leben. Er ergriff die Flucht wie vor einer Gefahr.

10. Das Ferienhaus

Ein Haus, in dem man nicht ständig lebt, das einem aber gehört oder zu dem man gehört, kann ein Wochenendhaus, ein Ferien-, Sommer-, oder Bauernhaus sein, auch eine Hütte natürlich, wobei es psychisch eine sehr verschiedene Wirkung und Bedeutung haben kann, je nachdem, ob es gemietet oder erworben wurde. Jedenfalls stellt es eine Alternative dar zum »richtigen« Haus, in dem man »richtig« lebt, seinen Lebensmittelpunkt hat, auch arbeitet. Die Sehnsucht nach einem Ferienhaus entstammt einem Wunsch, aus diesem Alltäglichen, »Richtigen« auszubrechen, und das ist angesichts der inhärenten Ambivalenz, die wir in den vergangenen Kapiteln weidlich am metaphorischen Beispiel »Haus« abgehandelt haben, nur zu verständlich. »Das Haus« als Doppeltes von Sicherheit und Festgebunden-Sein gleicht in dieser Beziehung der Ehe oder Familie (bei manchen Menschen ist es auch bis ins hohe Erwachsenenalter hinein die Herkunftsfamilie), und wenn man es in ihr kaum aushalten kann, sich aber auch nicht trennen kann, wählt man (natürlich durchaus auch »frau«) einen prekären Ausweg, indem man eine Geliebte (einen Geliebten) hat, die (der) ein alternatives, freies, aber natürlich idealisiertes Leben repräsentiert. Dass man zu diesem nicht einfach überwechseln kann, sondern unbedingt beides, Schwarzbrot und Kuchen sozusagen, gleichzeitig braucht, übersieht man da schon einmal. Das Wochenendhaus oder das fernere eigene Ferienhaus verhält sich zum »ständigen Wohnsitz« wie die Geliebte zur Ehefrau; es ist ein Ort der Sehnsucht, der Idealisierung, der Utopie. Das Ferienhaus wäre also eine Möglichkeit, ein Haus zu besitzen, ohne mit ihm Sesshaftigkeit, also den sicheren Tod, zu verbinden, da es doch nicht das »richtige« ist. Aber besonders beim selbsterworbenen, näher liegenden Wochenendhaus, aber auch beim Ferienhaus, kann nach ein paar Jahren ein Prozess der Gewöhnung und Ernüchterung eintreten, einer De-Idealisierung, die das Objekt der Sehnsucht allmählich zur Last werden lässt. Dann sagt man sich, oder wenn ein Paar das Ferienhaus besitzt, der eine von beiden, wahrscheinlich der weibliche Teil: »Ich möchte auch mal woanders hin, 'was Neues kennen lernen ...«, eine Vorstellung, die der Nüchternere von zweien eines Paares auch schon äußern mag, bevor es dazu gekommen ist, die Sehnsucht nach einem Ferienhaus zu realisieren: »Dann müssen wir ja immer an denselben Ort fahren ...«, als ob derjenige ahnte, dass aus dem aufregend Neuen über kurz oder lang wieder das Alltägliche, Bindende, Behindernde werden könnte. Wie bei jedem Haus findet sich auch hier die Ambivalenz von Geborgenheitswunsch und Freiheitsgedanken; so ist das Ferienhaus dialektisch-widersprüchlich als Eigenes im Fremden, als Festes im Ungebundenen zu sehen.

Das Ferienhaus repräsentiert die Sehnsucht nach einem anderen Leben. »Es ist aber die Sehnsucht, die in dem Wort ›Ferien‹ steckt – so wie das Heimweh im ›Haus‹. Weshalb man im Ferienhaus ja auch immer so etwas wie sehnsuchtsvolles Heimweh hat. Oder heimwehkranke Sehnsucht verspürt.«[135] Auch die Sehnsucht nach einer alternativen Identität: »Sicher ist nur, dass zu einem ordentlichen Ferienhaus unbedingt die Imagination gehört, für einige Zeit ein vollkommen anderer Mensch sein zu dürfen. Richtig gute Ferien sind immer auch Ferien vom

135 Matzig 2003

Ich. Denn es gibt keine richtigen Ferien im falschen Haus oder im falschen Ich ... Ein Haus, das diesen Traum von sorgloser Exzentrik vor dem Regen, der Sonne, den Klapperschlangen, und ganz besonders vor dem sogenannten wahren Leben beschützt. Ein Ferienhaus ist mindestens auch eine Burg und ein Betrug.«[136] Auch Bachelard[137]: »Aber in der Mehrzahl unserer Hüttenträume wünschen wir, woanders zu leben, weit entfernt von dem überfüllten Haus, fern den städtischen Sorgen. Wir fliehen in Gedanken, um einen wirklichen Zufluchtsort zu suchen (...). Sogleich ist die Hütte konzentrierte Einsamkeit.« Philip Roth[138] schildert die Phantasie vom alternativen Sein und Leben so: »Warum hatte sich die Idee von Iras Hütte so in mir festgesetzt? Nun, es sind die frühesten Eindrücke – insbesondere von Unabhängigkeit und Freiheit –, die sich am hartnäckigsten halten, so sehr die Fülle des Lebens uns auch beglücken oder bedrücken mag. Und schließlich ist nicht Ira auf die Idee mit der Hütte gekommen. Diese Idee hat eine Geschichte. Sie geht auf Rousseau zurück. Auf Thoreau, das Palliativ der primitiven Hütte. Der Ort, an dem man auf das Wesentliche beschränkt ist, an den man zurückkehrt – auch wenn man zufällig nicht von dort gekommen ist –, um sich vom Kampf des Lebens zu entgiften und freizumachen. Der Ort, an dem man die Uniformen, die man getragen hat, und die Kostüme, in die man gesteckt wurde, wie eine Schlangenhaut abstreift, an dem man seine Beschädigungen und Verstimmungen, seine Zugeständnisse an und seinen Widerstand gegen die Welt, sein Manipulieren der Welt und die üblen Manipulationen der Welt mit einem selbst einfach vergisst und von sich wirft.« Aber aufgepasst, gegen Ende des Romans[139] hört es sich ganz anders an: »Wollen Sie wirklich alles hinter sich zurücklassen, noch ehe Ihre Zeit gekommen ist? Hüten Sie sich vor der Utopie der Hütte im Wald, der einsamen Zuflucht vor Zorn und Gram. Der unangreifbaren Festung der Einsamkeit. Iras Leben ist darin zu Ende gegangen, und zwar lange, bevor er tot umgefallen ist.«

---

136 ebd.
137 Bachelard 1957, S. 55
138 Roth 1998, S. 89
139 ebd., S. 362

Henry David Thoreau, ein Lehrer und Landvermesser, hatte sich in der Nähe seiner Heimatstadt Concord (Massachusetts) ein Blockhaus am Walden-See bauen lassen und lebte dort für zweieinhalb Jahre allein. In seinem berühmten Buch *Walden oder das Leben in den Wäldern* (1854) berichtet er über diese Zeit aufgrund seiner Tagebucheinträge, er lässt Naturbeschreibungen einfließen, berichtet über Alltägliches, vor allem aber schreibt er über seine Philosophie des richtigen Lebens, d. h. des auf sich selbst gestellten Lebens in der Natur. (Ganz einsam war er aber nicht, ging täglich oder wenigstens jeden zweiten Tag in das benachbarte Dorf, sprach mit Farmern, sicherte sich Vorkaufsrechte für mehrere Farmen, die er ins Auge gefasst hatte, ohne aber je eine zu kaufen.) Das bekannteste Zitat aus seinem Buch: »Ich zog in den Wald, weil ich den Wunsch hatte, mit Überlegung zu leben, dem eigentlichen, wirklichen Leben näher zu treten, zu sehen, ob ich nicht lernen konnte, was es zu lehren hätte, damit ich nicht, wenn es zum Sterben ginge, einsehen müsste, dass ich nicht gelebt hatte. Ich wollte nicht das leben, was nicht Leben war; das Leben ist zu kostbar. Auch wollte ich keine Entsagung üben, außer es wurde unumgänglich notwendig. Ich wollte tief leben, alles Mark des Lebens aussaugen, so hart und spartanisch leben, dass alles, was nicht Leben war, in die Flucht geschlagen wurde.«[140] Zum Architekturkongress in Berlin 2002 hat der Künstler Tobias Hauser die Hütte Thoreaus auf dem Leipziger Platz vor der Kulisse der neuen Hochhäuser des Potsdamer Platzes nachgebaut.[141]

140 Thoreau 1854, S. 98
141 Hauser/Glasmeier 2002

Abb. 20: Tobias Hauser: »Walden«, Installation (2002) (© Hauser/Laif).

Die Sehnsucht richtet sich auf verschiedene Ziele: Voller Nostalgie möchte man ein einfaches Leben führen, sich näher an der Natur befinden, seinen Körper spüren. Diese Sehnsucht spricht auch schon einmal die Tourismuswerbung an, etwa: »Ursprüngliches Landleben, weite Wiesen und Wälder, biologische Weine, Käse, Fleisch und Wurstwaren. Wer jetzt die alltägliche Tretmühle hinter sich lassen und in eine friedliche Welt eintauchen möchte, verbringt seinen nächsten Urlaub auf einem Südtiroler Bauernhof. Unter der Dachmarke *Roter Hahn* haben sich zahlreiche Südtiroler Bauern zusammengeschlossen und garantieren ein hohes Niveau an Qualität. Dazu gehören Schankbetriebe, die regionaltypische Speisen anbieten.«[142]

142 www.roterhahn.it

Oder man möchte gar eine Heimat, ein Gefühl von Heimisch- und Zugehörigsein gewinnen. Heimat ist eher mit *Landschaft* verbunden, dem größeren Raum, in den man hineingeboren wurde und in dem man aufgewachsen ist, während das Haus eher das *Zu-Hause*, die Familie, repräsentiert. Eine gewisse Naturnähe kann im Vergleich zum städtischen Leben im Ferienhaus durchaus erreicht werden und bietet auch positive Erfahrungen, zum Beispiel den Wechsel der Jahreszeiten mit dem Vegetationswechsel, der immer wieder veränderte Blick auf die Landschaft je nach Standpunkt, wenn man die Umgebung sich wandernd erobert, das Unbekannte im Bekannten entdeckend, aber nun nicht mit dem Gefühl des Unheimlichen, vielmehr dem des freudigen Staunens. Zum »einfachen Leben« gehört: Man möchte mit den Händen selbst etwas tun, etwas Praktisches – natürlich Holzhacken, denn selbstverständlich existiert im Ferienhaus keine Heizung, vielmehr sind da die Öfen, ein Kamin, ein mit Holz zu feuernder Oma-Herd, der auch schon einmal als einzige Wärmequelle die ganze Hütte heizen muss. Es soll gerade *keine* Elektrizität geben, ein Kühlschrank ist verpönt, Kerzen und Gaslampen sorgen für romantische Beleuchtung. Deshalb ist der Betrieb von Fernsehern, Computern, Küchengeräten, Haartrocknern und anderen Abkömmlingen einer fernen Zivilisation auch nicht möglich. Man stellt sich selbst in dazu passender Kleidung vor, eine grobe Strickjacke, Gummistiefel, ein alter Filzhut, oder man trägt einen nicht ganz gepflegten Bart und wenn schon, raucht man Pfeife …

Kaum hat man ein Wochenendhaus erworben, beginnt man bereits mit Umbau- und Ausbauplänen, restauriert Fußböden, reißt alte Wände ein und zieht neue hoch, streicht begeistert Wände, Decken und Fenster, gestaltet den Garten, rodet und pflanzt, hier noch und da noch. Es handelt sich wohl um einen intrapsychischen *Tom-Saywer-Effekt*[143], man empfindet die Tätigkeit nicht als zu erledigende Arbeit, sondern als frei gewähltes kreatives Schaffen, ähnlich wie Tom Sawyer den Freunden das Streichen des Zauns, zu dem ihn seine Tante verdonnert hatte, so schmackhaft machte, dass sie sich drängten, streichen zu dürfen,

143 Hirsch 2000

und sogar dafür bezahlten. Das Ergebnis, bzw. schon die Entwicklung dahin, zeigt man stolz den Freunden und anderen Besuchern, aber insgeheim beginnt man bald, die anderen Urlauber, die in der Gegend ein Häuschen *gemietet* hatten oder sich gar ein Hotel gestatteten, zu beneiden, können die doch unbeschwert den Urlaub genießen, während der Ferienhausbesitzer noch dies und das erledigen oder überwachen *muss*, Termine mit Handwerkern macht, auf Lieferungen wartet. Die Haus-Frau *muss* nun die Fenster putzen, *muss* selbst kochen, der Haus-Mann *muss* die Fenster streichen, das Dach reparieren, das Wasser an- und abstellen, sich um die Versicherung, die Müllabfuhr, die Grundsteuer kümmern ... Matzig[144] meint, es gebe auch Leute, »die Ferienhäuser eher fürchten als lieben – einfach deshalb, weil sie sich ihre Ferien nicht als Weiterbildung zum Baufacharbeiter vorstellen.« Und die Haus-Frau, die einmal vom Kochen von Marmeladen mit selbstgepflückten Waldbeeren träumte, fühlt sich über kurz oder lang *verpflichtet*, zu kochen, abzuwaschen (kein Strom, also keine Geschirrspülmaschine), und dass sie putzen *muss* (kein Staubsauger ...), sagt ihr schon bald ihr eigenes Über-Ich.

Herr Gutheil, den wir schon kennen gelernt haben, schildert eine Ferienhausidylle: Er hat sich – natürlich ohne in seiner Therapie-Gruppe vorher darüber zu sprechen – mit seiner Ex-Freundin verabredet, mit ihr und dem gemeinsamen Kind in das Ferienhaus an der Nordsee zu fahren, das sie noch gemeinsam gesucht, auch gemeinsam mit dem Verkäufer Verhandlungen geführt hatten. Sie hat es dann gekauft, die Trennung kam dazwischen, sie hat sich da »schlecht und recht allein eingerichtet«. Er hat jetzt Werkzeug mitgebracht und mit Begeisterung gehämmert ... Es war einfach schön: Das Kind schlief im Kinderwagen auf dem Weg zum Strand, ein rührendes Bild; beide saßen auf einer Bank mit dem Blick auf's Meer, abends tranken sie bei Kerzenlicht Rotwein ... Sie haben sich das ganze Wochenende nicht gestritten, aber auch nicht über das Wesentliche gesprochen: die Beziehung, ihre Vergangenheit, eine eventuelle Zukunft. Herr Gutheil liefert nur das

144 Matzig 2003

idealisierte Bild von diesem Ferienhaus: Er sagt auch: »Wenn doch das Leben so wäre, ohne Stress bei der Arbeit, ohne die Gedanken an die Frauen, ohne ihre Eifersucht!« Verweile doch, du bist so schön ..., heißt es vom Augenblick bei Goethe. Ist das Haus aber fertig, kehrt der Alltag ein. Genauso war der Verlauf ihrer Beziehung: Am Anfang eine Sehnsuchtsbeziehung, er hat sie aus der Ferne so geliebt, als sie dann ein Paar waren, kamen seine Rückzugstendenzen und ihre Eifersucht, es gab nur noch Streit ...

Was die Nähe zur Natur betrifft: Sicher, *näher* kommt man ihr schon, aber die Hütte muss sehr weit draußen bzw. oben liegen, damit man das Gefühl entwickelt, ganz entfernt von der Zivilisation zu sein. Eigentlich will man es auch gar nicht wirklich, man möchte schon mit dem Auto heranfahren können – »Wer soll das Zeug denn schleppen, man muss auch dran denken, dass wir älter werden ...«, man möchte das Häuschen ja auch im Winter erreichen ...

Die größte Illusion in diesem Zusammenhang dürfte in der Hoffnung liegen, in einer »zweiten Heimat« sozusagen die richtige Heimat zu finden. Das mag damit zusammenhängen, dass es eben nicht das »richtige« Haus ist, so dass man es eher und länger idealisieren kann und die ferne Landschaft gleich mit. Wie die Geliebte ja auch lange alternatives Glück bedeuten kann, gerade weil man mit ihr nicht zusammenlebt. Ausgerechnet in der Fremde heimisch zu werden, erträumt man sich, ausgerechnet zu Fremden (es sind ja viel eher Unterschiede der sozialen Schicht, der Berufe und Tätigkeiten, der Traditionen etc. als etwa die der nationalen oder sprachlichen Zugehörigkeit) möchte man den herzlichen Kontakt, den man zu Hause (im »richtigen« Leben) vermissen muss. Matzig[145] nennt seinen Artikel entsprechend treffend: »Heimweh nach der Ferne«. Natürlich freuen sich die Kellner Angelo, Antonio und Anselmo in dem Badeort an der Adria (oder auch dem netten kleinen Hotel in der Toskana), wenn die deutsche Familie ankommt, die zum wiederholten Mal ihre Ferien dort verbringen will – aber Heimat, Zugehörigkeit, sich weitergehend kennen lernen? Bissig

145 ebd.

mäkelt Thomas Bernhard[146] an solcher Illusion herum: »Immer wieder haben wir die Vorstellung, wir sitzen mit jenen zusammen, zu denen wir uns lebenslänglich hingezogen fühlen, eben zu diesen so genannten einfachen Leuten, die wir uns naturgemäß ganz anders vorstellen als sie in Wahrheit sind, denn setzten wir uns tatsächlich mit ihnen zusammen, sähen wir, dass sie nicht so sind, wie wir gedacht haben, und dass wir absolut nicht zu ihnen gehören, wie wir uns eingeredet haben, und wir holen uns an ihrem Tisch und in ihrer Mitte immer nur das gefürchtete Vor-den-Kopf-Stoßen, das wir folgerichtig empfinden, wenn wir uns an ihren Tisch gesetzt haben und geglaubt haben, wir gehörten zu ihnen oder wir könnten uns auch nur die kürzeste Zeit zu ihnen setzen, ungestraft, was der größte Irrtum ist, dachte ich. Lebenslänglich haben wir Sehnsucht nach diesen Leuten und wollen zu ihnen und werden, wenn wir wahrmachen, was wir ihnen gegenüber empfinden, zurückgewiesen, und zwar auf die rücksichtsloseste Weise.«

Wie eine Karikatur wirkt es so auch witzig, wenn eine US-amerikanische Bürgerin von ihrem nun schon über mehrere Jahre gemieteten Ferienhaus schwärmt: »Ich fühle mich, als ob ich wirklich hier hergehören würde. Das ist mein wirkliches Zuhause, und meine Sommer-Nachbarn sind meine ›Familie‹. Ich fühle mich so gut, als ob ich immer hier gewesen wäre, und habe das Gefühl, dass es immer so bleibt.«[147] Die amerikanische Schwärmerin hat eben nicht Heidegger gelesen, sie vergisst schlicht die Fragwürdigkeit und Ambiguität des Heimatbegriffs[148], der immer mehr oder weniger eigentlich ein Sehnen nach etwas Utopischem, Unerreichbarem, letztlich vielleicht pränatal einmal mehr biologisch als in der Beziehung (zur werdenden Mutter) real Gewesenem, nie wieder zu Erreichendem ist. Die einzige Heimat gewinnt man durch die Anerkennung der Heimatlosigkeit, meint Heidegger (vgl. *Haus-ur*). Wähnt man, von den Ein*heim*ischen gekannt, erkannt, akzeptiert, sympathisch gefunden, gar geliebt zu werden, wird man allzu oft den Traum mit der Wirklichkeit verwechseln, denn man bleibt ja

146 Bernhard 1983, S. 133
147 Garber 2000, S. 187
148 vgl. Löwer-Hirsch 2003

doch der Doktor, der Professor, der »Preuße« in irgendeinem Sinn. (Dass sich ein Bayer in Norddeutschland ein Ferienhaus kauft, kann ich mir irgendwie schlecht vorstellen.) Heinrich Heine hat die Erfüllung der Sehnsucht nach Heimat, Geborgenheit in einer Hütte, auch nach Liebe in einem Gedicht innerhalb seiner *Harzreise*[149] geschildert, und nach ein paar Zeilen merkt man die Ironie, den leisen Spott, mit dem er gleichsam kontrapunktisch bzw. zwischen den Zeilen die Unerfüllbarkeit der Sehnsucht mitteilt:

»Auf dem Berge steht die Hütte,
Wo der alte Bergmann wohnt;
Dorten rauscht die grüne Tanne,
Und erglänzt der goldne Mond.

In der Hütte steht ein Lehnstuhl,
Reich geschnitzt und wunderlich,
Der darauf sitzt, der ist glücklich,
Und der Glückliche bin ich!

Auf dem Schemel sitzt die Kleine,
Stützt den Arm auf meinen Schoß;
Äuglein wie zwei blaue Sterne,
Mündlein wie die Purpurros.

Und die lieben, blauen Sterne
Schaun mich an so himmelgroß,
Und sie legt den Lilienfinger
Schalkhaft auf die Purpurros.

Nein, es sieht uns nicht die Mutter,
Denn sie spinnt mit großem Fleiß,
Und der Vater spielt die Zither,
Und er singt die alte Weis'.«

---

149 Heine 1826, S. 241f.

Dass hier eher ein Traum geschildert wird, weiß Heine selbst, denn »nach einem langen Hin- und Herwandern« – und das Wandern bezeichnet selbstverständlich die Heimatlosigkeit des Romantikers – übernachtet er in der Wohnung eines Bekannten und »erlebte folgendes schöne Gedicht« – wenn man schon ein Gedicht *erlebt*, dann so wie einen Traum, aber nicht wie die Wirklichkeit.

Niemand wusste besser natürlich, was Sehnsucht ist, als die Romantiker, aber sie wussten auch, dass sie gar nicht erfüllt werden soll, dass die Sesshaftigkeit, die Ehe mit der ersehnten holden Maid durchaus gefährlich war, der Schmerz des einsamen Wanderers noch immer das kleinere Übel. Deshalb zieht der Protagonist von Schuberts *Winterreise* nach den wunderbaren Gedichten von Wilhelm Müller so fremd aus dem Städtchen, wie er eingezogen ist, obwohl er auch hätte bleiben können, denn »der Mai war mir gewogen mit manchem Blumenstrauß«, und »das Mädchen sprach von Liebe, die Mutter gar von Eh'« ...

»Die Hütte« als Ort der Kreativität

Eine Hütte oder ein Häuschen, in das man sich zurückzieht, um in der Einsamkeit etwas zu schaffen, ist vielleicht im Zusammenhang mit der Sehnsucht nach alternativem Leben dann nicht so illusionär, wenn die Kreativität erhalten bleibt oder vielmehr unter den so gewählten Bedingungen geradezu aufblüht. Holz hacken, Holz holen, Feuer machen, Holz nachlegen und immer wieder die Kerzen erneuern sind in der kreativen Arbeit gute kleine Pausen, weil sie begrenzt sind und dadurch effektiv den Fluss der Gedanken wiederbeleben im Gegensatz zu dem kreisförmigen Herumwandern im Zimmer der städtischen Wohnung, wenn die Einfälle nicht kommen wollen. Auch bestimmte Rituale sind nützlich und notwendig, als würden sie dem kreativen Schaffen ein Gerüst, eine Art Gitter geben, einen Rahmen, innerhalb dessen das schöpferische Chaos um so eher geschehen kann. Hemingway[150] schil-

150 Hemingway 1987

dert das für den jungen Schriftsteller an der Côte d'Azur etwa so: Fünf gespitzte Bleistifte waren notwendig, ordentlich parallelisiert auf dem Tisch, ein Sortiment neuer Schreibhefte, in die er seine Erzählungen schrieb. Morgens um sechs steht der Autor sozusagen verstohlen auf, um die bezaubernde und zunehmend exzentrische junge Ehefrau nicht zu stören, die noch lange schlafen wird. Dann arbeitet er konzentriert bis elf oder zwölf Uhr, schreiben, schreiben, um dann zum Frühstück zu spät zu kommen. Statt dessen trinkt er mit der Wirtin Champagner zum Kaviar ... Ich staunte, welch große Mengen Alkohol die jungen Leute im Roman zu sich nehmen können, aber solange die Arbeit des Tages noch nicht erledigt ist, gehört zum Ritual, keinen Tropfen Alkohol zu trinken.

Viele Schriftsteller, Künstler und Komponisten haben sich ein solches Refugium geschaffen, mehr oder weniger spartanisch, mehr oder weniger abgelegen. Ich denke an Puccini, der am Lago di Massaciuccoli in der Toskana ein Dorf entdeckte vor der Kulisse der Apuanischen Alpen: »Als Puccini Torre del Lago entdeckte, wurde er von seinem Charme verzaubert, und er beschrieb es mit diesen Wörtern: › ... höchste Freude ... Paradies ... Eden ... 120 Bewohner, zwölf Häuser. Ein ruhiges Dorf mit außerordentlichen Sonnenuntergängen ...‹«[151] Ich denke auch an Hermann Hesse mit seinem Haus in Gaienhofen am Bodensee, Gerhard Hauptmann auf Hiddensee; Zuckmayer ging nach Saas-Fee, Nietzsche nach Sils-Maria in die relative Einsamkeit; wenn sie nicht gleich ein Häuschen besitzen wollen, gehen sie in ein Gasthaus, das sie immer wieder über Jahre bevorzugen. 1919 hatte Corinth in Urfeld am Walchensee »ein Grundstück gekauft. Seine Frau erzählt, wie sie mit ihm bummelte, als er ihr mitteilte: ›Ich habe mit einem Bild dreißigtausend Mark verdient. Was soll ich damit machen?‹ ›Gib mir das Geld‹, antwortete sie, ›ich baue dir ein Haus‹. Misstrauisch der Maler: ›Solange ich dich kenne, Petermann (sein Kosename für sie), hast du mir immer ein Haus bauen wollen, wo immer wir waren.‹ Darauf sie resolut: ›Aber jetzt tu' ich's.‹ Sie tat es. Und hielt sich an seine Bedingung, nie vom

151 www.puccinifestival.it

Hausbau zu sprechen und alles ohne ihren Mann abzuwickeln. Corinth erlebte dort eine ungeheuer fruchtbare Zeit. Die Landschaft mit ihrer Heiterkeit, die plötzlich in Unheimlichkeit umschlagen konnte, bannte ihn. Nur selten überkamen ihn dort Lebensüberdruss und Zweifel. Die Nähe zur Erde tat ihm gut.«[152] Fritz Raddatz[153] berichtet über einen Besuch in Günter Grass' Ferienhaus: »Fünf Tage in dem bestürzend primitiven Haus von Grass an der Algarve, kein Strom, keine Heizung, kein Telefon, Wasser knapp, kein einziger Sessel im Haus, kein Sofa, kein Liegestuhl, ein Gärtlein mit Winz-Bäumchen und -Büschen, ein kahles Atelier mit übrigens ganz schönen neuen erotischen Skulpturen, Frühstück am Klapptisch mit Hockern (!) und abends eine Wärmflasche ins eisige Bett, Waschen zitternd vor Kälte ... Und dennoch waren es schöne Tage.«

Freud zog häufig, allerdings mit Familie und Personal, für mehrere Monate in die Sommerfrische, wo er im gemieteten Landhaus Muße zum Schreiben fand. Heidegger hat 1923 in Todtnauberg nach eigenen Plänen eine Hütte errichten lassen, über die Oesterle[154] berichtet: »Gerade Professor in Marburg geworden, (...) war [er] keineswegs auf einen professoralen Platz an der Sonne aus. Vielmehr vollzog sich hier programmatisch ›ein Denken ins Geringe‹, und Heidegger richtete sich in einer bescheidenen Welt ohne Strom und fließend Wasser ein, so häuslich es eben ging. Hier oben, so schien es ihm, ließ sich der Philosophie wieder Ernst und Ursprünglichkeit beibringen. Die hohe Zeit des Denkens brach an, wenn Stürme um die Hütte fegten oder man im Hochtal wieder einmal eingeschneit war. Mit den Bauern des Ortsteils Rütte schmauchte der bald schon im nahen Freiburg lehrende Professor sein Pfeifchen im Herrgottswinkel.« Heidegger wollte also keineswegs in der sonnigen Höhe Ferien machen, sondern rechnete sich aus, die spartanischen Bedingungen seien dem geistigen Schaffen förderlich. »Heideggers Hauptwerk *Sein und Zeit* ist in den 20er Jahren im Schutz der Hütte entstanden. Auf einer Informationstafel am Wegrand heißt

152 PAN Zeitschrift für Kunst, 3/1987, S. 13
153 Fritz Raddatz 2003, S. 326
154 Oesterle 2002

es: ›Es war die Einfachheit und Ehrlichkeit der Menschen hier oben, die Martin Heidegger so schätzte und die sein Denken mit beeinflussten.‹ Selbst aus der stark bäuerlich geprägten Kleinstadt Messkirch stammend, konnte er in Todtnauberg wieder ein Landbewohner unter Landbewohnern sein. In einfachster Kleidung, derbem Schuhwerk, mit großem Rucksack auf dem Buckel und Spazierstock in der Hand stieg er über die Matten herauf.«[155] Heidegger schaffte es offenbar doch, einen gewissen herzlichen Kontakt zur Landbevölkerung zu bekommen. Die »einfache Kleidung« allerdings scheint mir selbstverständlich zum »einfachen Leben« zu gehören, und die positive Wirkung mehrstündiger anstrengender Wanderungen auf das Denken kann ich aus eigener Erfahrung bestätigen. Es ist, als ob das Gehirn gleichsam befreit würde, sich Grenzen des Denkens (Ich-Grenzen) öffneten (durch die praktisch medikamentöse Wirkung von Endorphinen?), jedenfalls strömen manchmal die Ideen, ganze Konzepte und Gliederungen entstehen vor dem geistigen Auge, wohlformulierte Briefentwürfe purzeln durch den Kopf (gut beraten ist, wer sein Notizbuch nicht in der Hütte vergessen hat ...), längst vergessene Wörter fremder Sprachen tauchen wieder auf. »Das Gefühl innerer Durchlässigkeit, das gleichzeitige Erleben verschiedener seelischer Dimensionen (...) gehört vielleicht zu den schönsten und vollkommensten Selbstzuständen, an denen das Bewusstsein Anteil nehmen kann.«[156] Aber leider sind es auch manchmal unangenehme Gedanken, Probleme des fernen Arbeitsalltags, Verarmungs- oder hypochondrische Ängste gar, die aus den seelischen Abgründen kommend die Grenzen zum Bewusstsein überschreiten.

C. G. Jung dagegen wollte bauen und verknüpfte diesen Wunsch sowohl mit der Sehnsucht nach dem einfachen Leben als auch mit Gedanken an tiefere Gefilde archetypischen Urgrunds: »Wort und Papier waren mir jedoch nicht real genug; es gehörte noch etwas anderes dazu. Ich musste meine innersten Gedanken und mein eigenes Wissen gewissermaßen in Stein zur Darstellung bringen, oder ein Bekenntnis

155 ebd.
156 Holderegger 2005, S. 153

in Stein ablegen. Das war der Anfang des Turmes, den ich mir in Bollingen baute (...). Zuerst plante ich kein richtiges Haus, sondern nur einen einstöckigen Bau, mit dem Herd in der Mitte und den Schlaflagern an den Wänden, eine Art primitiver Wohnstätte. Dabei schwebte mir eine afrikanische Hütte vor, wo das Feuer, umhegt von ein paar Steinen, in der Mitte brennt und die ganze Existenz der Familie sich um dieses Zentrum abspielt. (...) Etwas ähnliches wollte ich bauen, eine Wohnstätte, welche den Urgefühlen des Menschen entspricht.«[157] Aus diesen Anfängen wurde dann doch ein richtiges mehrstöckiges Wohnhaus mit mehreren Anbauten und Türmen, aber trotzdem, Jung legte auf ein einfaches Leben großen Wert: »Ich habe auf Elektrizität verzichtet und heize selber Herd und Ofen. Abends zünde ich die alten Lampen an. Es gibt auch kein fließendes Wasser, ich muss das Wasser selber pumpen. Ich hacke das Holz und koche das Essen. Diese einfachen Dinge machen den Menschen einfach; und wie schwer ist es, einfach zu sein! In Bollingen umgibt mich Stille, und man lebt ›in modest harmony with nature‹. Gedanken tauchen auf, die in die Jahrhunderte zurückreichen und dementsprechend ferne Zukunft antizipieren. Hier mindert sich die Qual des Schaffens; das Schöpferische und das Spielerische sind nahe beisammen.«[158]

Gustav Mahler liebte es, in kleinen Häuschen zu komponieren – oder ging es gar nicht anders? Insgesamt drei »Komponierhäuschen« ließ er sich bauen. Zuerst im Salzburgischen, in Steinbach am Attersee, an dem er mehrere Jahre (1893–1896) hintereinander Urlaub machte. »Mahler beendete dort seine 2. und 3. Sinfonie. Er arbeitete an einem abseits vom Ferientrubel gelegenen ›Komponierhäuschen‹, das er von einem Handwerker in nächster Nähe des Sees hatte errichten lassen.«[159] In anderem Zusammenhang schrieb Mahler selbst einmal: »Die Einsamkeit geht mir über alles, als schaffender Künstler bin ich unbedingt auf sie angewiesen.«[160] Das Komponierhäuschen war, wie auch die

157 Jaffé 1961, S. 227
158 Jaffé 1961, S. 229f.
159 de La Grange 1995, S. 26
160 ebd., S. 27

nachfolgenden, ein kleines Steinhäuschen mit einem Zimmer, gerade so groß, dass ein Flügel und ein Bücherregal hineinpassten.

Abb. 21: Gustav Mahler's Komponierhäuschen.

Später ließ sich Mahler am Wörthersee eine prächtige Villa bauen, nicht ohne oberhalb im Wald wiederum ein Komponierhäuschen einzuplanen: »Das Häuschen im Wald für G[ustav]. ist wie aus einem Märchen, wie wenn man es hingezaubert hätte ...«[161] Alma Mahler erinnert sich: »Mahlers Lebensweise war in den ganzen sechs Jahren die gleiche. Er stand im Sommer jeden Tag um sechs, halb sieben Uhr auf. Im Moment, wo er erwachte, läutete er nach der Köchin, die sofort das Frühstück fertigstellte und es auf glattem, steilem Weg in sein Arbeitshaus hinauftrug. Dieses lag mitten im Wald, etwa 60 Meter höher als die Villa; die Köchin durfte den regulären Weg nicht gehen, weil er ihren und überhaupt niemandes Anblick vor der Arbeit ertragen konnte, und

161 Mahlers Schwester Justine in einem Brief an ihre Schwester Emma. In: *Gustav Mahler am Wörthersee*. Hg.: Kulturamt der Landeshauptstadt Klagenfurt, o. J.

so musste sie jeden Morgen einen schlüpfrigen Kletterweg mit allem Geschirr hinaufsteigen. Das Frühstück bestand aus frischem Kaffee, Butter, Grahambrot und Jam (für jeden Tag anderes) ... Das Haus selbst war nichts als ein großes gemauertes Zimmer mit drei Fenstern und der Eingangstür. Ich fühlte, dass dieses Haus ihm nicht gesund war, weil es zu tief im Walde steckte und nicht unterkellert war. Ich konnte aber nichts tun, um ihn an diesem Aufenthalt zu hindern, da er ihn so liebte. Im Zimmer stand ein Flügel und auf den Regalen ein vollständiger Goethe und Kant. Außerdem an Noten nur Bach.«[162]

Wenn Mahler auch zur Niederschrift seiner vierten Sinfonie, die ihm »in den Schoß« gefallen war, es nicht erwarten konnte, ein neues Komponierhäuschen zu haben, war ein solches keineswegs eine Garantie für kreative Potenz. An seine Frau Alma schreibt er am 23.6.1904: » ... dann mein erstes Frühstück im Häuschen eingenommen. – Aber es ist sonderbar: Das Klima scheint mich jedesmal tief herabzustimmen. Sowie ich in Maiernigg ankomme, hört alle Lebensenergie und -frische bei mir auf, und es dauert regelmäßig 2–3 Wochen, bevor ich mich einigermaßen wieder aufrichte ... Weiß Gott, wann ich mich wieder ein bisschen herausrappeln werde.«[163] Einmal schreibt er vom »notdürftigen Zusammensuchen der zerstreuten Stücke meines inneren Ich (Wie viel Tage es dauern wird, bis ich es mir gesammelt?).«[164] Wenn er auch die Einsamkeit suchte und brauchte, war er doch ambivalent: »In meine Einsamkeit fange ich langsam an mich hineinzufinden, wie eben in alles Unabänderliche. Aber so *einsam* war ich noch mein Lebtag nicht!«[165] Oder er schrieb, wenn er nicht recht komponieren konnte: »Ich bringe so meine Zeit nach meiner Art in mich und in die Welt schauend – halb selig – halb wartend zu.«[166] Die Herausgeber seiner Briefe schreiben[167]: »Ähnlich wie im Sommer 1901 bei der Arbeit an der vierten Sinfonie

162 Mahler-Werfel 1949
163 de La Grange 1995, S. 198
164 ebd., S. 199f.
165 ebd., S. 203
166 ebd., S. 208
167 ebd., S. 218

erlebte Mahler zu Beginn des Sommers 1904 eine Blockade seiner schöpferischen Kräfte (...). Nach seinen anfänglichen Schwierigkeiten geriet Mahler dann in einen wahren Schaffensrausch. Nach Fertigstellung der (...) *Kindertotenlieder* (...) entstanden in ungefähr sechs Wochen das Finale der *6. Sinfonie* sowie die beiden ›Nachtmusiken‹ der *7. Sinfonie.*« Mahler selbst schreibt 1910 an Alma: »Wenn ich componiren *sollte, müßte,* würde ich sicher keine Note zusammenbringen. Und vor 4 Jahren gieng ich am ersten Ferialmorgen in mein Häuschen in Maiernigg hinauf mit dem festen Vorsatz, mich in diesen Ferien (ich hatte es damals gerade so nöthig) mich [sic!] recht auszufaulenzen und Kräfte zu sammeln! – Beim Eintritt in das altgewohnte Arbeitszimmer packte mich der spiritus creator und schüttelte und peitschte mich 8 Wochen lang bis das Größte fertig war. – Einen Sommer zuvor hatte ich vor, die 7te (deren beide Andantes da lagen) fertig zu machen. 2 Wochen quälte ich mich bis zum Trübsinn, wie Du Dich noch erinnern musst – bis ich ausriß in die Dolomiten! Dort derselbe Tanz, und endlich gab ich es auf, und fuhr nach Haus mit der Überzeugung, dass der Sommer verloren sein [wird]. In Krumpendorf erwartetest Du mich nicht, weil ich meine Ankunft nicht angezeigt. Ich stieg in das Boot, um mich hinüberfahren zu laßen. Beim ersten Ruderschlag fiel mir das Thema (oder mehr der Rhythmus und die Art) der Einleitung zum 1. Satze ein – und in 4 Wochen war 1., 3., u. 5. Satz fix und fertig!«[168]

Im Sommer 1907 starb Mahlers ältere Tochter, die vierjährige Maria, in Maiernigg an Scharlach, bei Mahler selbst wurde eine Herzkrankheit diagnostiziert. Er hat die Gegend nie wieder betreten; das nächste Komponierhäuschen ließ er beim Trenkerhof in der Nähe von Toblach, Südtirol, errichten. In einem Brief an Bruno Walter[169] bedauert er, dass er wegen seiner Erkrankung nicht mehr in die Berge kann, wo er beim Wandern kreative Ideen entwickelte: »Ich habe mich hier [im Trenkerhof] zunächst einzurichten versucht. Diesmal habe ich nicht nur den Ort, sondern meine ganze Lebensweise zu verändern. Sie können sich

168 ebd., S. 424
169 ebd., S. 359

vorstellen, wie schwer mir letzteres wird. Ich hatte mich seit vielen Jahren an stete und kräftige Bewegung gewöhnt. Auf Bergen und in Wäldern herumzuschweifen und in einer Art keckem Raub meine Entwürfe davonzutragen. An den Schreibtisch trat ich nur wie ein Bauer in die Scheune: Um meine Skizzen in Form zu bringen.« Aber der Lärm, den die Anwohner und besonders die Kinder erzeugten, störte doch gewaltig, im Gegensatz zur Ruhe in den anderen Komponierhäuschen: »Hier ist es herrlich, und ich würde es genießen, wie ein Paradies, wenn diese ekelhaft lärmende Umgebung nicht wäre, die Einen gerade zum Menschenfeind machen müßte. Diese Leute haben alle eine Stimme, wie ein überfressener Papagei. Besonders die Alte ist widerwärtig mit ihrem Paperlorgan.«[170] Oder: »Jetzt fängt aber das Stilleben da unten mir an unausstehlich zu werden. Der Kindermord von Bethlehem ist rein gar nichts und die Centauernschlacht ein Kinderspiel gegen das, was ich vorhabe, wenn ich die reizvollen Naturlaute der munteren Berg- und Hausbewohner höre.«[171] Hier passt die Anekdote hinein, derzufolge Mahler der lärmenden Dorfjugend Geld gab, damit sie still sei und er in Ruhe arbeiten konnte.

»Mobile Home« – Wohnwagen und Wohnmobil

»Nicht daheim und doch zu Haus« fand ich als Aufschrift auf einem Wohnwagen, den ich auf der Autobahn überholte, froh, dass er auf der rechten Spur blieb. Bachelard[172] meint nicht direkt den Wohnwagen, eher ein Eisenbahnabteil, aber er denkt einen ähnlichen Gegensatz von sesshaftem Wohnen und Beweglichkeit: »Überall einquartiert, aber nirgends eingeschlossen, das ist der Wahlspruch des Wohnträumers. Im endgültigen Haus wie in meinem realen Haus bin ich um die Freiheit des Wohnens geprellt. Man muss immer eine Träumerei von einem Anderswo offen lassen.« Ähnliche Illusionen finden sich im Prinzip

170 ebd., S. 437
171 ebd., S. 381
172 Bachelard 1957, S. 80

des Hotels: Sich zu Hause fühlen, umsorgt und gemeint sein, dabei aber doch anonym und unverbindlich bleiben können. Oder das Wiener Kaffeehaus; Alfred Polgar soll über das Café gesagt haben: »Die Bewohner sind Leute, die allein sein wollen, dazu aber unbedingt Gesellschaft brauchen.«

So oft sind wir auf den Doppelcharakter des Hauses gestoßen: Das Haus bedeutet Leben, Autonomie, Erwachsen-Sein, aber auch Tod, Abhängigkeit, Unfreiheit. Das Ferienhaus repräsentiert Freiheit (vom Alltag), Selbstbestimmung, Kreativität, andererseits die (enttäuschte) Illusion von heimatlicher Gebundenheit und bedeutet ebenso letztlich doch wieder Alltag, Routine, Zwang. Der Wohnwagen enthält das Doppelte sozusagen simultan: Mit seiner Hilfe kann man es schaffen, das traute Heim tatsächlich mit in die Ferien, in die Fremde zu nehmen und sogar wieder zurück. In einem Interview[173] wurde ein überzeugter Wohnwagenfahrer nach seinen Motiven gefragt:

»Vier Wände auf Rädern?
Ludwig Pregel, pensionierter Elektroingenieur, fährt seit 26 Jahren mit dem Wohnwagen in den Urlaub. Er erklärt, warum Caravaning wenig mit herkömmlichem Camping zu tun hat.

SZ: Am Campingplatz sind Sie auf Dauer-Tuchfühlung mit vier Nachbarn. Was macht Spaß daran?
Pregel: In 26 Jahren habe ich keine Lärmbelästigung erlebt. Das liegt wohl daran, dass ich grundsätzlich in der Nebensaison und auf Plätze mit weniger als 100 Stellplätzen fahre.
SZ: Billig ist Ihre Art Camping nicht.
Pregel: Deswegen mache ich es auch nicht, sondern vor allem, weil ich in meinen eigenen vier Wänden bin. Im Wohnwagen habe ich meinen persönlichen Komfort: Kein anderer hat in den Betten geschlafen, keiner hat dort geraucht. Außerdem ist man flexibler als im Hotel.
SZ: Buchen Sie meist vor?

---

173 Gasser 2005

Pregel: Ja, ich habe von den meisten Campingplätzen sogar den Stellplatzplan. Bisweilen weiß ich: Platz Nr. 87 bietet freien Blick auf bestimmte Berge, dann buche ich den wie ein Hotelzimmer. Nächste Woche im Hunsrück, da habe ich einen Platz mit freiem Blick ins Moseltal.
SZ: Haben Sie je wild gecampt?
Pregel: Nein. Ich habe an meinem Wohnwagen einen sogenannten City-Anschluss, bin also mittels Schläuchen mit Wasserleitung und Abwasserleitung auf dem Campingplatz verbunden. Festmontierte Betten, Strom und Heizung habe ich natürlich auch.
SZ: Ist das noch Camping?
Pregel: Nicht mehr im ursprünglichen Sinne. Uns geht es um die Mobilität und die schöne Natur. Und wenn es mal sein muss, könnte ich auch drei Wochen autark sein, denn ich habe eine Solaranlage montiert, die mir Strom liefert.«

Das Auto ist ein Symbol der Freiheit, der *Auto*nomie, man lenkt es selbst, wann und wohin immer man will. Manche durchschnittlich technisch begabte Jugendliche schaffen einfach den Führerschein nicht (wie manche Jugendlichen sich trotz guter Leistungen kurz vor dem Abitur von der Schule abmelden, wegen des Symbolgehalts des Abiturs als Schwelle vom Kind-Sein zum Erwachsen-Sein[174]). Vor ungefähr 40 Jahren war es für die Jugendlichen das Größte, allein (das heißt mit anderen Jugendlichen, ohne Erwachsene) mit dem Auto in den Urlaub zu fahren. Nun aber stelle man sich vor, da hinge ein Wohnwagen dran – mit 80 Stundenkilometern schliche man dahin, nicht nur ein Verkehrshindernis, sondern auch in der eigenen Beweglichkeit gehemmt, im eigenen Freiheitsdrang. Der drückt sich aber beim Wohnwagenbesitzer offenbar ganz anders aus, ihm geht es gewissermaßen um die Freiheit zur Unfreiheit, aus eigenem Entschluss nämlich ein Stück Heim, Heimat, die vertraute Umgebung mitzuschleppen. Die gewohnte Einrichtung, die Gardinen, Bettwäsche, die vertraute Küche, der Fernseher – alles angebunden, man bleibt verbunden.

174 vgl. Hirsch 1997, S. 257

Wie sehr eine Freiheitsideologie mit dem tiefen Bedürfnis nach »Heimat« und Sesshaftigkeit verbunden werden kann, zeigt ein Bericht über den größten und einen der ältesten Campingplätze Europas in der Nähe Venedigs[175]

> »Seine Anlage, so Armando Ballarin, Direktor von *Union Lido*, sei längst kein Zeltplatz mehr und entwickle sich immer stärker hin zu einem Ferienressort (...). Die meisten seiner Kunden – vor allem Deutsche – kommen bereits seit vielen Jahren regelmäßig in die venezianische Lagune. Auf dem 60 Hektar großen Areal gibt es ein klares Prinzip: Ordnung. Von elf Uhr abends bis um sieben in der Früh herrscht strikt überwachte Nachtruhe. Sämtliche Stellplätze sind in bestimmte Kategorien unterteilt. So findet man dort vom einfachen Zeltstellplatz mit Stromanschluss bis hin zum festinstallierten Maxi-Caravan mit Bad, Klimaanlage und Platz für sechs Personen alles, was das Herz begehrt – und der Geldbeutel hergibt. ›Camping-Urlaub ist nicht billig‹, sagt Ballarin. Die Vorstellung, man könne mit Camping seine Ferien sehr preisgünstig verbringen, trifft zumindest bei der im *Union Lido* praktizierten Form nicht zu (...). Worin also liegt der Reiz, seinen Urlaub in einem Zelt oder Wohnwagen zu verbringen? (...) Ballarin glaubt, dass das soziale Umfeld den Reiz des Campings ausmache. Im Gegensatz zu einem anonymen Hotel könne man auf einem Campingplatz viel leichter Kontakte knüpfen. Beim Geschirrspülen oder Zähneputzen am Waschhaus sei es egal, welchen Beruf man ausübt oder welcher sozialen Schicht man angehört. ›Für uns bedeutet Campen Freiheit‹, sagen Doris und Siegfried Frank. Es sei ein wunderbares Gefühl, an einem Ort zu sein, wo sich in unmittelbarer Nachbarschaft viele Gleichgesinnte befinden, und dennoch in seinen eigenen vier Wänden aufzuwachen. Hier haben Franks nicht nur viele gute Freunde gefunden, sondern für einige Monate im Jahr auch ein zweites Zuhause. (...) Vor 50 Jahren ist die junge Familie mit einem Zelt, Schlafsäcken und Isomatten angereist. ›Damals gab es noch nichts anderes‹, sagen Franks. Schon bald wurde ihnen das Zelt aber zu ungemütlich und der Boden zu hart. Fortan fuhren sie jedes Jahr mit einem Wohnwagen an der Anhängerkupplung über den Brenner (...). Die Ausstattung ihres Wohnwagens ist im Laufe der Jahre immer luxuriöser und komfortabler geworden. Mittlerweile verfügt er neben einer festinstallierten Wasser-

175 Weindel 2005

> und Abwasserleitung auch über eine vollfunktionsfähige Küche mit einem Vier-Platten-Elektroherd und natürlich auch über Satellitenfernsehen. Wenn die Franks in diesem Jahr wieder für fünf Monate nach Cavallino reisen, finden sie also eine hochmoderne Ferienanlage, altbekannte Freunde und ihren festinstallierten und eingerichteten Wohnwagen vor, wie immer auf dem angestammten Stellplatz Nr. 573. Die Camping-Anlage mit viel abschattendem Baumbestand, die neben Restaurants und Geschäften sogar mit einer Kirche und einem permanent anwesenden Arzt ausgestattet ist, ist für die Rentner zu einer zweiten Heimat geworden. Und so ist es nur logisch, dass sie kürzlich hier sogar ihre goldene Hochzeit gefeiert haben. Doch weil *Union Lido* wie jedes Jahr Ende September seine Pforten auch für die treuesten Stammgäste schließt, musste das Ehepaar sich etwas überlegen, um auch in der restlichen Zeit ihrer Lebensart nicht untreu zu werden. Weihnachten und Silvester verbringen die Franks seit vielen Jahren nicht in ihrer Wohnung, sondern in einem Wohnwagen auf einem Campingplatz im Schwarzwald.«

Diese »Wohnwagen«-Idylle, meine ich, entspricht manchmal einem Lebens- und Familienstil, der als eine neue, zeitgenössische Inzestdynamik verstanden werden kann: Die Familie lässt das jugendliche Kind zwar »erwachsen«, eher pseudo-erwachsen werden, lässt es aber nicht gehen – der oder die Jugendliche will auch gar nicht gehen. Er oder sie macht sozusagen mit 18 Jahren den Führerschein, hat aber kein eigenes Auto, sondern darf das Familienauto fahren. So hat das adoleszente Kind durchaus einen altersentsprechenden Partner, der selbstverständlich in das jeweilige Familienleben aufgenommen wird, und die Jugendlichen ziehen sich ins Kinderzimmer zurück, während die Eltern augenzwinkernd einverstanden, sozusagen mit gespitzten Ohren an der verschlossenen Tür vorbeigehen, sich kichernd darüber verständigend, was die »Kinder« da treiben. Die Grillfeste werden nun gemeinsam veranstaltet, die Familien der beiden Jugendlichen passen auch so gut zueinander, dass man sich zu einer Großfamilie vereinigt und fortan auch die Urlaube gemeinsam verbringt – mit großer Wahrscheinlichkeit sind es jeweils Wohnwagenfreunde, die nun in einer Wohnwagenkolonne in den Campingurlaub fahren. Die Jugendlichen kommen freudig mit, bauen vielleicht ihr Zwei-Mann-Zelt neben dem

Wohnwagen der Eltern auf ... Übrigens finden sich in der Schrebergarten-Bewegung ähnliche Züge; das Schrebergartenhaus ist zwar meist mit dem Fahrrad zu erreichen, bedeutet aber doch eine Alternative zum Wohnhaus, denn alles ist provisorisch selbst gebaut und eingerichtet, und auch die gleichgesinnten Nachbarn sind für die Grillfeste gleich bei der Hand.

Vielleicht täuscht mein Eindruck, dass sich eine solche generationenübergreifende Grillfest-Campingurlaub-Wohnwagen-Dynamik häufig in Gegenden findet, in die nach dem letzten Krieg viele Flüchtlinge verschlagen wurden. Hat man die Heimat verloren, wird man dem eigenen Heim, dem Eigenheim, dem Reihenhaus, dem Bungalow einen hohen Stellenwert geben, das Haus an die erste Stelle der zu erreichenden Güter stellen (vgl. die von konservativen Politikern noch heute für notwendig erachtete Perpetuierung der »Eigenheimzulage« als größter staatlicher Einzelsubvention auch in Zeiten allgemeinen relativen Wohlstands). So möchte man das Eigenheim auch mit in den Urlaub nehmen, gerade weil die Heimat (und die damit verbundenen Immobilien) durch den Krieg mehr oder weniger verloren ging! Deshalb nicht schon wieder ein Verlust – der erwachsenen Kinder nämlich. Diese sollen vielleicht eine eigene Familie gründen – aber nicht im eigenen Recht, sondern sollen ihren Eltern endlich eine Heimat bieten, die nicht wieder verlorengeht. Diese Dynamik manifestiert sich, wenn die erwachsenen Kinder ihren »Bungalow« auf dem Grundstück der Eltern bauen sollen, damit die Eltern an ihrem Leben teilnehmen können, was ja naheläge, die »Oma« könnte eines Tages auf die Enkelkinder aufpassen, könnte auch gleich für die ganze Großfamilie kochen, wie praktisch. Die Jugendlichen haben es natürlich schwer, sich dieser Dynamik zu entziehen, sie entwickeln schwere Trennungsschuldgefühle[176], weil der Wunsch, sich von den Eltern zu lösen, familiendynamisch bedeutet, dass sie den Eltern in einem gewissen Sinne die Heimat wegnähmen.

Eine solche Dynamik findet sich in einem schönen Traum, den Frau Waldheim hatte. Frau Waldheim haben wir schon kennen gelernt, sie

---

176 Hirsch 1997

hatte eine psychosenahe Panik entwickelt, als sie in einem kleinen Häuschen im Ausland, in der Fremde, erstmalig nach dem Studium leben und arbeiten sollte (und wollte), so dass sie kläglich »nach Hause« zurückkehren musste. Fortan litt sie unter panischen Ängsten, wenn sie einen Urlaub oder auch eine Reise plante, die sie an Orte führen sollte, die sie nicht mit dem Auto oder noch besser dem Fahrrad selbst erreichen (und wieder aus eigenem Entschluss zurückkehren) konnte; Flugreisen insbesondere auf eine Insel kamen für sie nicht mehr in Betracht. Sie hat jetzt den Urlaub für Holland gebucht, da kann sie mit dem Auto hinfahren, und hatte dann einen Traum: Sie besitzt ein großes Wohnmobil und will einen Koch anstellen. Auch ihr Bruder steht dabei, der ist eifersüchtig, weil sie mit dem Koch zärtlich ist. Der Bruder will auch Körperkontakt, Frau Waldheim entzieht sich ihm aber. Sie sagt ihm, was ihm einfiele, das ginge nicht, er müsse endlich etwas in seinem Leben ändern (Inzest bedeutet Nicht-Trennung!). Der Bruder sagt, er habe schon einmal mit einem Therapeuten gesprochen, der hätte gesagt, wenn er in der Therapie etwas Relevantes ansprechen würde, würden viele Stunden dabei draufgehen. In diesem Moment verändert sich der Bruder zu einer Comic-Figur und kann kaum noch sprechen. – Soweit der Traum. Frau Waldheim sagt gleich dazu: »Ich habe gedacht, das Haus mitzunehmen, wenn man irgendwo hinfährt, gibt einem Sicherheit.« Der Koch gäbe ihr auch noch Zärtlichkeit, das wünsche sie sich, aber der Bruder steht ihr im Weg. Sie stehe sich auch selbst im Weg. Das Wohnmobil hat wieder einen Doppelcharakter: Dableiben und Weggehen gleichzeitig, wie der Schuh des Fetischisten gleichzeitig männlich und weiblich, die Bulimie Abhängigkeit und Pseudoautonomie repräsentiert, das Asthma den Schrei nach der Mutter und gleichzeitig ein »Bleib mir vom Leib!« bedeutet.

In der Realität will der Bruder stundenlang mit Frau Waldheim telefonieren – ich sage, im Traum hätte er zu viele Therapiestunden, real würde er zuviel telefonieren, aber die Therapie würde der Ablösung dienen, das Telefonieren gerade nicht. Das Wohnmobil enthält beides. Der Bruder hindert sie daran loszufahren, auch daran, vom Koch gute Nahrung und Zärtlichkeit zu bekommen. Der Bruder repräsentiert also das Dableiben, das Sich-nicht-lösen-Können. Da fällt ihr ein, dass an dem Tag, als sie den Führerschein gemacht hat, der Vater einen Schlaganfall erlitten hat. Während ihrer Fahrprüfung lag er bewusstlos im Zimmer. Obwohl der Vater es gewollt hatte, dass sie den Führerschein machte (den Bruder hat er regelrecht zwingen müssen, der sträubte sich und wollte ihn gar nicht machen), muss er insgeheim etwas dagegen gehabt haben. (Ich denke: Ohne Führerschein kein Wohnmobil.) Später hat der Vater Krebs bekommen, konnte nicht mehr Autofahren, Frau Waldheim war die einzige, die das Familienauto fuhr, der Bruder ist gar nicht mehr gefahren. Der Vater hat immer versucht, Theater zu machen, wenn sie das Auto für sich selbst haben wollte, bis er aufgab und es ihr schenkte, sie fährt es heute noch, aber wenig. Als sie es ummelden wollte, schlug der Vater vor, sie solle für das neue Kennzeichen sich um die Buchstabenkombination »DU-DO« bemühen, weil sie von Dortmund (DO) nach Duisburg (DU) gezogen sei. Damit wollte der Vater offenbar eine magische Verbindung zur Tochter aufrechterhalten. Ich sage dazu, das sei so, als wollte man mit dem Wohnmobil nach Italien reisen, um dort die deutsche Flagge zu hissen, und hätte auch Massen von Konserven mit deutschem Essen mitgenommen. Frau Waldheim versteht sofort: Richtig, manche Leute würden auch auf dem Campingplatz noch einen Jägerzaun um ihren Wohnwagen herum errichten! Sie findet es ganz richtig, dass sie das Auto der Familie übernommen hat. Sie hat eben genommen, was sie kriegen konnte, denn die Eltern haben ihr praktisch zum Studium nichts gegeben, sie hätte es einklagen müssen. Kein Geld von den Eltern zum Studium bedeutet, sie solle nicht in ihr eigenes (Berufs-) Leben gehen. Der Vater hat ihr das Auto gegeben, weil er es sicher als Verbindung verstanden hat, wie oft Eltern den Kindern zum Abitur ein Auto schenken, damit sie nach Hause, zu den Eltern, fahren sollen und nicht etwa dahin und so weit weg, wie sie es selbst wollen. Wenn Frau Waldheim den Vater im Altenheim besuchen sollte, sagte er immer: »Ich zahl' dir auch den Sprit …«; als sie aber das Examen geschafft hatte und mit dem Vater essen ging, sagte er: »Du wirst ja jetzt gut verdienen, dann kannst du auch bezahlen …«

In der Traumerzählung von Frau Waldheim geht es um ein Wohnmobil – und mit dieser Metapher verbindet man schon etwas mehr Freiheit und Ungebundenheit als mit dem Wohnwagen; das Traumbild verdichtet offenbar die entgegengesetzten Bestrebungen, zu Hause bleiben und sich doch ablösen zu wollen, während die klare Rollenverteilung zwischen Bruder und Träumender in der Realität die Bestrebungen wieder trennt.

In dem Film *Gilbert Grape – Irgendwo in Iowa*[177], dessen Originaltitel *What's eating Gilbert Grape?* viel schöner auf die orale Problematik der fetten Mutter mit der Frage hinweist, ob der jugendliche Held Gilbert dasselbe (und so viel) essen muss wie die Mutter oder ob er sich von ihr lösen kann, werden die Bilder *Haus* und *Mobile Home* in einen scharfen Kontrast gestellt: immobil – mobil … Wir kommen auf den Film im nächsten Kapitel zurück. Das Heim auf Rädern bewegt sich wenigstens selbst, obwohl sicher nicht so spritzig wie der kleine Sportwagen, von dem der Jugendliche jedenfalls vor ungefähr 40 Jahren träumte. Das genaue – schreckliche – Gegenteil wäre ein »stationärer Wohnwagen«, der mit abgeschraubten Rädern zur Dauermiete auf einem Campingplatz festgelegt wurde; hier hätte man dem Haus-Gefährt den letzten Rest an Mobilität genommen und feierte seine Grillfeste immer an derselben, vertrauten Stelle. Das Wohnmobil kann man sich dagegen eher auch gemietet vorstellen, verbindet mit ihm vielleicht einen Urlaub in Alaska oder Kalifornien, während der Wohnwagen besser zum Wolfgangsee passte.

In dem Film *Gilbert Grape – Irgendwo in Iowa* werden wunderbare aluminiumglänzende, geradezu futuristisch anmutende Wohnwagen, die man wegen ihrer Form auch *airstream* nennt, als Zeichen der Unabhängigkeit und Freiheit, der Mobilität, dem Haus als Zeichen der Immobilität, der Enge und Stagnation entgegengesetzt. Während das Haus, in dessen Keller der Vater sich umgebracht hatte und das die extrem übergewichtige Mutter nicht verlassen kann, nach ihrem Tod abbrennt, wendet sich der jugendliche, endlich befreite Held einem Mädchen zu, mit dem er mit den Wohnwagen in die Freiheit geht.

177 Ein Film von Lasse Hallström 1993

In einem anderen Film, *About Schmidt* von Alexander Payne, scheint das Wohnmobil bzw. seine Bedeutung eine Entwicklung zu nehmen: Zuerst ist es ein Sinnbild für die Fortsetzung der spießigen Zweisamkeit eines Paares im Ruhestand in die geplanten Ferienreisen hinein, dann verwandelt es sich nach dem Tod der Ehefrau – sie stirbt übrigens bei der *Haus*arbeit – zunehmend in ein Bild für eine neugewonnene Unabhängigkeit des Protagonisten, nachdem er allerdings versucht hatte, den Verlust durch mehrere Annäherungen zu kompensieren – eine davon in einem tatsächlich amerikanisch-spießigen Wohnmobil auf einem Campingplatz, die andere durch die Anschlussversuche an die Familie seiner Tochter – Versuche mit schrecklichem Ausgang, so dass man dem Helden die neue Freiheit am Steuer seines rollenden Heimes durchaus gönnt.

Immerhin also kann man unterscheiden zwischen dem Wohnwagen-Anhänger, dessen Charakter trotz einer gewissen behäbigen Beweglichkeit eher beim Konservieren der heimatlichen Gemütlichkeit liegt, und dem Wohnmobil, das mehr Unabhängigkeit und Selbstbestimmung repräsentiert, wenn auch das Fortkommen nicht gerade besonders zügig vor sich geht.

11. Das Haus bedeutet Tod

»Dies Haus ist mein und doch nicht mein.
Wer nach mir kommt, es ist nicht sein.
Einem Dritten wird es übergeben,
den Vierten kostet es sein Leben.
Den Fünften trägt man auch hinaus –
Ach Gott, wem gehört doch dieses Haus?«[178]

In meinen Überlegungen zur Hypochondrie[179] – dieser unvernünftigen Angst, bei guter Gesundheit todkrank zu sein, verbunden mit dem unkorrigierbaren Festhalten an dieser Überzeugung, so dass man denken muss, der Betreffende brauche diese Angst *lebens*notwendig – in meinen Überlegungen also ist mir aufgefallen, dass der Bau oder Erwerb eines Hauses häufig derartige Krankheitsängste auslöst. Jedem Hypochonder entfährt einmal bei einem der vielen Arztbesuche der Stoßseufzer: »Gerade *jetzt*, wo es mir so gut gehen könnte, habe ich Krebs!« Im Zusammenhang mit dem Hausbau oder -umbau lautet der Satz: »Gerade jetzt, wo mein Haus fertig ist und ich so schön darin *leben* könnte ...!« Und so war ich zwar ziemlich überrascht, begriff aber irgendwie gleich, als ich in Thomas Manns *Buddenbrooks* das türkische Sprichwort zitiert fand: »Wenn das Haus fertig ist, kommt der Tod.« Mann fährt fort: »Nun, es braucht noch nicht gerade der Tod zu sein. Aber der Rückgang

178 Auf die Hauswand geschrieben, Bindergasse 6, Lindau am Bodensee
179 Hirsch 1989b, 1997, 2003

… der Abstieg … der Anfang vom Ende … Ich weiß, dass oft die äußeren, sichtbaren und greifbaren Symbole des Glückes und des Aufstieges erst erscheinen, wenn in Wahrheit alles schon wieder abwärts geht.«[180]

Wahrscheinlich hat Thomas Mann seinerseits dieses Sprichwort bei Hugo von Hofmannsthal gefunden, der ein *Märchen aus Tausendundeiner Nacht* nacherzählt hat.[181] Dann wäre es kein türkisches, sondern ein arabisches Sprichwort. Das *Märchen der 672. Nacht* handelt von einem Kaufmannssohn, dessen Eltern verstorben waren und der in selbstgewählter heiterer Einsamkeit nur mit wenigen Dienern lebte, wohlversorgt mit materiellen Gütern. »Doch er fühlte ebenso die Nichtigkeit aller dieser Dinge wie ihre Schönheit; nie verließ ihn auf lange der Gedanke an den Tod, und oft befiel er ihn unter lachenden und lärmenden Menschen, oft in der Nacht, oft beim Essen. Aber da keine Krankheit in ihm war, so war der Gedanke nicht grauenhaft, eher hatte er etwas Feierliches und Prunkendes und kam gerade am stärksten, wenn er sich am Denken schöner Gedanken oder an der Schönheit seiner Jugend und Einsamkeit berauschte. Denn oft schöpfte der Kaufmannssohn einen großen Stolz (…) aus den Versen der Dichter (…), und die finsteren Sprichwörter drückten nicht auf seine Seele. Er sagte: ›Wo du sterben sollst, dahin tragen dich deine Füße‹, und sah sich schön, wie ein auf der Jagd verirrter König, in einem unbekannten Wald unter seltsamen Bäumen einem fremden wunderbaren Geschick entgegengehen. Er sagte: ›Wenn das Haus fertig ist, kommt der Tod‹, und sah jenen langsam heraufkommen über die von geflügelten Löwen getragene Brücke des Palastes, des fertigen Hauses, angefüllt mit der wundervollen Beute des Lebens.«

Nietzsche[182] (*Jenseits von gut und böse*) meinte vielleicht etwas ähnliches: »Schlimm genug! Wieder die alte Geschichte! Wenn man sich sein Haus fertig gebaut hat, merkt man, unversehens etwas dabei gelernt zu haben, was man schlechterdings hätte wissen *müssen*, bevor man zu bauen anfing. Das ewige leidige ›Zu spät!‹ – die Melancholie alles Fertigen!« Was hatte Nietzsche im Sinn? Wie hätte man es vorher

180 Mann 1901, S. 439
181 v. Hofmannsthal 1975
182 Michels-Wenz 1988, S. 218

wissen können, wenn man doch im Leben nur ein Haus (»sich sein Haus fertig gebaut«) baut (wenn überhaupt)? Und er wird ja nicht gemeint haben, dass man vorher hätte wissen müssen, wie man mit Handwerkern umgeht … Gemeint sein dürfte doch, dass das Fertige keine Wahl mehr lässt, *es ist so wie es ist* (»die Melancholie …« als Trauer über den Verlust oder Verzicht, wie es noch ganz anders hätte sein können). Das Haus stellt sich vielleicht als für bestimmte Bedürfnisse falsch gebaut heraus – zu spät. Aber eigentlich ist es vielleicht in der unbewussten Bedeutung *überhaupt* falsch, wenn es eine bedrohliche Festlegung repräsentiert. Und so denke ich, dass die Endgültigkeit, die Unumkehrbarkeit einer Identitätsentwicklung deshalb Angst macht oder Depression, weil alle anderen Möglichkeiten zu werden und zu sein mit dem einmal erreichten So-Sein aufgegeben werden müssen. Das unfertige Haus lässt im Unbewussten noch alle Möglichkeiten offen – wegzuziehen, auszuwandern, sich anderen Menschen zuzuwenden, anderen Partnern, anderen Berufen. Das fertige Haus dagegen legt den Hausbesitzer fest, jedenfalls empfindet er es so, und zwar in mehrfacher Hinsicht: einmal natürlich geographisch, hier muss er bleiben; dann auf die Partnerbeziehung, meist kauft oder baut man ein Haus zu zweit, das wird im Grundbuch dokumentiert. (Das Grundbuchamt bekommt so dieselbe Bedeutung wie das Standesamt für die Ehe.) Natürlich ist man nun materiell sowohl ziemlich gebunden – das meiste Geld fressen die Darlehenszinsen – als auch aneinander gebunden, man kann das Haus schlecht halbieren, es zu verkaufen in der Not (einer Trennung), geht mit Verlust einher, von Zwangsversteigerung zu schweigen. Ein Hauptfaktor, der eine Ehescheidung unwahrscheinlicher macht, sind nicht etwa gemeinsame Kinder, vielmehr ist es der gemeinsame Besitz von Immobilien. Für ein Paar hat ein eigenes Haus eine ähnliche und möglicherweise auch bedrohliche Bedeutung wie das gemeinsame Kind: Das Paar ist eingeschränkt in seiner Beweglichkeit und durch ein Haus (noch mehr als durch ein Kind) stark aneinander gebunden.

Ferenczi, der geniale und einer der bedeutendsten Schüler Freuds, wusste, wovon er sprach: Lange Jahre drückte er sich vor einer festen Bindung an seine ältere, mütterliche Freundin Gizella, wich auch in eine Verlobung mit ihrer Tochter aus, bis es dann doch soweit war und die Hochzeit mit Gizella bevorstand. Ferenczi entwickelte hypochondrische Ängste anlässlich einer Halsentzündung, verstand sofort und schrieb an Freud: »Plötzlich die Idee: Ich lasse mich nicht mehr von diesen Hypochondrien foppen. Es ist ja der reine *Abschreckungsversuch* von der Ehe. Und warum heute? Weil mir für morgen früh die Aussicht auf eine *Wohnung* (also das *Definitivum*) bevorsteht.«[183] Die Wohnung also als Symbol der Endgültigkeit und damit auch der Endlichkeit; das Haus wieder als Grab! Zu diesem Punkt liefert das (Therapeuten-) Leben skurrile Geschichten: Herr Jörg Jungwirth hatte sieben Jahre mit einer Frau in einer Wohnung zusammengelebt, und zwar so harmonisch, dass man übereinkam, es käme aufs Gleiche hinaus, nun auch zu heiraten. Aber weit gefehlt: Kurz vor der Hochzeit entwickelte Herr Jungwirth eine heftige Angsterkrankung. Er, der schon als Kind Autofahren gelernt hatte, ein erfolgreicher Ralleyfahrer und in seiner Branche »der beste Autoverkäufer Deutschlands« gewesen war, bekam Angst, Auto zu fahren, insbesondere über Brücken, da er die Zwangsidee entwickelte, das Steuer herumreißen und in den Abgrund fahren zu müssen. Er verbrachte vier Monate in einer psychiatrischen Klinik, und in dieser Zeit brach er die Beziehung zu der Frau ab, die er eigentlich hatte heiraten wollen. In einem anderen Fall erwartete eine junge Frau, die bereits zwei Kinder von jeweils verschiedenen Männern hatte, ein Kind von einem Mann, für den es das erste werden sollte. Er war überglücklich über die kommende Vaterschaft, trug seine schwangere Gefährtin auf Händen, tat alles für sie, nahm an den Schwangerschaftskursen teil, bereitete die Wohnung für den Neuankömmling vor und war selbstverständlich während der Geburt im Kreißsaal anwesend. Aber gleich danach, die Mutter lag noch im Wochenbett, verliebte er sich in die Hebamme und ging mit ihr auf und davon! Auch Bachelard[184] wusste davon: »Ein endgültiges Haus wäre ein Sterbehaus (…). Besser ist es, im Provisorischen zu leben als im Endgültigen.«

183 Freud/Ferenczi 1996, S. 115
184 Bachelard 1957, S. 79

Bewusst will man zusammenbleiben, das Haus bewohnen und gestalten, selbstbestimmt leben (kein Vermieter, keine Kündigung), bewusst will man Kinder. Aber die andere, Angst machende Kehrseite, die natürlich eher mehr oder weniger verdrängt oder verleugnet wird, macht sich aus dem Unbewussten unangenehm bemerkbar, und da die wahre Quelle der Angst nicht gedacht werden kann, muss die Angst, zum Teil auch Wut, auf andere Bereiche projektiv verschoben werden. Natürlich will der Hypochonder bewusst unbedingt gesund sein (und das Leben im neuen Haus genießen), aber er weiß nicht, wie sehr er die Angst vor der Krankheit *braucht*. Denn hätte er sie nicht, müsste er realisieren, wovor er *eigentlich* Angst hat, nämlich mit dem Haus angekommen zu sein, nicht mehr weiterzukommen, natürlich in einem psychologischen Sinn, festgelegt zu sein, akzeptieren zu müssen, dass sein Leben und er selbst in seiner Identität sich nicht mehr wesentlich verändern werden. Hypochondrie ist die Identitätskrankheit der Lebensmitte, der *midlife crisis*, wie es heißt. Deren zentrale Frage ist doch: War's das nun, oder gibt es noch Veränderungen; soll ich akzeptieren, wie mein Leben nun einmal geworden ist, mit welchen Menschen ich lebe, oder bedeutet das nicht Stagnation, den psychischen Tod? Der Tod ist ja in der Hypochondrie-Phantasie enthalten, denn meist würde die befürchtete Krankheit zum Tode führen, wäre sie real: Krebs oder Aids oder eine schwere Herzkrankheit.

Wird das Haus für die befürchtete Festlegung und Freiheitsberaubung verantwortlich gemacht, entsteht oft die Phantasie vom *Haus als Sarg*, in dem man wie in einem Stein- oder Betongehäuse begraben sein wird. Ein Patient Bermans[185] sagte: »Das Haus wird nochmal mein Tod sein.« Eine solche Angst wird manchmal bewusst und kann ausgesprochen werden, meist aber bleibt sie verborgen und äußert sich im Handeln, im Agieren. Ein Mann mittleren Lebensalters, sagen wir mit 38 Jahren, verheiratet und Vater von zwei kleinen Kindern, lebt eigentlich zufrieden, sogar sein großes Harmoniebedürfnis und die fehlende Aggression, die er oft genug zur Durchsetzung seiner Interessen hätte brauchen können,

185 Berman 1978, S. 577

tat seiner beruflichen Karriere bisher keinen Abbruch. Nun hat er aber vor einem Jahr die Geschäftsführung seiner Firma übernommen, obwohl er es gar nicht wirklich wollte, er konnte wieder einmal nicht nein sagen, und fühlt sich nun unter ständigem Druck, unbequeme Entscheidungen treffen zu müssen. Vor einem halben Jahr hat er auch ein Haus gekauft, endlich hat die Familie nun einen Garten, niemand beschwert sich mehr über die manchmal lärmenden Kinder. Es könnte alles sehr schön sein, wenn er nicht »durch Zufall« eine junge Frau kennen gelernt hätte, in die er sich derart verliebt hätte, »dass ich nun nicht mehr zurück kann«, wie er sagt. Nun fühlt er sich ganz antriebslos, kann keine Entscheidungen mehr treffen, ist zu Hause übelgelaunt, kann sich auf die Kinder nicht mehr freuen; er will die Frau nicht (weiter) betrügen, ist aber ratlos, wie er aus dieser Situation herauskommen soll und fühlt sich bewegungsunfähig, wie gelähmt. Ganz offensichtlich wurde hier eine unlösbare Situation geschaffen, die den unbewussten arretierten Autonomie-Abhängigkeits-Konflikt materialisierte: Die Übernahme der Geschäftsführung entsprach dem Wunsch des Familienvaters, voranzukommen, jemand Bedeutendes zu sein, nahm ihm aber die relative Freiheit eines friedlich arbeitenden Angestellten. Auch das Haus bedeutete ihm, etwas erreicht zu haben, was seinem Selbst-Ideal entsprach, ihm sogar Zuwachs an Freiheit brachte (keine Klagen mehr über die Lebendigkeit der Kinder), aber unbewusst fühlte er sich nun doppelt festgenagelt: Das Haus musste abbezahlt werden, deshalb konnte er die Geschäftsführung nicht wieder abgeben, das Haus band ihn überdies noch mehr an Frau und Familie, so dass er die Flucht in eine Beziehung ergriff, die für ihn erst einmal so etwas wie Freiheit und Selbstbestimmung bedeutete. Restlos bewegungsunfähig aber war er, als er feststellen musste, dass er auch aus der neuen Beziehung nicht herauskommen konnte, weil er bald zu sehr emotional gebunden war.

In Deutschland ist Grundbesitz, Haus und Grund, emotional sehr hoch besetzt, ist er doch mit Ideen wie Scholle und Heimat eng verknüpft, und auch real wird man eher eine Mietwohnung wechseln können als eine Eigentumswohnung oder eben das eigene Haus. In den englischsprachigen Ländern hängt man weniger am immobilen Eigentum. »Amerikaner ziehen im Durchschnitt alle fünf Jahre um … Typisch amerikanische Häuser sind aus Holz gebaut, nicht aus Stein. Sie wachsen in die Höhe und brechen – manchmal – zusammen. Manchmal ziehen die Häuser selbst tatsächlich um, unwahrscheinlicherweise auf der Ladefläche eines Flachbett-Trucks trohnend.«[186]

Abb. 22: Flachbett-Trucks. (© Steffen Leiprecht).

Gerhard Matzig[187] ist ein Paradox aufgefallen: »In dieser Einmaligkeit und Signifikanz des Hausbauens liegt allerdings auch die paradoxe Situation begründet, dass in einigen Ländern ohne Immobiliensubvention der Anteil der Immobilienbesitzenden an der Gesamtbevölkerung wesentlich höher liegt. In Deutschland scheint das Hausbauen oder Hauskaufen völlig unnötigerweise genau das heraufzubeschwören, was das Wort ›Immobilie‹ sinnhaft begründet: das Immobil-Sein. Anderswo ist es völlig normal, Häuser nach Bedarf (…) mal hier, mal dort zu kaufen oder zu verkaufen (…). In Deutschland werden nicht nur Eigenheime errichtet – sondern am liebsten Trutzburgen, denen das

186 Garber 2000, S. 112f.
187 Matzig 2005

Sesshafte eingeschrieben scheint.« *My home is my castle* scheint sich eher auf die privaten vier Wände zu beziehen, als dass man sich nun ein konkretes englisches, von einem Wassergraben umgebenes Schloss vorstellen müsste, das von seinem paranoiden Besitzer mit Armbrust und Flinte gegen jeden Eindringling verteidigt würde. Aber diese geheime Treue zur Scholle bedeutet natürlich auch: »In diesem Hause wirst du einmal sterben ... hier wird man dich begraben ...« Auch Rank[188] ist überzeugt, dass dem »Haus, unter dem ursprünglich die Leichen tatsächlich begraben wurden, auch nach Trennung dieser gemeinsamen Wohnung die Grabesbedeutung erhalten« bliebe.

Frau Koch-Kohlmann entwickelte mit fast 50 Jahren Verlassenheitsängste, die sie längst überwunden geglaubt hatte. Sie hat sich vor einem halben Jahr von ihrem Mann getrennt, weil sie sich in einen anderen verliebt hatte, und ist heilfroh darüber, ihrer Ehe entkommen zu sein. Sie hat schon einmal eine Therapie gemacht, weil sie nach dem Umzug in das eigene Haus sehr depressiv wurde. Als die Eheleute vor fünf Jahren das Haus gekauft haben, da entwickelte sie das Gefühl, »der Sargdeckel ist nun endgültig zugefallen«. Der Schnitt des Hauses war identisch mit dem des Elternhauses, auch einem Reihenhaus. Frau Koch hat nichts anderes mehr getan, als zu putzen und das Haus in Stand zu halten. Das Kind war darin, der Mann war darin, aber nichts sonst.

Das eigene Haus aktualisiert den basalen Autonomie-Abhängigkeits-Konflikt, den alle Menschen immer wieder zu bewältigen haben. Gibt man dem Wunsch nach Sicherheit und Geborgenheit zu sehr nach, ist man in seinen Freiheitsbedürfnissen eingeschränkt, und umgekehrt: Gestaltet man sein Leben frei und ungebunden, muss man eben auf die abendliche Rückkehr ins Eigenheim verzichten. Der Ehemann (die Ehefrau) beneidet den Single (beiderlei Geschlechts) um sein freies Leben. Der Single beneidet die Paare: »Weil: Dann ist immer jemand da, wenn du nach Hause kommst.«

Herr Anton Adler sieht mit Mitte 30 wie ein Jugendlicher aus. Er

---

188 Rank 1932, S. 193

lebt mit seiner Freundin und ihrer gemeinsamen dreijährigen Tochter in einer Mietwohnung. Er würde gerne in einem Haus wohnen, es aber nicht kaufen, auch wenn er das Geld dazu hätte. Warum, frage ich. Er hätte dann »das Haus am Hals«, müsste »fünf bis zehn Jahre da leben« – sicher, er könnte es wieder verkaufen, ein Freund von ihm habe das gemacht – für die Kinder sei ein Haus sicher gut. Ein anderer Freund hat kein Haus gekauft, dafür eine Etage gemietet für so viel Geld, dass er die Raten für ein eigenes Haus hätte abbezahlen können.

Herr Benno Baumann leidet unter schweren Depressionen. Bis vor gut zwei Jahren hat er in Südamerika gelebt, da hat er die unbegründete Angst entwickelt, an Malaria erkrankt zu sein. Von dem Medikament zur Malariaprophylaxe sei er dann so depressiv geworden, dass er nach Deutschland zurückkehren musste. Dann habe er bald angefangen, ein Haus für sich und seine Gefährtin zu bauen, ein Holzhaus, das er selbst entworfen und zum großen Teil selbst errichtet hat, da ging es ihm sehr gut. Als er im Juni in das endlich fertige Haus einzog, kam die Depression wieder – jetzt habe er zu gar nichts mehr Lust.

Hypochondrie, Angst, Depression, aber auch Körpersymptome werden verwendet, um Haus-Ängste sowohl auszudrücken wie zu verschleiern. In einer psychosomatischen Untersuchung über Rückenschmerzen[189] fanden sich bei den Patienten häufig Charakterzüge wie »aktivistische Aufopferung« oder »sthenisches Durchhaltevermögen« sowie ein »großer Wunsch *nach* und große Angst *vor* passiver Abhängigkeit«. In der Arbeit gibt es zwei Fallbeispiele – und beide haben mit dem eigenen Haus der Patienten zu tun. Der erste Fall: »Ein 35-jähriger Patient, verheiratet, zwei Kinder, im Außendienst tätig und – bislang beschwerdefrei – in Feierabendarbeit nach erheblichen Streitereien mit drei früheren Vermietern nun sein eigenes Haus renovierend, muss sich gegen seinen Willen als Reservist im November an einer Wehrübung beteiligen.« Obwohl er eigentlich an der Übung nicht teilnehmen wollte, half er Kameraden ehrgeizig bei einer bestimmten Arbeit, legte sich besonders ins Zeug – und reagierte mit heftigen Rückenschmerzen.

189 Franz 1992, S. 23

Natürlich weiß man zuwenig, was unbewusst das eigene Haus für ihn bedeutete, sicher ist er den Ärger mit den Vermietern erst einmal los (dafür hatte er ihn mit den Vorgesetzten, die ihn zur Übung abkommandierten), und er legt offenbar großen Wert auf Selbstbestimmung und »Freiwilligkeit«, aber könnte das Haus ihn nicht gerade auch in seinen Freiheitsbedürfnissen *einschränken*? Jedenfalls könnte er, von der Übung zurück, ausrufen: »Gerade jetzt, wo ich mein Haus so schön renovieren könnte, muss ich diese blöden Rückenschmerzen haben, die mich lahmlegen!«

Der zweite Fall ist schon brisanter, und sein destruktives Ende zeigt, welches Maß an Aggression mit dem »Haus« verbunden sein kann:

> »Eine 55-jährige Patientin leidet seit anderthalb Jahren zunehmend an chronischen Schmerzen im LWS-Bereich [Lendenwirbelsäule] ohne sicheres organisches Korrelat (…). Während ihrer Ehe hatte die Patientin gearbeitet und neben dem Haushalt auch noch in selbstaufopfernder Weise unter Verzicht auf jegliche Freizeit beim Bau des eigenen Hauses geholfen. Ein halbes Jahr nach der Berentung des Ehemanns kam es (…) zu den beschriebenen massiven Lumbalgien (…) [›Hexenschuss‹]. Es kam schließlich zu einem resignativ-resümierenden depressiven Einbruch der Patientin in dem Moment, in dem sie realisierte, dass sie ihr ganzes bisheriges Leben der Verleugnung eigener Wünsche nach Liebe und Versorgung gewidmet hatte, um ihre damit einhergehenden Gefühle hilfloser Abhängigkeit abzuwehren: ›Wofür habe ich mich all die Jahrzehnte so abgerackert, hätte ich doch dieses verfluchte Haus nicht gebaut und statt dessen gelebt.‹ Die depressive Symptomatik erreichte foudroyant das Ausmaß einer nach außen verheimlichten Suizidalität, und die Patientin erhängte sich im Dachstuhl des von ihr verfluchten Hauses, ohne jemals dem Erleben und der Befriedigung ihrer eigenen Wünsche in ihrem Leben Raum gegeben haben zu können.«

Zu ergänzen ist noch, dass die Patientin seit dem dritten Lebensjahr unter einem chronischen Asthma litt, das schlagartig mit dem Beginn der Rente des Ehemanns aufhörte. Dem Asthma könnte eine ambivalente Mutterbeziehung entsprechen, das Kind hätte seine Versorgungsbedürfnisse der Mutter gegenüber weder ausdrücken noch seine Autonomiewünsche altersentsprechend realisieren können – Asthma ist der Schrei nach der Mutter *und* ihre Zurückweisung, wenn sie sich nähert. Franz hat das Verschwinden des Asthmas der Patientin mit ihrer Hoffung in Zusammenhang gebracht, der Mann könnte, jetzt berentet, ihre kindlichen Wünsche endlich – nachdem sie sich so aufgeopfert hatte all die Jahre – erfüllen, was natürlich nicht eintrat, so dass das neue Körpersymptom auftrat. Als der Patientin ihre große Versagungswut immer mehr bewusst wurde, wählte sie nicht die Mutter, nicht den enttäuschenden Ehemann, sondern das Haus als Ziel ihrer Aggression: »Das ›Haus‹ entspricht tiefenpsychologisch möglicherweise dem unbewussten, aggressionsgeladenen Interaktionsengramm einer ungenügenden und traumatisierenden frühen Mutterbeziehung.« Die Vermutung liegt nahe, dass das Haus für eine Mutter steht, die nichts gibt, dafür aber fordert, während das Kind alles tut, um der Mutter gerecht zu werden (»aufopfern«) in der Hoffnung, eines Tages genügend Mütterlichkeit zurückzubekommen. Darin sieht sie sich betrogen, hätte lieber »gelebt«, also ihr Leben frei, unabhängig von der unrealistischen Hoffnung gelebt, und die ganze Enttäuschungswut haut sie dem Mutter-Haus um die Ohren, indem sie sich in ihm erhängt.

Herr Heinrich Hochhuth

Herr Heinrich Hochhuth war lange Jahre bei der Post als kleiner Beamter beschäftigt und hatte eines Tages mit Hilfe seiner Bausparverträge ein größeres Mietshaus gekauft. Er war mit seiner Tätigkeit bei der Post immer zufrieden gewesen, er hatte auch eine Dienstwohnung dort, und im Kreis der Kollegen fühlte er sich eigentlich immer wohl. Der Hauskauf hatte an der Arbeitsstelle aber Neid hervorgerufen, er war immer mehr Anfeindungen ausgesetzt gewesen, fühlte sich richtig gemobbt, so dass die Post ihn schließlich in eine weiter entfernte Dienststelle versetzt hat, weshalb er jeden Tag weite Strecken mit dem Auto fahren musste. Gerade das Autofahren war ihm aber zunehmend schwer gefallen, im Auto hatten die Herzbeschwerden und die Luftnot angefangen, die schließlich zur Diagnose Angstneurose führten. Es wurde immer schlimmer, die Angst vor dem Herzinfarkt immer heftiger, so dass er nicht mehr Autofahren konnte, immer wieder krankgeschrieben werden musste, bis er schließlich zu einer Kur in eine psychosomatische Klinik ging. Dort war er ganz entspannt, man hat ihm sehr geholfen, und er verlor alle Herzängste. Zwei Tage vor der Entlassung aus der Klinik lernte er eine ältere, aufdringliche Frau, eine Mitpatientin, kennen, mit der gesehen zu werden er sich schämte, weil sie so hässlich war. Sie verfolgte ihn regelrecht, er ging nur halb auf sie ein, aber sie suchte ihn nachts in seinem Zimmer auf und brachte eine Flasche Wein mit. Die Frau war nur mit einem Nachthemd bekleidet, und nachdem sie vom Wein getrunken hatten, ging sie hinter einen Vorhang und manipulierte an ihrem Körper, bevor sie zu ihm ins Bett kam. Die Frau lag ganz steif da, er hat gar nichts davon gehabt, nach kurzer Zeit stand sie auf mit den Worten, es würde eben wieder nicht funktionieren. Das merkwürdige Verhalten der Frau kündigte ein Unheil an, es hätte ihn misstrauisch machen müssen. Die Symptombesserung nach dem Klinikaufenthalt hielt nicht lange an. Er fühlte sich wieder schwach, konnte nicht mehr richtig laufen, es entwickelten sich Bläschen auf seiner Mundschleimhaut. Ein halbes Jahr nach dem Klinikaufenthalt fiel es ihm wie Schuppen von den Augen, nachdem er im Fernsehen eine Sendung über Aids gesehen hatte: »Das ist es, das habe ich!« Es kommt in Schüben. Mal hat er Lymphknotenschwellungen im Nacken, mal verschwinden sie wieder. In kurzer Zeit hat er an Gewicht abgenommen. Zwar ist der Antikörpertest bereits viermal negativ gewesen, er ist aber überzeugt, dass er zu den seltenen Fällen gehört, die trotz der Erkrankung keinen positiven Test aufweisen.

Das Schlimmste ist, dass er sicher ist, seine Tochter angesteckt zu haben, denn er hat sie nach der Rückkehr von der Kur auf dem Bahnsteig umarmt und war so gerührt, dass er weinen musste; die Übertragung muss durch die Tränenflüssigkeit erfolgt sein. Die Tochter hat eine Lehre angefangen, wie soll das Mädchen das denn schaffen, da sie ja auch bereits infiziert ist. Auch seine Frau hat er angesteckt, und er ist sicher, der Verlobte der Tochter hat sich auch schon angesteckt, das konnte ja nicht ausbleiben, so ein lieber Junge! »Mit meiner Frau sind es jetzt schon vier!«, sagt er.

Herr Hochhuth klagt, 20 Jahre habe er sich nichts gegönnt, nur gespart, nichts vom Leben gehabt. Und nun *das* durch seinen Leichtsinn; wie ein Mensch – die Frau in der Klinik – so schlecht sein könne, das Leben eines anderen Menschen zu zerstören. Er könnte sie in Stücke schneiden. Er weiß, dass sie es mit voller Absicht getan hat. Kurz vor dem Klinikaufenthalt war in seinem Mietshaus eine Wohnung frei geworden, die schönste Wohnung, in die er selber einziehen wollte, er hat alles so schön renoviert, er könnte rundum glücklich sein, wenn diese Krankheit nicht eingetreten wäre: »Gerade jetzt ...« Die Angstkrankheit begann, als Herr Hochhuth sein Mietshaus gekauft hatte. Unbewusst muss das Haus ihm Angst gemacht haben, die er aber projektiv in den vermuteten Neid der Kollegen verwandelte, so dass die Angst machende Feindseligkeit aus dieser Richtung kam. Das Bild der Post war anfangs das einer beschützenden, guten, nährenden Mutter, bei der er sich wohlfühlte und von der er in seiner Arbeit anerkannt wurde. Jedenfalls war sie das solange, wie Herr Hochhuth in seiner Dienstwohnung blieb, sie wurde feindlich, als er sich anschickte, sich zu entfernen und sich – und das dürfte das Haus bedeutet haben – selbständig zu machen. Die Post kümmerte sich nicht um seine beginnende Symptomatik, im Gegenteil, sie schickte ihn noch weiter weg, so dass sie sich verschlimmerte. Herr Hochhuth wusste nicht, wohin mit seiner Wut, und projizierte sie auf das eigene Herz, von dem er nun ständig bedroht war. Er flüchtete in die Klinik, die einer guten Mutter entsprach, hier kam er zur Ruhe, die Behandlung war erfolgreich. Kurz vor der Trennung von diesem Mutterobjekt aber geschah das Furchtbare: Eine hexenhafte, böse Mutterfrau verführte und vergiftete ihn. *Gerade jetzt ...*, in dem Moment, in dem er ins eigene Haus ziehen könnte, ist sein Leben zerstört. Und das der Familie gleich mit, und wenn die Tochter sterben muss – und die Phantasie, man habe jemanden mit dem Aids-Erreger infiziert, ist ja praktisch eine Mordphantasie –, der Tochter also geschieht es ganz recht, warum lässt sie ihn auch allein, wo sie immer seine liebe Tochter war, und geht noch dazu mit einem anderen Mann auf und davon!

Das Haus als Objekt hypochondrischer Ängste

Das Haus oder vielmehr seine Bedeutung kann aber nicht nur Hypochondrie verursachen, es kann auch selbst Objekt hypochondrischer Ängste werden. Herr Otmar Ohnesorg, 43 Jahre alt, verheiratet, der Sohn ist jetzt 17 Jahre alt, sagt selbst, er habe eine »midlife crisis«. Was ihm zusetzt, sind die Ängste, »die um unser Haus kreisen«. Er hat es mit seiner Frau vor acht Jahren gebaut und damals sehr darauf geachtet, »gesunde« Baustoffe zu verwenden, die umweltverträglich seien und keine Schadstoffe enthalten. Bald sind aber vielfältige Mängel aufgetreten, vor drei Jahren fingen die Fenster an zu quellen, es wurde Holzpilz festgestellt ... Er denkt immer daran, jeden Tag ... Auch seine Mutter ist ein ängstlicher Mensch, sagt Herr Ohnesorg spontan, sie hat immer Angst gehabt, dass etwas passiere. Er selbst sei ein »Sicherheitsmensch«, er scheue Veränderungen, wolle kein Risiko eingehen, »denn ich weiß nicht, ob ich hinterher nicht einsam bin«. Vor fünf Jahren hat er wieder angefangen, Motorrad zu fahren, das tut er sehr gerne, »da hab' ich dann kein Haus um mich«. Die Botschaft, die zwischen den Zeilen hervorschimmert, ist klar: In der Mitte des Lebens will er nicht akzeptieren, dass das nun alles gewesen sein soll, zumal der Sohn jetzt aus dem Haus zu gehen im Begriff ist. Er würde am liebsten alles, Ehe und Haus, aufgeben, und etwas aufregend Neues beginnen – aber die Angst ist zu groß, dass er alleine bliebe, wenn er die Frau verlässt. Die Wut darüber projiziert er aufs Haus, das er auf diese Weise krank »macht«, und oberflächlicher könnte man denken: Wenn das Haus so defekt ist, müsste er es eigentlich verkaufen – dann hätte er die Freiheit, die er sich ein bisschen, aber nicht genug, auf dem Motorrad gestatten kann.

In einem anderen Fall, den ich aus der Supervision kennen gelernt habe, hatte ein 27-jähriger junger Mann seit der Adoleszenz sein Gefühl, niemand zu sein (er war ein ungewolltes Kind, wie ihn auch mehrere Therapeuten nicht »wollten«), mit verschiedenen Maßnahmen zu bekämpfen versucht. Er hatte eine Art hypochondrische Angst, homosexuell zu sein, ohne das näher begründen zu können, er fühlte sich manchmal »als ein einziger Pimmel« (*The body as phallus* hat Bertram Lewin eine Arbeit überschrieben[190]), aber als Jugendlicher projizierte er seine ganze Identitätsunsicherheit auf das Elternhaus, das im Rohbau stehen geblieben war, nachdem der Vater die Familie verlassen hatte. Kurze Zeit später war der Vater durch einen Unfall zu Tode gekommen, die ausgezahlte Lebensversicherungssumme wurde verwendet, um das Haus endlich fertigzustellen. Es entstand die Phantasie, der Unfall sei eigentlich ein heimlicher Suizid gewesen, *damit* das Haus fertig gestellt werden konnte. Das unfertige Haus war der Grund für die Scham des Jugendlichen, für seine Angst, als asozial zu gelten. Er befürchtete ständig den Spott der Schulkameraden über das halbfertige Haus, wie andere Jugendliche den Spott fürchten über ihren dysmorphophobisch als verunstaltet gewähnten Körper, für dessen Defekt sie in der Phantasie die Mutter verantwortlich machen.

Gilbert Grape – Irgendwo in Iowa

Das Haus als Symbol für Stagnation, Nicht-Trennung, geradezu Lebensunfähigkeit und Tod wird in dem schönen Film *Gilbert Grape – Irgendwo in Iowa* in einen Gegensatz gebracht zum Wohnmobil, zum »mobile home« oder auch »running home« oder gar »freewheeling home«[191] als Sinnbild für Freiheit, Autonomie und besonders für die Ablösung des Jugendlichen aus einer Individuation und Autonomie durch Loyalitätsforderung behindernden Familie. Das Haus der Familie, in dem der Vater sich erhängt hatte – ein Tabu, über das nicht gesprochen werden darf – ist das Haus, das die übermäßig fette Mutter wegen ihres immensen Übergewichts nicht mehr verlassen kann – nur einmal schafft sie es wie durch ein Wunder, als sie den kleinen Sohn, den geistig behinderten Bruder Gilberts, des jugendlichen Protagonisten, bei der Polizei heraushauen will.

---

190 Lewin 1933
191 Pearson 2002

Die Partnerersatzdynamik, auch die Notwendigkeit, dass Gilbert für seinen behinderten Bruder einen Vaterersatz darstellen muss (sogar sexuell wird er von der älteren Frau des Versicherungsmaklers in Beschlag genommen, während die jugendliche Beckie dann die altersentsprechende selbstgewählte Partnerin ist), wird auch mit Hilfe des Hauses sinnbildlich dargestellt: Der Sohn muss das Haus buchstäblich stützen, er muss im Keller Stützen anbringen (in dem Keller, in dem der Vater sich erhängte), weil das Haus von der Last der dicken Mutter, wie man denken muss, zusammenzufallen droht. Die Mutter kommt nicht weg vom Haus; Gilbert sagt: »Meine Mum ist irgendwie mit dem Haus verheiratet!« – »Was wünschst du dir?«, fragt Beckie, das fremde Mädchen, in das Gilbert sich verliebt, ihn einmal – er antwortet: »Was Neues, ein neues Haus für die Familie …«

Der eine Gegensatz zu diesem Haus der Unbeweglichkeit, das buchstäblich den Tod repräsentiert (der Vater hat sich in ihm erhängt, und die Mutter wird in ihm sterben), ist der Turm, der Wasserturm der Gemeinde (den Gegensatz von Haus und Turm hatten wir ja schon in den Untersuchungen Eriksons und denen der nachfolgenden Forscher gefunden: Mädchen bauen eher runde hausartige Gebilde, Jungen eher turmartige). Von diesem Turm, der als phallisches Symbol sicher für das väterliche Gesetz steht, das die symbiotische Verklammerung mit der Mutter beenden soll, wird der kleine behinderte Bruder wie magisch angezogen. Immer wieder versucht er, in die Höhe, wohl symbolisch in die Freiheit zu steigen, und schafft es auch, freut sich riesig über diesen Erfolg seiner Autonomiebestrebungen, denn mit seiner Behinderung hat er es besonders schwer, sich von der Mutter zu lösen. Gilbert, der Ältere, der als Partnerersatz die Verantwortung für die Familie übernommen hat, ist psychisch ebenso stark gebunden; wie soll er von diesen unbeweglichen, auf verschiedene Weise behinderten Familienmitgliedern loskommen, wie sich vom Vater lösen, der sich aus der Sicht der Kinder auf perfide Weise so endgültig aus dem Staub gemacht hat, dass eine Auseinandersetzung nicht mehr möglich war. Wie im Märchen der Prinz für die Erlösung, die Ablösung in der Adoleszenz steht, ist es hier ein Mädchen, Beckie, die es in die provinzielle Kleinstadtidylle verschlägt. Dass sie und ihre Großmutter die Alternativen zur Kleinstadt-Sesshaftigkeit bilden, scheint mir deutlich durch das Symbol ihrer Wohnwagen, der »rolling homes« ausgedrückt, die mit ihrer stromlinienförmigen Silhouette (deshalb werden diese Wohnwagen einfach auch »Airstreams« genannt[192]) geradezu ufo-artig gespenstisch am Horizont auftauchen und als Boten der Ungebundenheit, des freien Lebens, der Unabhängigkeit bei den Sesshaften freudige Erregung hervorrufen.

Abb. 23: Gilbert Grape: »airstream«.

Zu den Freiheitssymbolen wie Automobil (im-mobil, Auto-mobil ...), Motorrad, Flugzeug gesellen sich hier die Wohnwagen hinzu. Erst als die bewegungsunfähige Mutter gestorben und das Haus, das Symbol der Immobilität, mit ihr verbrannt ist, kann sich Gilbert aus der verpflichtenden Verstrickung lösen und sich einem selbstbestimmten Leben zuwenden.

192 ebd.

»Der Hahn ist tot« – Herr Charles Irrle

In der folgenden Geschichte von Herrn Charles Irrle, in deren Zentrum das neu gebaute Haus steht, wird besonders deutlich, wie sowohl die Ängste, sesshaft zu werden und im Lebenslauf angekommen zu sein, als auch die Aggression, die entsteht, wenn man wie von einer fremden Macht bestimmt und festgehalten wird, nicht nur auf das Haus projiziert werden, sondern auch zwischen den Ehepartnern hin- und herschwenken, verbunden mit heftigen gegenseitigen Schuldzuweisungen. Und diese Affekte suchen sich auch Objekte außerhalb, die mit der unveränderlichen Lokalisation des Hauses zusammenhängen, in diesem Fall seltsamerweise mehrere Flugobjekte, unter anderem einen Hahn, vielleicht nicht zufällig, denn diese können auch als Symbole der Freiheit, der freien Beweglichkeit, aufgefasst werden, da sie fliegen können. Man muss annehmen, dass das Böse, das sich als projizierte Angst und Aggression äußert, letztlich einmal außen war in Form von: »Das Kind ist nicht in Ordnung, und es ist schuld daran!« und als Introjekt verinnerlicht wurde.[193]

»Ich habe die Hoffnung, wenn ich das Haus fertig gebaut habe, dass es dann weggeht, die Angst, die Panik – dieser Hausbau belastet mich«, sagt Herr Irrle. Wenn das Haus nicht sicher ist, bekommt er Angst. Er ist in seinem Leben schon schrecklich viel umgezogen. Einmal hatte die Familie im Odenwald ein Haus gemietet, am Einzugstag waren die Fußböden nicht gelegt, da mussten sie in ein Hotel ziehen. Damals hat er geweint, er hatte Angst, das Haus sei nicht in Ordnung, eine ähnliche Angst hat ihn sein ganzes Leben begleitet: Er selbst sei nicht in Ordnung; als Jugendlicher hatte er furchtbare heimliche Ängste, sein Körper würde nicht richtig funktionieren, in der Schule war er Außenseiter, nur im Studium fühlte er sich sicher, im Berufsleben dann gab es immer wieder Einbrüche mit dem Gefühl, zu versagen (obwohl er objektiv eigentlich immer erfolgreich war), sich vor anderen zu zeigen, die Ergebnisse seiner Arbeit zu präsentieren.

193 vgl. Hirsch 1997, 2004

Jetzt, wo das Haus entsteht, hat er zum ersten Mal in seinem Leben Heimweh, und zwar nach Berlin, der letzten Stadt, in der die Familie wohnte, aber beruflich war er dort nicht so glücklich. Seine Frau macht ihm Vorwürfe, dass er Berlin verlassen habe. Er hatte aber gedacht, dass er hier in der Gegend Wurzeln schlagen könne, hier ist er aufgewachsen, die Eltern und die Geschwister sind in der Nähe. Die Frau wollte wenigstens in die Innenstadt, er muss aber auf die Kosten achten und hat deshalb den Vorort gewählt, in dem auch die Eltern wohnen. Die Kinder sind sehr glücklich hier, seine Frau aber nicht: »Wenn sie nicht mitzieht, kann man nichts machen, man kann es verkaufen, wenn es fertig ist ...« Herr Irrle projiziert also seine Angst vor dem Fertigsein des Hauses auf seine Frau (wie auch schon die Frau von Herrn Gutheil ihre Angst vor dem Einzug in ihre Eigentumswohnung in heftige Vorwürfe gegen den Mann ummünzte). Er kann sich mit ihr irgendwie nicht richtig auseinandersetzen. Im Grunde trägt er die ganze Verantwortung, er muss die Richtung bestimmen, ohne wirklich stark zu sein, er steht letztlich allein da. Die Mutter hat schon gesagt, er sei genau wie sein Vater. Er übernimmt die Verantwortung, bekommt dann aber Angst, »dann mache ich einen Rückzieher, das ist genau wie im Büro. Alles lastet auf mir ... Ich baue gleichzeitig ein Haus, seit ich hier bin, und muss mich in der Arbeit behaupten. Ich habe Angst, mich zu überheben. Das Haus lastet auf mir. Ich wünschte, ich wache auf und das Haus ist fertig. Dieses Halbfertige macht mich kaputt.« Der Vater ist der Sohn eines Professors, der Bruder des Vaters ist Professor, der Vater ist nicht Professor, aber obwohl aus ihm, weiß Gott, etwas geworden sei, fühlt er sich klein. Herr Irrle ist wie der Vater, auch aus ihm ist etwas geworden, er kann es aber nicht richtig fühlen. Unvermittelt sagt er: »Ich kann nicht weg, das Haus hält mich fest. Ich habe meiner Frau versprochen, nicht mehr wegzugehen, Endstation ... Anfangs habe ich immer gedacht, was ist, wenn es nicht klappt mit dem Hausbau.« – Ich denke an dieser Stelle, wenn es nicht klappt, geht man weg, und das ist jetzt nicht mehr möglich. Das Haus ist wie ein Sarg – Endstation. Und deshalb halte ich es für fraglich, ob der bewusste Wunsch, das Haus möge endlich fertig sein, der unbewussten Angst standhalten wird.

Herr Irrle hat Angst vor dem Haus: Wenn jemand sagt: »Was für ein schönes Haus!«, bekommt er Angst, dass er es finanziell nicht schafft und Lachen, Spott erntet. Am liebsten hätte er ein ganz kleines Haus, denn sonst könnte man sagen: »Der wollte mal ein richtig großes Haus, nun steht die Bauruine da, das war wohl nichts.« – »Heute ist Richtfest«, sagt Herr Irrle, »und das liegt mir auch im Magen«. Die Grundsteinlegung war im kleinsten Kreise, das war unauffällig, nicht so schlimm. Aber das Richtfest ist für alle sichtbar. Eine Nachbarin sagte: »Was für ein großes Haus, unseres ist viel kleiner ...« Früher baute man kleine Häuser, das war vernünftig, seines ist zu groß, sagt er sich oft, er möchte auf keinen Fall auffallen. Wie in der Schule, er hat sich immer versteckt, doch manchmal drehte er auf, war der Klassenclown, hat die Leute zum Lachen gebracht. Aber das wollte er dann, hat es selbst bewirkt, mit Absicht gemacht, sagt er. Heute geht es ihm genauso: Entweder ist er verstummt und versteckt sich, aber manchmal wehrt er sich, zeigt sich dann, aber die Gefahr ist, dass er dann lächerlich erscheint. Herr Irrle hat also Angst, dass jeder sehen kann, wie er ist, und diese Angst wird auf das Haus projiziert, es könnte eine lächerliche Ruine sein, wie er selbst ein lächerlicher Versager.

»Meine Frau ist unzufrieden hier in der Gegend, sie wäre gerne in Berlin geblieben. Sie entwertet das Haus, wo sie geht und steht. Immer lautet der Vorwurf, das Haus steht hier falsch. Vielleicht hat sie sich deshalb in den Kopf gesetzt, es wenigstens perfekt zu machen, sie überlegt wochenlang, welche Fliesen gelegt werden sollen, mit einer Art perfektionistischer Wut will sie wenigstens ein *gutes* Haus haben.« Bei einer Besprechung mit dem Schreiner, bei der die Frau anwesend war, hat er eine derartige innere Wut entwickelt, weil er das Gefühl hatte, für alles und jedes verantwortlich gemacht zu werden. Er soll in den Augen seiner Frau der sein, der allein das Haus wollte, während sie angeblich schon immer dagegen war. Manchmal hat er positive Gedanken: Er freut sich so über die Fußbodenheizung im Bad, das wird eine wohlige Wärme ... Seine Frau aber sagt: »Es ist zu kalt«. Er regt sich mehr auf, als er möchte. Er hat in seinem Leben schon viele Entbehrungen erlitten, entweder unfreiwillig, wie im Internat, oder im Wehrdienst, wo er sich freiwillig zu den härtesten Übungen gemeldet hat, in bitterer Kälte sich im Freien mit fast gefrorenem Wasser hat waschen müssen; aber das hat er gern getan, es war selbst gewählt, letztlich wollte er dem Vater zeigen, dass er das kann. Jetzt hat er das Gefühl, angekommen zu sein, es warm im eigenen Haus zu haben. Für die Frau aber ist es kalt; es ist doch klar, dass das Haus für sie das Symbol für das Fremde ist, für das Eingesperrt-Sein, eben nicht nach Hause kommen oder zu Hause sein, denn sie ist vor langer Zeit aus Italien nach Deutschland gekommen. Irgendwie kann sie sich damit nicht abfinden. Wenn sie nach Italien fahren will, sagt sie: »Ich fahr' nach Hause«, wenn sie zwei Wochen in Italien ist, sagt sie: »Ich will wieder nach Hause ...« Jetzt im Streit sagt sie: »Sei doch zufrieden in *deinem* Haus!« Der Vater hat sich fremd gefühlt in diesem Deutschland, das damals ein Nazi-Deutschland war, er hat mit Gewalt dem Sohn das ersparen wollen, aber durch seine autoritären Erziehungsmaßnahmen gerade dazu beigetragen.

Es gibt in dieser Ehe einen Unterschied zwischen Mann und Frau: Sie fühlt sich völlig in Ordnung, aber das Haus und die Gegend sind ihrem Gefühl nach schlecht; wütend will sie das Haus perfekt machen. Der Mann dagegen: Das Haus ist gut, schön groß, richtig, aber es könnte sein, dass *er* es nicht schafft, *er* könnte dumm dastehen, weil er sich übernommen hat. Wenn seine Frau so unzufrieden ist, könnten sie das Haus verkaufen, aber es ist so groß; um so mehr haben sie sich festgelegt, denn es ist sicher schwer verkäuflich. Plötzlich denkt Herr Irrle an die alten Eltern: »Ob Vater es noch erlebt, dass wir in das Haus einziehen – das Haus hier ist der letzte Abschnitt!« Herr Irrle meint den letzten Lebensabschnitt der Eltern, er könnte genauso den letzten eigenen meinen, denn nicht zuletzt durch das Haus ist das Herumreisen beendet: »Ich muss begreifen, dass das Leben begrenzt ist ...«, damit meint er allerdings den Vater. »Wenn ich die Zeit zurückdrehen könnte, würde ich das Haus nicht bauen!« (Könnte man die Zeit immer wieder zurückdrehen, müsste man nicht sterben.) Es ist wie ein Fluch; mit der Ehe geht es bergab, vielleicht muss er das Haus wieder verkaufen, natürlich mit hohen Verlusten, es ist ihm peinlich, aber er hat Angst, eines Tages völlig zu scheitern und als Obdachloser zu enden. Dabei ist der

Bau selber gar kein Problem, wenn er hört, wie andere ständig Ärger haben. Nein, bei ihnen gibt es Probleme in der Ehe, die Frau hört nicht auf, ihn verantwortlich zu machen, dass erstens überhaupt ein Haus gebaut wird und zweitens an dieser Stelle! Früher hat sie ihn dafür verantwortlich gemacht, dass die Familie aus Gründen seiner beruflichen Karriere so viel herumgezogen ist. Nie kann er es ihr recht machen! Ich denke an *Dem Fischer syner Fru …*

Merkwürdig, in der Firma hat er so viel Angst gehabt, kritisiert und bloßgestellt zu werden. Jetzt ist er die Ruhe selbst an seinem Schreibtisch; trotz Termindrucks kann er sich alles selbst einrichten, hat alles im Griff. Zu Hause dagegen ist er ganz unsicher, lässt sich herumschubsen. Für das neue Haus soll eine Lampe ausgesucht werden. Seine Frau kennt einen Laden, sie überredet ihn, mit ihr dorthin zu fahren, es ist eine endlose Strecke, er hat eigentlich keine Zeit, natürlich findet sich lange kein Parkplatz – und der Laden stellt sich als völlig unpassend heraus. Da sie schon einmal in der Stadt sind, fahren sie zu einem zweiten Laden, sie erinnert sich, dort eine Lampe gesehen zu haben, die ihr gefallen hat, er soll sie sich ansehen. Er findet sie auch ganz akzeptabel, aber da macht sie plötzlich einen Rückzieher, nein, die Lampe gefalle ihr nicht mehr. Er kann seine Wut kaum zurückhalten.

Sein Vater hat ihn immer aggressiv gemahnt, er solle seine Zeit nutzen, natürlich immer, wenn er etwas tat, was dem Vater nicht passte. Jetzt sagt er sich selbst, nutze deine Zeit, und das ist in Ordnung, weil er es selbst bestimmt. Soll er etwas für seine Frau tun, ist er schon unwillig; wenn sich dann herausstellt, dass es völlig unnütz war, gerät er in Wut. Herr Irrle hat einen Traum: *Mit seinem großen Wagen überholt er einen Golf* (das ist ihr Zweitwagen, den die Frau immer fährt), *dessen Fahrer wie wild hupt und ihn nun seinerseits wieder aggressiv überholt. Der Golf setzt sich vor ihn, fährt dann aber langsamer. Dann ist ein Kind vor ihm, und vor dem Golf sind Leute, er überholt das Kind und die Leute, um dann in einer Sackgasse zu landen. Dort ist ein Hotel, er muss lauter Sachen packen, es sind die Sachen und die Uniformteile, die er für seine Reserveoffiziertätigkeit braucht.* Das ist der Traum. Das neue Haus liegt an einer Sackgasse, an einem sogenannten »Wendehammer«. Nie war es der Frau recht, die vielen Umzüge nicht, jetzt das Haus nicht. Dem wütenden Golffahrer passt es ja nicht, wie er gefahren ist. Zwar ist er in einer Sackgasse gelandet, das kann ja nur das Haus sein, aber er scheint es nun wirklich satt zu haben, er packt seine Sachen, das Hotel ist ja nun wirklich nicht sein Haus, er lässt das alles hinter sich, und geht dahin, wo er sich sicher fühlt, wo ihm niemand etwas anhaben kann – und ein Hotel verlässt man ja auch wieder.

Gestern Abend kam er nach Hause, seine Frau begrüßte ihn: Der Gärtner hat die Hecke gepflanzt. – »Und, sieht sie gut aus?« – »Nicht so gut, wie es sein könnte ...!« Dabei hatte *sie* die Hecke ausgesucht! Wie bei der Lampe gerät er in Wut, als würde er verantwortlich gemacht; er kann es nicht unterdrücken.

Herr Irrle hat sich vorgenommen, heute über seine Geräuschempfindlichkeit zu sprechen. Flugzeuge sind über dem Haus, mehr als gewöhnlich. Eigentlich hatte er sich schon an die Flugzeuge gewöhnt, aber »in letzter Zeit fliegen mehr Häuser, äh, Flugzeuge über die Häuser!« (Ich denke, in letzter Zeit fliegen mehr Häuser in die Luft ...) Und außerdem: Der Nachbar hat einen Hahn, der ihn morgens aus dem Schlaf weckt und völlig wild macht. Dabei ist die Gegend gar nicht ländlich, es ist doch gar kein Dorf. Darf man denn hier einen Hahn halten?! Er muss sich erkundigen, rechtskundig machen! Ein Nachbar zieht gerade weg mit der Begründung, es sei zu viel Baulärm in der Nachbarschaft, obwohl doch schon seit Wochen nicht mehr gebaut wird. Und noch ein Problem: Der Wendehammer, an dem das neue Haus liegt, musste von allen direkten Anliegern finanziert werden. Aber auch die anderen Bewohner der Straße benutzen ihn, und er stellt mit Entsetzen fest, dass er absolut dagegen ist, nicht will, dass sie ihn benutzen. Er ärgert sich maßlos über diese Nachbarn, ärgert sich aber auch über sich, weil er sich so kleinlich gar nicht kennt. Dafür ist seine Frau jetzt viel ruhiger, sie schläft durch, sie nörgelt längst nicht mehr so viel über das Haus. Für die Frau ist jetzt also das Haus mehr in Ordnung, während Herr Irrle das »Nicht-in-Ordnung« auf die Nachbarn, die Flugzeuge und den Hahn projiziert.

Die Mühle im Tal

Herrn Irrles Geräuschempfindlichkeit lässt mich an Herrn Karl Kohlhaas denken, einen Klempner, der ein gemütliches Leben als Junggeselle in der Landeshauptstadt führte, seinen Fußball hatte und seine Kneipe, auch den Schützenverein. Dann lernte er eine Frau kennen, heiratete sie, und sie überredete ihn, aus der Stadt in das Dörfchen zu ziehen, in dem sie aufgewachsen war. Er stimmte zu, baute mit ihr ein Häuschen, aber als es fertig war, musste er feststellen, dass es von lauter Häusern der Familie seiner Frau umgeben war. Er fühlte sich gar nicht mehr wohl, das Dorfleben gefiel ihm nicht, ständig war jemand da, der etwas von ihm wollte, sich erkundigte, um etwas bat oder einfach nur neugierig war. Seine Stimmung wurde immer schlechter, und eines morgens wachte er viel zu früh auf, weil die Mühle im Tal ungewöhnlich laute Geräusche machte. Nun achtete er ständig auf die Mühle im Tal, wann sie früh arbeitete, wann sie still war, wann sie lauter und wann leiser war, und gewann die feste Überzeugung, dass die Mühle in der letzten Zeit viel zu laut geworden, geradezu zu einer Ruhestörung und Lärmbelästigung geworden sei! Er ging zum Müller und beschwerte sich, der zuckte nur mit den Achseln. Er schrieb Briefe an den Bürgermeister, an das Ordnungsamt, erstattete Anzeige. Das Ordnungsamt schickte Ingenieure mit Messgeräten, die Gutachten erstellten, schließlich wurden Prozesse geführt, aber das Ergebnis war, dass die Mühle schon immer so laut war wie jetzt, dass sie eigentlich überhaupt nicht laut war. Nun verbarrikadierte sich Herr Kohlhaas im Dachgeschoss seines Häuschens, wollte niemanden mehr sehen, seine Frau war machtlos, ihre Verwandten erst recht, Herr Kohlhaas aß immer weniger, sprach mit niemandem mehr, beobachtete vom Dachfenster aus die Umgebung, ob sich ihm etwa jemand näherte. Schließlich musste er in eine psychiatrische Klinik gebracht werden, nachdem er begonnen hatte, auf Passanten, die an dem Häuschen arglos vorbeikamen, mit dem Kleinkalibergewehr zu schießen …

Zurück zu Herrn Irrle, zu seiner Frau, dem Haus und dem Hahn. Herr Irrle hat für die Firma eine Tagung erfolgreich organisiert, viel

Anerkennung bekommen, sich sehr wohl gefühlt, alles ist »generalstabsmäßig« gelaufen. Danach aber ist er wie nach einer sehr gut bestandenen Prüfung in eine Art depressives Loch gefallen und hatte in der folgenden Nacht einen Traum: *Er ist bei herrlichem Wetter in Freudenstadt.* (Das ist der Ort seines beruflichen Scheiterns, wo er zwar Bestleistungen vollbracht hat, eine Filiale der Firma zu sanieren, da er dabei aber Unregelmäßigkeiten von Managern höherer Etagen entdeckte, wurden nicht etwa diese zur Rechenschaft gezogen, vielmehr wurde ihm nahegelegt, die Firma zu verlassen, was er mit Bedauern, allerdings mit einer beträchtlichen Abfindung versehen, auch tat.) *Er spaziert durch das Städtchen, das blitzsauber aussieht, und zeigt seinem Sohn alles mit Stolz. Die Filiale der Firma ist in einem Schloss untergebracht. Er denkt daran, hierher zurückzukehren, und sieht sich deshalb nach einem Haus um. Zu dumm, denkt er, dass er damals das Haus verkauft hat, ein so schönes Haus, das hätte er gleich behalten sollen.* – Der Traum ist ein richtiger Wunschtraum, besser ein Wunscherfüllungstraum: Er erträumt sich eine Heimat, ein blitzsauberes Städtchen. Wie nach dem Erfolg mit der Tagung (bei der neuen Firma) akzeptiert ihn die (alte) Firma wieder, er ist rehabilitiert. Die Firma gibt auch ein gutes Bild ab, denn sie ist in einem Schloss untergebracht, also wieder ein gutes Objekt, ebenso wie das damals verkaufte Haus. Und voller Stolz kann er sein Gefühl des Akzeptiert-Seins (Identitätsgefühl) seinem Sohn demonstrieren. Auf einer anderen Ebene kann man auch ihn selbst als Sohn verstehen, der sich im Traum den Wunsch erfüllt, sein Vater wäre, in sich ruhend, damals so freundlich akzeptierend mit ihm umgegangen.

Heute morgen hatte er einen Albtraum: *Das Haus brennt, Feuer unter dem Dach! Sein erster Gedanke im Traum: Die Kinder retten!* – Gestern war ein furchtbarer Ehekrach: Die Frau will mit allen Kindern nach Italien fahren, sie will in ein gutes Hotel und braucht natürlich einen Mietwagen. Die Frau fordert das kategorisch, nachdem sie lange mit ihrer Schwester telefoniert hat: Die Schwester wird gerade von ihrem Mann verlassen, der auch das Kind mitnimmt. Herr Irrle meldet Bedenken an, er sei für die Finanzen der Familie verantwortlich und müsse die Ausgaben begrenzen, zumal der Hausbau mehr verschlingt, als geplant. Die Frau denkt, er hat etwas dagegen, dass sie in ihre Heimat fährt und den Kindern die Heimat zeigt. Also: Die Ehe brennt. Seine Existenzängste werden nun ganz auf die Finanzen der Familie gelenkt, rationalisierend auch damit begründet, dass er den Kindern später eine adäquate Ausbildung bieten möchte, die entsprechendes Geld kosten werde, damit sie nicht »scheitern« (»Die Kinder retten« im Traum.) Das ist aber *seine* Angst: Letztlich damals in der Schule zu scheitern, noch heute beruflich und damit materiell zu scheitern. Wenn er träumt, das Haus brennt, wenn er bewusst denkt, die materielle Situation ist gefährdet, vergisst er ganz die Angst, von der Frau verlassen zu werden, die die Kinder mitnähme in ihr Heimatland, so dass er dann in die Obdachlosigkeit, die für ihn immer am Horizont droht, abrutschen könnte.

Der Hahn kräht immer noch jeden Morgen zwischen drei und fünf Uhr, aber egal, ob er kräht, Herr Irrle wacht stets gegen vier auf, schläft unruhig wieder ein und wird manchmal durch den Hahnenschrei noch einmal geweckt. Er entwickelt eine ungeheure Wut, er könnte dem Tier den Hals umdrehen. Aber langsam dämmert es ihm mit einer gewissen Peinlichkeit, dass er irgendwie verschwommen seine Frau verantwortlich macht für sein Leben, für seine relative Unfreiheit; in gewisser Weise möchte er *ihr* den Hals umdrehen. Solange er die Wut auf den Hahn und die Frau lenkt, kann er mit dem Haus völlig einverstanden sein, während sie das Haus wieder benutzt, um an ihm ihre ganze Unzufriedenheit in Deutschland und in der Ehe festzumachen. Und sie bezieht ihn mit ein: In ihrer Vorstellung ist er für das Haus verantwortlich, und sie macht ihm aggressiv Vorwürfe, dass das Haus (d.h. ihr Leben) nicht perfekt ist. Er selber fühlt sich inzwischen in dem Haus ganz wohl: »My home is my castle«, sagt er tatsächlich.

»Der Hahn ist tot!«, ruft er eines Tages freudig, er weiß nicht, ob er weggegeben wurde oder geschlachtet, vielleicht ist er eines natürlichen Todes gestorben, jedenfalls kräht er nicht mehr. Jetzt ist es aber der Fluglärm, der ihn nicht schlafen lässt – während des Hausbaus sind die Flugschneisen verändert worden. Jeden Morgen wacht er um zehn

Minuten vor sechs auf, obwohl die ersten Flugzeuge erst um sechs Uhr starten. Er denkt nur noch an den Fluglärm; gestern morgen ist er kurz vor sechs von einer Mücke geweckt worden! (Wieder ein Flugobjekt, der Hahn, die Flugzeuge, die Mücke ...) Er äußert jetzt den Gedanken, das Haus zu verlassen, »und zwar ganz ohne meine Frau!« Er meint natürlich, dass er ganz ohne seine Frau die Idee entwickelt hat, wieder umzuziehen, bewusst will er nicht etwa allein ausziehen. Die Ehebeziehung ist seit der Italien-Reise der Frau sehr gut, es hat ihr gut getan, einmal mit den Kindern aus allem herausgekommen zu sein. Die Nachbarn sind wegen des Fluglärms meist ganz gelassen, sie wollen abwarten. Die Eltern, die ja auch in der Gegend wohnen, haben eine Haltung etwa wie: »Ach, wir haben das schon so lange ertragen, wir hören es schon gar nicht mehr ...« Der Konflikt mit seiner Frau über das Haus ist nun völlig in den Hintergrund getreten. Im Gegenteil, *sie* bremst ihn jetzt in seinen diffusen Plänen, wieder wegzuziehen (»Nun lass' doch, gerade haben wir das neue Regal und die Vorhänge angeschafft ...«). Es ist wie eine Wippe auf dem Kinderspielplatz: Ist der eine oben, ist der andere unten, und umgekehrt. Mit einer gewissen Selbstironie denkt Herr Irrle an Berlin, wo er direkt an der S-Bahn gewohnt hatte, alle zehn Minuten fuhr sie mit ziemlichem Krach vorbei, aber er hatte dabei ein gutes Gefühl, prima, so nah an der S-Bahn zu wohnen, da ist man gleich in der Stadt ... Dann denkt er offenbar weiter über die Wahrnehmungspsychologie nach: Als seine Frau schwanger war, hat er Massen von Schwangeren und Kinderwagen gesehen, viel mehr als sonst. Ich füge den Wecker hinzu, dessen Ticken man gar nicht hört, bis man darauf aufmerksam wird und ihn überlaut empfindet. Dann kommt er auf den Fluglärm zurück: Das Witzige sei, er liebe eigentlich Flughäfen, sie seien so etwas wie das Tor zur Welt, jetzt seien sie »auf die feindliche Seite übergewechselt«. Im Grunde macht ihn die Ohnmacht wütend, dass er so ausgeliefert ist, nichts verändern kann, dass »die da oben« es einfach mit ihm machen können. Wieder wendet er die Wut gegen das Haus: Das Haus wird an Wert verlieren (das ist allerdings gar nicht realistisch), es wird sich schlecht verkaufen lassen, deshalb könnte er sich auch kein neues kaufen. Vorher hat sich die Frau ohnmächtig gefühlt und ihm alle Macht zugeschoben, zu bestimmen, dass man hierher zieht, noch dazu in die Vorstadt, ihm eine Macht über ihr Leben gegeben. Jetzt fühlt *er* sich ohnmächtig. Schließlich sagt er: »Am Wochenende habe ich meiner Frau gesagt, hierher zu ziehen, war die größte Fehlentscheidung meines Lebens.« Immerhin kann er also die Verantwortung bei sich sehen – abgesehen davon, dass es wahrscheinlich überhaupt keine Fehlentscheidung war – und ist nicht gezwungen, die Schuld dem Flughafen zu geben und Angst und Wut auf die Objekte seiner Umgebung zu projizieren. Trotzdem hat er noch eine ohnmächtige Wut gegen die Politiker, die die Interessen der Bevölkerung, schließlich ihrer Wähler, mit Füßen treten, die zum Teil völlig irrational argumentieren, zum Teil sogar militärische Interessen vorgeben (bei der Verlegung der Anflug- und Abflugrouten des Flughafens), nur damit sie sich nicht einer Kritik stellen müssen. Während er so räsoniert, fliegt über meinem Haus – es ist Sommer, ein Fenster ist geöffnet – ein Militärjet mit beträchtlichem Lärm hinweg. Ich denke, Militärhubschrauber sind schon oft ganz niedrig über unser Haus geflogen, während der Polizeihubschrauber immer ganz hoch fliegt und nicht stört, irgendwie ein freundlicheres Bild abgibt. Ich sage Herrn Irrle das, und er kann schmunzeln.

Inzwischen haben sich mehrere Anwohner zusammengefunden, um einen Verein zu gründen, mit Hilfe dessen sie sich gegen die Beeinträchtigung ihres sonst idyllischen Lebens durch den Fluglärm wehren wollen. Herr Irrle hat sich in den Vorstand wählen lassen, tritt in Verhandlung mit dem Flughafenbetrieb und mit Kommunalpolitikern, fühlt sich sehr gut, kennt sich im Vereinsrecht aus, kann ohne Scheu die Stimme erheben. Das Ohnmachtsgefühl ist verschwunden, er kann jetzt etwas tun, etwas bewirken. Herr Irrle hat es sich in dem ganzen Trubel um das Haus nicht nehmen lassen, im Herbst eine Woche mit seinem Freund eine Motorradtour zu machen, das brauche er einfach, das Gefühl von Freiheit. (Herr Ohnesorg hatte gesagt: »Auf dem Motorrad habe ich kein Haus um mich.«) Er ist einigermaßen versöhnt mit dem Haus und seiner Lage. Der Verein hat einiges bewirken können, ist wenigstens angehört worden, das Problem ist anerkannt, es wird auf Abhilfe oder wenigstens Milderung gesonnen, Herr Irrle will aus dem

Vorstand zurücktreten, jetzt können andere die Arbeit tun, die ja auch viel weniger geworden ist, das Gröbste ist geschafft.

Mit Hilfe seines neuen Hauses hat Herr Irrle eine Art Identitätsreise unternommen, die viele Bereiche berührte. Zuerst das Selbstwertthema, die Frage der Zugehörigkeit und Heimat, dann die berufliche Angst, die man Existenzangst nennt, weil man eben sein Existenzgefühl sehr von der Kontinuität beruflichen Erfolgs abhängig macht. Der Ehekonflikt zwischen männlicher und weiblicher Rolle, Macht und Ohnmacht mit der Angst, verlassen zu werden, aber auch selbst wegzugehen, entzündete sich am Haus, und nicht zuletzt flammte der Konflikt mit der Vaterautorität auf (mit dem realen Vater von heute lebt er längst in guter Nachbarschaft), auch die relative Heimatlosigkeit des Vaters verband sich transgenerational vermittelt mit dem Hausthema. Alle diese Konflikte wurden am Problem »Haus« abgehandelt, bearbeitet, und zum großen Teil konnte Herr Irrle sie hinter sich lassen.

12. Das Mausoleum

König Mausolos von Karien in Kleinasien, ursprünglich ein persischer Satrap, ein Statthalter, der sein eigenes Reich mit der Hauptstadt Hallikarnassos, dem heutigen türkischen Bodrum, gründete, ließ seiner verstorbenen Gattin eine Grabstätte in einem gigantischen Grabbau errichten. Dieses etwa um 360–340 vor Christi Geburt errichtete Erinnerungsmonument war ein erstes *Mausoleum* – 50 Meter hoch, bestand es aus einem Sockelbau, auf dem die eigentliche Grabkammer von 36 Säulen umstanden und mit einem pyramidenförmigen Dach bedeckt war, das schließlich von einer Quadriga gekrönt wurde. Das Grabmal war eines der sieben Weltwunder der Antike, und wenn man bedenkt, dass auch die Pyramiden von Gizeh schließlich Grabhäuser, Grabmäler, waren, so stellt man mit Erstaunen fest, welche Bedeutung der Grabbau für den antiken Menschen gehabt haben muss, da doch immerhin zwei von gerade einmal sieben Weltwundern (das sind 28,5 %) solche Mausoleen waren. Ein anderes bekanntes monumentales Grabmal ist das *Taj Mahal* in Agra, Indien, aus dem 17. Jahrhundert. Dessen Gesamtfläche beträgt 567 mal 305 Meter, der Garten 288 Meter im

Quadrat. Der riesige Baukörper aus weißem Marmor wird flankiert von vier Minaretten – all das zum Gedenken an die Lieblingsfrau des Mogulkaisers Shah Jahan. Ein zeitgenössisches Beispiel für ein Mausoleum ist die *Tomba Brion*, die Carlo Scarpa in Ásolo, Venetien, errichtet hat. »Auf einem 2400 Quadratmeter großen L-förmigen Grundstück, das sich um den alten Friedhof des Dörfchens San Vito legt, sollte Scarpa für die Industriellenfamilie Brion ein Grabmal errichten. Es entstand ein Ensemble von fünf Gebäuden: dem Eingangsbau, einem aus Stahl und Holz konstruierten kleinen Pavillon, der sich auf einer Insel in einer ausgedehnten Wasserfläche am Südende des Grundstücks befindet, dem Hauptgrabmal in Form eines brückenartigen Bogens, unter dem zwei Sarkophage auf einer kreisrunden, etwas abgesenkten Fläche stehen, einem offenen Satteldachbau, der verschiedene Gräber überdeckt, sowie einer kleinen, öffentlich genutzten Aussegnungshalle, um die herum ein Wasserbecken angelegt ist. Die ganze Anlage ist ein komplexes Gebilde unterschiedlichster Bauformen, Platzbildungen, Wegeführungen und Sichtbeziehungen.« Carlo Scarpa sagt selbst dazu: »Der Ort für die Toten ist ein Garten (...). Ich wollte einige Wege zeigen, auf denen man sich in einer sozialen und zivilisierten Art und Weise dem Tod nähern kann; und darüber hinaus, welche Bedeutung der Tod in der Vergänglichkeit des Lebens hat – eine andere als diese Schuhkartons [der herkömmlichen Grabstätten offenbar]«.[194]

Die Funktion des Mausoleums ist das *Gedenken*, nicht etwa die umwandelnde Erinnerung durch Trauerarbeit, die durch ein gewöhnliches Grab erleichtert wird. (Eberhard Haas[195] hat besonders auf die wichtige Unterscheidung von Gedenken und Erinnern aufmerksam gemacht.) Milan Kundera schreibt über solche mausoleumsartigen Grabkapellen: »Nach alter Gewohnheit wollte sie sich durch einen Spaziergang auf dem Friedhof beruhigen. Der Friedhof von Montparnasse lag am nächsten. Auf den Gräbern standen winzige Häuser, Miniaturkapellen. Sabina verstand nicht, warum die Toten solche Palastimitationen über

---

194 www.greatbuildings.com/buildings/Brion-Vega_Cemetery
195 Haas 1994

sich haben wollten. Dieser Friedhof war die zu Stein gewordene Eitelkeit. Statt nach dem Tode Vernunft anzunehmen, waren die Friedhofsbewohner noch törichter als zu Lebzeiten. Sie stellten ihre Wichtigkeit in Denkmälern zur Schau. Hier ruhten keine Väter, Brüder, Söhne und Großmütter, sondern Würdenträger und Amtsinhaber, Inhaber von Titeln, Graden und Ehren …«[196]

Diese Funktion des bewahrenden Gedenkens wird auch deutlich in der kleinen Geschichte aus einer Gruppenpsychotherapie, die nun folgen soll, wenn sie auch nicht unmittelbar das Hausthema trifft, es sei denn, man versteht die Urne als Haus, als Gehäuse: In der Gruppe berichtet Jakob Kurtag, dass sein Bruder, der seit langem ein massives Alkoholproblem hat und als Sozialhilfeempfänger in Irland lebt, seinen Besuch angekündigt hat; er will ein paar Wochen bleiben … Die Gruppe reagiert entsetzt, was das für ein Stress wäre, die Freundin, mit der Herr Kurtag zusammenlebt, habe schon mit dem Alkohol zu kämpfen, nun auch noch der Bruder, in der kleinen Wohnung – ein einziges Chaos! – Nein, nein, er kommt mit seinem Bruder ganz gut aus, er ist selber darüber überrascht. Vielleicht kommt es zum ersten Mal zu einer wirklichen Annäherung der Brüder – und nun sagt Herr Kurtag: »Er hat die Asche unserer Mutter mitgebracht; das war so abgemacht.« – Die Gruppe ist irritiert, lacht teilweise aus Unsicherheit bei der Vorstellung, wie der Bruder mit der Asche im Handgepäck im Flugzeug sitzt. Herr Kurtag erklärt, sie wollen damit nach Ungarn reisen, wo die Mutter herkommt, damit sie an dem Ort ihre Ruhe findet, wo sie am liebsten gelebt hat. Das war Herrn Kurtags Idee schon seit langem. Auch der Bruder meint, die Mutter gehöre dort hin. Auf vorsichtiges Nachfragen meint Herr Kurtag, die Asche sollte über ungarischem Boden ausgestreut werden; wenn es verboten wäre, müsste man es eben heimlich tun. – Hat der Bruder die Urne denn aufbewahrt? – Ja, in seiner Wohnung. – Wie lange ist die Mutter denn tot? – Ungefähr 17 Jahre … Die Gruppe beschäftigt sich mit der Frage, wie eine Leiche beigesetzt werden solle, durch Beerdigung oder durch Verbrennen. Der Gruppe fällt auf, dass es

196 Kundera 1984, S. 115f.

bei Herrn Kurtag um zwei Extreme geht: Einerseits wird die Asche aufbewahrt, als könne man sich von diesem Rest als symbolischem Stellvertreter der Mutter nicht lösen, andererseits soll die Asche in alle Winde verstreut werden, so dass man nicht einmal einen Ort hat, an den man zurückkehren kann, um einen Trennungsprozess an etwas festzumachen. Ob Jakob denn damals getrauert habe? – Nein, er war damals versteinert, stand neben sich. – Die Gruppe kehrt zur Asche in der Wohnung zurück – 17 Jahre! – Bei dem Gedanken wird jemandem fast schlecht, ein anderer denkt an Leute, die ihr Lieblingshaustier, einen Hund etwa, nach dem Tode ausstopfen lassen … Ich fasse die Dynamik zusammen: Die Menschen möchten den plötzlichen Verlust eines geliebten Angehörigen mildern, einen Übergang schaffen. Früher gab es ein volles Jahr der Trauerzeit, in dem man schwarze Kleidung trug, sich nicht schminkte, keinen Schmuck anlegte. Der Grabstein hat die Funktion eines verbindenden Objekts, der eine allmähliche Ablösung ermöglicht, denn man kann zu ihm hingehen, anfangs vielleicht täglich, dann in immer größeren Abständen, man kann ihn anfassen, zu ihm zurückkehren, am Jahrestag des Todes vielleicht. Eine Urne zu Hause ist dagegen wenigstens für die beiden Brüder wie ein Monument, wie ein Mausoleum, ein Zeichen der Nicht-Trennung, des Nicht-Loslassens; die Urne ist immer da, wird aber mit fortschreitender Zeit kaum noch gesehen. Die Aktion der Brüder jetzt kann man als Veränderungswunsch, als Beendigung dieses arretierten Zustandes, als symbolische Trennung verstehen. Herr Kurtag reagiert heftig: Ja, als die Mutter noch lebte, war sie nicht zugänglich, sie sprach nicht! Herr Kurtag weint still und heftig. Er denkt daran, dass die Mutter ihn nicht losgelassen hat, auch wenn er mit 17 oder 18 Jahren ausgewandert sei, nach Deutschland gekommen sei, während der Bruder nie den Heimatort verlassen hat. Sein Weggang aber war keine wirkliche Trennung, er ist brav weggegangen, hat nie rebelliert. Ich sage, es ist so, als ob die Asche der Mutter darüber gewacht hätte, dass die Söhne sich nicht bewegen. Herr Kurtag erwidert, er sei auch traurig, dass so viele Jahre vergangen sind, in denen er nicht richtig gelebt hat; er hat erst jetzt richtig die Möglichkeit, den Fluch von Starrheit zu durchbrechen. – Jetzt sieht es so aus, als ob Herr Kurtag doch vor einer symbolischen Trennung zurückschreckt: Ob die Asche der Mutter Jakobs Freundin nicht störe, fragt ein Gruppenmitglied, und jetzt sagt Herr Kurtag, vielleicht ginge es ja nicht mit dem Plan, die Asche in Ungarn zu verstreuen, der Bruder hätte schon so etwas gesagt; und nun entwickeln einige Gruppenmitglieder die aggressiven Gefühle, die eigentlich Herr Kurtag schon lange wegen seiner Entwicklungsbehinderung hätte haben müssen. Karin möchte das Fenster aufreißen, verspürt den Impuls, reinzuschlagen; Wendy nervt total, dass nichts passiert, sich nichts bewegt. Wendy kritisiert auch ärgerlich, dass Jakob zwar viel von seiner Kindheit erzähle, dass sich aber nichts bewege, letztlich alles Anekdoten seien, Geschichten, von denen er sich nicht löst. – In der nächsten Gruppensitzung beginnt Herr Kurtag: »Wir haben die Asche meiner Mutter aufgeteilt!« Monika wird fast schlecht, sie findet das alles makaber. Herr Kurtag erklärt, der Bruder sei schon viel früher als geplant nach Irland zurückgekehrt, Herr Kurtag will ihm am Wochenende folgen, um den größeren Teil der Asche in Irland zu verstreuen, der Bruder wisse schon wo. »Der Rest der Asche bleibt bei mir, bis ich dann irgendwann die Asche in Ungarn verstreuen kann.« Auf Karins Frage, ob es nicht ein Problem war, die Asche aufzuteilen, meint Herr Kurtag etwas gereizt, dass es »Überresten« egal sei – ich stimme zu, die Leiche ist nicht der Mensch. Jetzt erinnern sich mehrere Gruppenmitglieder, wie wichtig es ihnen war, die Leiche von geliebten verstorbenen Angehörigen wenigstens noch einmal zu sehen, wenn nicht anzufassen. Ich äußere meine Idee, dass es in Irland vielleicht möglich ist, dass man die Asche benutzt wie einen Grabstein. Solange die Asche auf dem Kaminsims steht, steht sie da wie ein Denkmal. Der Sinn des Grabes, auch des Grabsteins, aber ist, dass sie überflüssig werden. Man geht zum Grab, um zu weinen und zu trauern, die Urne jedoch hat hier die Funktion des Gedenkens, wie ein Mausoleum. – In der nächsten Sitzung berichtet Herr Kurtag, er habe mit dem Bruder den größeren Teil der Asche der Mutter in einem Park verstreut, an einer Stelle, wo Efeu den Boden bedeckte, an einer abgelegenen Stelle, wo niemand sie störte. Sie hätten kurze Zeit schweigend gestanden, dann seien sie in ein Restaurant gegangen und hätten zu einem guten Essen eine Flasche Wein geleert. Die Gruppe akzeptiert irgendwie, dass es nun einmal so war, ist aber skeptisch, ob Jakob sich von dem Rest der Asche, den er aufbewahrt, so bald wird trennen können. Ein halbes Jahr später, nach der Sommerpause, sagt Herr Kurtag: »Übrigens, ich war in Ungarn, allein, und habe die Asche verstreut, es ging ganz leicht.« Zwar kommt in dieser Geschichte das Haus nicht vor, aber die Urne ist wie ein Gehäuse für die Asche der Mutter und erfüllt den Zweck des Gedenkens, des Mausoleums.

Ein Mausoleum wird aus übergroßem Schmerz über den Verlust eines über alles geliebten Menschen errichtet, als sollte es diesen ersetzen und am Leben erhalten. Es hat die Funktion eines Denkmals, das an die Stelle des Verlorenen tritt und so die Beziehung zu ihm aufrecht erhält oder wenigstens aufrecht erhalten soll. Vielleicht ist ein archaisches Motiv, ein Mausoleum zu errichten, auch in der unbewussten Vorstellung zu vermuten, dass die Seele des Verstorbenen in einem Haus, einem Grabhaus, weiterleben möge, wie es Rank uns für die allerersten Haus, und zwar Grabhausbauten gezeigt hat. Schließlich werden auch heute noch prominente Menschen in Gotteshäusern, die dadurch teilweise zu Mausoleen werden, bestattet.[197] Ein solches Grabmal als Denkmal dient dem Gedenken; man gedenkt eines Verlorenen, als sei die Zeit stehen geblieben, als ob keine Entwicklung der Hinterbliebenen möglich und erwünscht sei – eine bloßes Gedenken hält psychologisch einen Status quo aufrecht und hat einen zutiefst – im Wortsinne – konservativen Charakter. Handelt es sich um bestimmte herausragende Persönlichkeiten der Geschichte, der Künste, der Wissenschaften, denen ein Denkmal oder eben ein Grabmal gesetzt wird, dann ist es allerdings legitim, ihrer großen Taten oder wichtigen Leistungen zu gedenken, da sie für die Meilensteine der geschichtlichen Entwicklung von nationalen oder übernationalen Gruppen oder gar der ganzen Menschheit stehen. Denkmäler bieten Anlässe und Anhaltspunkte, sich der eigenen Geschichte bewusst zu bleiben, auf deren Verlauf die eigene Identität (die von Nationen, Gruppen oder des Individuums) zu großen Teilen beruht.

197 Rank 1932, S. 176

So wird der Besucher des lokalen »Mausoleums von St. Andreas in Düsseldorf« mit einem Faltblatt informiert, in dem die Bezeichnung der dort bestatteten Mitglieder einer Kurfürstenfamilie mit einem gewissen lokalpatriotischen stolzen Blick auf die Geschichte verbunden wird. »Das Mausoleum, in dem Sie sich befinden, ist die Grablege der Mitglieder des Hauses Pfalz-Neuburg. Es ist unklar, ob es von Anfang an zur Kirche, die ja die Hofkirche der Herzöge war, gehören sollte. Der ursprüngliche Bau war freistehend, also nicht mit der Kirche verbunden. Das Mausoleum ist wahrscheinlich erst gegen 1650, als die Kirche längst geweiht war, wirklich in Angriff genommen worden, 1819 war das Gewölbe noch unvollendet. Es ist ein schmuckloser Zentralbau (gerade im Vergleich zu dem reichen Stuck-Schmuck der Kirche selbst fällt das auf!). Außen zwölfseitig, innen geteilt durch sechs Pfeilerarkaden. Die Bodeninschriften und Kerzenhalter sind Arbeiten des Düsseldorfer Akademie-Professors und Beuys-Lehrers Ewald Mataré, der auch den Altarraum der Kirche gestaltet hat.« Es folgt nun die Aufzählung der insgesamt acht Mitglieder des Fürstenhauses, die hier bestattet sind, von denen der Wichtigste Jan Wellem war: »Herzog Johann Wilhelm (1658–1716), genannt Jan Wellem. Als einer der sieben Kurfürsten wählte er den deutschen Kaiser mit, sein Denkmal steht auf dem Marktplatz vor dem Rathaus. (…) Im Zentrum des Mausoleum steht der Sarkophag von Jan Wellem, gegossen aus Bronze und Blei. Er ist im Vergleich zu dem seines (ursprünglich protestantischen) Großvaters Wolfgang Wilhelm recht prunkvoll, wenn auch längst nicht so prächtig wie etwa die Kaisergräber in Wien. Den Deckel ziert ein Kruzifix, das Gabriel Grupello, dem Schöpfer der Reiterstatue auf dem Marktplatz, zugeschrieben wird. Die Vorderseite bedeckt ein Hermelinmantel, Hinweis auf die Kurfürstenwürde. Die Medaillons zeigen das Profil des Verstorbenen, das linke sein Wappen, rechts erinnern Schiffe an den Wohlstand Düsseldorfs durch seine ideale Lage am Rhein. Oder sind sie ein Symbol für den Tod: das Schiff, das in den Hafen fährt als Sinnbild für das zu Ende gegangene Leben, das an seinem Ziel ankommt?«

Ein solches Gedenken halte ich für völlig legitim, im Gegensatz zu einem Gedenken, das wegen seines bewahrenden Charakters Abwehrfunktionen hat gegen ein Erinnern, das viel eher mit den Affekten, besonders der Trauer, aber auch Wut, Empörung, Scham, Schuld, Resignation und Verzweiflung verbunden wäre. Gedenkt man einfach an bestimmten Gedenktagen der Gefallenen (euphemistisch für: im Krieg Getöteten, auch Gemordeten) des einen oder anderen Krieges, spricht dabei von Heldentum, Vaterland, Ruhm oder auch Verrat etc., wird man weder die wahren Gründe, die zum Kriege führten, aufdecken und kritisch hinterfragen, noch die entsetzliche Wirklichkeit der tatsächlichen Kriegshandlungen wahrhaben wollen.

Ein Beispiel für fehlende Trauerarbeit, also unterbliebene Trennung, und Unmöglichkeit, ein eigenes Leben zu leben, ist der Bruder von Frau Jennifer Johnson. Ihr Vater hat sich nach dem Tod der Mutter eine Wohnung in London genommen, in die er alle Sachen, Objekte, Möbel, Bilder, Nippes, die er im Laufe seines Lebens gesammelt hatte, einräumte. Die Wohnung war wunderschön, bald wurde er aber krank und wusste, dass er sterben würde. Er hat Frau Johnsons Bruder gefragt, ob er die Wohnung übernehmen wolle – ja, das wollte er, und er lebt noch immer mit seiner Frau dort, seit fast 20 Jahren. Er hat nie irgend etwas geändert, nichts Eigenes in die Wohnung gebracht, gerade einmal seine eigenen Bücher in die Bibliothek des Vaters eingeordnet. Wenn Frau Johnson ihn besucht, landet das Gespräch nach fünf Minuten bei den Eltern – als ob sie nicht zur Ruhe kommen sollten. Und tatsächlich: Seit Jahren recherchiert der Bruder die Familiengeschichte der Mutter (War ihr erster Mann in der Résistance, wurde er von den Faschisten getötet oder von den eigenen Leuten, weil er sie verraten hat?) und die Geschichte des Vaters (Wie ist er den Nazis entkommen, welche Identitäten hat er angenommen, an welchen Lügen hat er festgehalten, mit denen er seine Lebensgeschichte beschönigte, welche Urkunden hat er gefälscht …). Frau Johnson sagt: »Es ist, als ob meine Füße immer wieder festgehalten werden und wir nicht nach vorne rennen können.« Die Wohnung des Vaters, die inzwischen dem Bruder gehört, ist *erstickend*, genau wie die Verwandten, wenn einmal eine

Anzahl von ihnen zusammen sind. Frau Johnson sagt: »Unsere Familie ist einfach so; man sagt nicht die Wahrheit, bleibt an der Oberfläche.« Sie lebt in Deutschland mit ihrer Sehnsucht nach einem anderen, eigenen London, aber in diesem London der Verwandtschaft »wäre ich tot«. Deutschland ist das kleinere Übel. In der Wohnung des Bruders hingen die Fotografien der Eltern an der Wand, kein einziges Foto des Bruders und seiner Frau. »Mein Bruder lebt da, als ob er tot wäre.« Der Bruder ist gegen die analytische Behandlung der Patientin: Man benennt die Sachen nicht! Er hat zeitlebens immer weit unter seinen beruflichen Möglichkeiten und seinen intellektuellen Fähigkeiten gearbeitet, hatte immer einen Chef über sich, die Arbeitsstellen wurden immer geringer, mit immer weniger Entscheidungsgewalt und Verantwortung verbunden. Er hat keine Kinder und eine Frau, die nicht spricht ... Er lebt das Leben des Vaters in der Wohnung des Vaters.

Auch bei schweren Verlusten, die das Individuum getroffen haben, wünscht man ihm eine emotionale Durcharbeitung der Trennung, eine Trauerarbeit, wie Freud[198] einen solchen langdauernden Prozess genannt hat, wenn er auch schmerzhaft ist und besonders anfangs kaum aushaltbar erscheinen mag. Diese Trennungsarbeit ist außer mit den genannten – immer schwächer werdenden – Affekten mit einem reflektierenden Erinnern an die Qualitäten der Beziehung zum Verstorbenen und ihre Entwicklung im Laufe der gemeinsamen Zeit verknüpft. Für diese Trauerarbeit haben die Menschen das Bedürfnis, sich übergangsweise an etwas Materielles zu wenden, an das frische Grab oder insbesondere den Grabstein. In gewissem Maße scheint der Grabstein den Toten zu vertreten, wie ein Ansprechpartner, der auch gewisse spärliche Angaben über den Verstorbenen enthält, wenigstens seinen Namen, als würde der bezeichnete Stein so seine Stellvertreterfunktion besser übernehmen können. Aber im Gegensatz zum Grabmal, dem Denkmal, markiert der Grabstein den Ort des Erinnerns vorübergehend, solange die Trauerarbeit dauert, er ist zwar ein verbindendes Objekt, wird aber nach und nach überflüssig, da er die Ablösung und Weiterentwicklung, schließlich die Öffnung zu einem

198 Freud 1917e

neuen Leben und neuen Beziehungen nicht behindert, vielmehr fördert. Erst nach dem Ende der Trauerphase bleibt der Gedenkstein zurück.

Die Errichtung materieller Gedenkstätten – bis hin zum Mausoleum – hat den Zweck der Verleugnung des Todes und der Vermeidung von Trauerarbeit. Zuerst ein Beispiel aus der Literatur von einem nicht allzugroßem Bedürfnis, den Tod der geliebten – und in diesem Fall nie wirklich erreichten – Ehefrau zu verleugnen, durch den Plan, ihr ein Mausoleum zu bauen. Der Patriarch Esteban Trueba in Isabel Allendes *Geisterhaus* will wenigstens dort mit seiner Frau und ihrer früh verstorbenen Schwester, die er zuerst geliebt hatte, vereint sein: »In dieser Nacht konnte ich nicht schlafen. In meinem Geist vermischten sich die zwei Lieben meines Lebens, die grünhaarige Rosa und die hellsichtige Clara, die zwei Schwestern, die ich so sehr geliebt habe. Als es Tag wurde, beschloss ich, dass, wenn ich sie schon im Leben nicht für mich gehabt hatte, sie mir wenigstens im Tod Gesellschaft leisten sollten. Also zog ich ein paar Bogen Papier aus dem Schreibtisch und setzte mich hin, um ein würdiges, luxuriöses Mausoleum zu zeichnen. Es sollte aus lachsfarbenem Marmor sein, und Statuen aus dem gleichen Material sollten Rosa und Clara mit Engelsflügeln darstellen, denn Engel waren sie gewesen und würden sie wieder sein. Da, zwischen diesen beiden, würde ich eines Tages begraben werden. Ich wollte so früh wie möglich sterben, denn ein Leben ohne Frau hatte für mich keinen Sinn. Ich wusste nicht, dass ich auf dieser Welt noch viel zu tun hatte.«[199]

Man kann annehmen, dass der Hinterbliebene in diesem Moment nichts anderes wollte, als mit der Verlorenen vereint zu sein, sich und ihr ein Haus der Vereinigung bauen wollte. Dass er aber nach fortschreitender Trauerarbeit sich sehr wohl in höchst ehrgeiziger Weise um sein weiteres von Machtstreben bestimmtes Leben kümmern würde, war für ihn in diesem Moment nicht vorstellbar. Weiter sein Bericht[200]: »Die Arbeiten am Mausoleum wurden gleich nach Claras

199 Allende 1982, S. 302f.
200 ebd. S. 312f.

Tod begonnen, zogen sich aber fast zwei Jahre hin [Auch die Arbeiten am Düsseldorfer Mausoleum zogen sich sehr lange hin! Vielleicht ein Zeichen der Ambivalenz diesem Unternehmen gegenüber.], weil ich ständig neue, teure Details, anbringen ließ: Grabplatten mit Inschriften in vergoldeten gotischen Lettern, eine Glaskuppel, damit die Sonne auf die Gräber scheinen konnte, und eine kunstvolle, von römischen Brunnen kopierte Vorrichtung zur kontinuierlichen und genau dosierten Bewässerung eines kleinen Innengartens, den ich mit Kamelien und Rosen bepflanzen ließ, den Lieblingsblumen der beiden Schwestern, die mein Herz ausgefüllt hatten. Die Statuen waren ein Problem. Ich verwarf mehrere Entwürfe, weil ich als Engel keine Kretins haben wollte, sondern Abbilder von Rosa und Clara, mit ihren Gesichtszügen, ihren Händen, ihren wirklichen Körpermaßen. Ein uruguayischer Bildhauer kam mir entgegen, und endlich waren die Statuen so, wie ich sie haben wollte.«

Hier wird nun überdeutlich, dass ein solches Mausoleum keineswegs nur dem Andenken des Verstorbenen dienen, sondern mit großer Anstrengung die Kränkung des Hinterbliebenen kompensieren, ihm einen grandiosen Ersatz liefern soll, da er den Verlust nicht akzeptieren kann und auch nicht will, sondern machtgewohnt für sich selbst etwas Großes an die leere Stelle setzt.

Ein Beispiel von pathologischer Trauer bzw. übermäßiger Trauervermeidung habe ich in der Supervision kennen gelernt. Eine 72-jährige Frau wandte sich an die Therapeutin wegen ihrer Angstkrankheit, die entstanden war, nachdem vor drei Jahren ihr langjähriger Lebensgefährte gestorben war. Am Anfang des Lebens dieser Patientin stand der Verlust des Vaters: Als sie zwei Jahre alt war, verstarb er an Pneumonie. Die Mutter verschloss sich, war hart gegen sich selbst, ging arbeiten, während das Kind bei den liebevollen Großeltern blieb. Als es ungefähr elf Jahre alt war, mitten im Krieg, wurde sie durch eine Kinderverschickung zwei Jahre bis Kriegsende von der Mutter und den Großeltern getrennt; darauf reagierte sie mit Rückzug, hat tagelang nicht gesprochen, aber nie geweint. Als sie wieder zu Hause war, verstarb der Großvater, als sie gerade in der Schule war, das fand sie schrecklich, weil sie nicht dabei sein konnte. Später hatte sie wenig Kontakt zu Männern; ihren Lebensgefährten lernte sie mit 27 Jahren kennen, er war verheiratet, hat sich nie scheiden lassen, hat sich viel mehr um seine Ehefrau als um sie gekümmert, bis sie gestorben ist. Als ihre Mutter todkrank war, hat sie eine Woche an ihrem Sterbebett Tag und Nacht gewacht; gerade in dem Moment, als sie einmal schlafen musste, ist die Mutter gestorben. Auch bei ihrem Lebensgefährten hat sie im Krankenhaus ständig Wache gehalten; als sie einmal zwei Stunden zum Duschen nach Hause fuhr, ist er gerade in dieser Zeit verstorben …

Ein Schuldgefühl, ein Überlebenden-Schuldgefühl war ganz deutlich; etwas verschämt gab sie zu, sich trotz aller rationalen Argumente in gewisser Weise die Schuld an dem Tod all der lieben Menschen gab, *weil* sie im entscheidenden Moment an sich selbst gedacht hatte und nicht für die Sterbenden da gewesen war – den Großvater, die Mutter und zuletzt den Lebensgefährten hatte sie allein gelassen. (Die Vermutung liegt natürlich nahe, dass, da man solche Zusammentreffen von kurzer Abwesenheit und dem Eintritt des Todes genau in dieser Zeit des öfteren erfahren hat, die Sterbenden eben gerade die Abwesenheit für den Todeszeitpunkt »wählen«.) Wie es wohl mit dem Vater gewesen sein mag, konnte sie sich nicht vorstellen, aber sicher hat man damals (heute hoffentlich nicht) ein so kleines Kind mit schwerer Krankheit, Sterben und Tod nicht konfrontieren wollen. Die Patientin durfte damals nicht, jetzt wollte sie nicht trauern über den Tod des Mannes, wollte sich nicht trennen, vielleicht nahm sie unbewusst die Angstkrankheit als kleineres Übel in Kauf. Sie verleugnete einfach den Verlust: Sie deckte jeden Tag den Kaffeetisch für zwei Personen, deckte überhaupt den Tisch zu jeder Mahlzeit für zwei Personen, hatte ein großes Foto des Verstorbenen, mit dem sie sprach, und von dem sie sich verabschiedete, wenn sie zum Einkaufen ging. Das Haus, in dem sie die letzten Jahre zusammen gelebt hatten, werde sie nie verlassen! Das ganze Haus hat sie mit den von ihrem Gefährten, einem Hobbymaler, gemalten Bildern vollgehängt, so dass »er« ihr auf Schritt und Tritt begegnet. Wenn die Patientin daran dachte, *sich das Leben zu nehmen*, dann verstand die Therapeutin das im doppelten Sinn und sagte es ihr auch: »Das heißt zwar im allgemeinen, sich zu töten, aber *nehmen* Sie sich doch Ihr Leben!« Damit wird natürlich zum Ausdruck gebracht, dass die Patientin sich deshalb nicht trennen kann, weil damit in ihrem hohen Alter die Einsicht drohte, dass ihr ganzes Leben viel zu wenig ihr eigenes gewesen ist, dass sie letztlich den Vater nicht loslassen konnte und er sie nicht, so dass sie nicht zu sich selbst finden konnte. Wenn sie vier geliebte Menschen im Tode allein lassen musste, was sie sich zum Vorwurf machte, dann wollte sie jetzt nicht wieder gehen und den letzten wichtigen Menschen allein lassen.

Auch im nächsten Beispiel war die Grundlage der pathologischen Trauerreaktion (d.h. eigentlich wieder der Unfähigkeit zu trauern) der frühe Verlust des Vaters, der im Krieg vermisst worden war, so dass sein Tod nicht durch eine sichere Nachricht bestätigt wurde. Die Hinterbliebenen konnten den Tod nicht konkret erfahren, konnten sich seiner Realität nicht versichern durch das Ansehen- und Berühren-Können des Leichnams, da sie nicht einmal die Erkennungsmarke des Soldaten und ein paar persönliche Dinge erhielten, so dass eine Trennungsarbeit auch für die anderen Angehörigen nicht zu leisten war. Frau Beatrice Ardent war zweieinviertel Jahre alt, als die Nachricht kam, dass ihr Vater vermisst sei. Sie hat eine vage Erinnerung an seinen letzten Fronturlaub, als sie nämlich freudig auf ihn zulaufen wollte und über eine Stufe stolperte, so dass sie sich die Oberlippe blutig schlug. Lange Zeit, vielleicht zehn Jahre, zögerte die Mutter, den Vater für tot erklären zu lassen. Als die Mutter dann endlich wieder einen Freund hatte, wurde Frau Ardent in ein Internat geschickt. Wenige Jahre später erkrankte dieser Freund an Krebs und setzte seinem Leben daraufhin selbst ein Ende, als Frau Ardent 18 Jahre alt war. Die Mutter hielt sie nun eifersüchtig fest, hatte an jedem jungen Mann, der für Frau Ardent interessant werden könnte, etwas auszusetzen, verbot ihr den Umgang, machte »Szenen«, wenn Frau Ardent aus dem Haus gehen wollte. Dagegen drängte die Mutter mit großer Energie darauf, dass Frau Ardent mit 21 Jahren einen viel älteren Mann heiraten sollte, den die Mutter als passend empfand. Nun richteten sich die eifersüchtigen Ängste der Mutter auf eine mögliche Schwangerschaft – die Vermutung liegt nahe, dass die Mutter erst Angst hatte, durch einen »fremden« Mann die Tochter zu verlieren, und nun dadurch, dass sie Mutter würde. Frau Ardent klagt, jetzt sei sie wie ihre Mutter, jetzt lasse sie ihre Kinder nicht gehen, besonders ihre Tochter, beide hätten schon längst das Haus verlassen können, sie wohnten aber alle zusammen in der kleinen Wohnung, nur der Sohn habe ein eigenes Zimmer, sie hockten alle viel zu dicht aufeinander ... Einmal sagte sie, sie wolle nicht sterben, nicht alt werden. Sie kleide sich wie eine 30-jährige – sie habe noch nicht aufgegeben, einen Mann zu finden, mit dem sie es aushalten könne, oder er mit ihr – meistens sind es jetzt jüngere, zuletzt war sie mit einem 15 Jahre jüngeren zusammen, aber die Beziehungen hielten nicht lange, trotzdem hielte sie an diesen Träumen fest. Sie wolle auch ihr Studium nicht abschließen, eigentlich sei es zu spät, um es abzuschließen ...

Ihren Ehemann verlor Frau Ardent nach 14 Jahren Ehe, er starb an einer Krebserkrankung. Jahrelang hatte sie immer nur Sehnsuchtsbeziehungen, hatte zwar große Angst vor Nähe, aber ein großes Bedürfnis nach Körperkontakt, Sexualität, auch Sehnsucht nach einem Zusammenleben mit einem Mann. Dann traf sie einen jüngeren Mann, in den sie sich sehr verliebte, der sie zwar anfangs auf Abstand hielt, dann aber zu einer Beziehung bereit war – das größte Glück ihres Lebens, denn ihren Ehemann habe sie keineswegs geliebt ... Dann ist bei diesem geliebten Mann eine Leukämie festgestellt worden, und drei Jahre später starb er. Sie war völlig hoffnungslos, begann sich zu vernachlässigen; jetzt endlich aber wolle sie eine Therapie beginnen. In den Vorgesprächen erzählte sie, dass sie die schönsten Wochen in einem Ferienhaus in Südeuropa, das dem Freund gehörte, verbracht hätten – die glücklichste Zeit ihres Lebens. Er hat ihr dieses Haus vererbt, unter der Bedingung, dass sie (die kaum Geld hat) seine Mutter mit einer kleinen Rente unterstützt. Dieses Haus ist ihr Heiligtum; sie hat seit seinem Tod nichts, aber auch nichts verändert, alles liegt an derselben Stelle. Alles was er je berührt hatte, war für sie fast heilig, jedes Bild, jedes Möbelstück, jeder Gebrauchsgegenstand erinnerte sie an die gemeinsame Zeit. Sie würde das Haus nie, nie verkaufen, nicht einmal vermieten, als ob es entweiht würde durch die durch fremde Menschen eintretende Veränderung. Wenn sie sich dort aufhält, was ihr nur wenige Wochen im Jahr möglich sei, bewohnt sie ein kleines Zimmer, aber achtet auch dort darauf, dass sie es verlässt, wie sie es vorgefunden hat. Entspannen kann sie sich dort nicht, denn sie muss sich kümmern, dass das Haus in Ordnung bleibt, nicht verfällt, das kostet eine Menge Geld, das sie eigentlich nicht hat … – Frau Ardent wollte sich während der Vorgespräche noch einmal überlegen, ob sie eine Therapie beginnen will – ein paar Wochen später rief sie an, sie könne nicht beginnen, weil sie wegen Darmkrebs operiert werden müsse … Sie würde sich bestimmt wieder melden, wenn das vorbei sei – was aber nicht geschehen ist.

Wenn man mit derartigen aufeinanderfolgenden, sich entsprechenden Todesfällen oder anderen destruktiven Ereignissen im Lebenslauf eines Menschen konfrontiert wird, ist man fast geneigt, an schicksalhafte Vorbestimmung zu denken, um eine Erklärung oder eine Art Sinn in einer solchen Verkettung zu finden. Wenn man den Grund aber nicht außen oder gar in höheren Mächten vermuten möchte, kann man ihn vielleicht im Betroffenen selbst aufzuspüren versuchen: Die Vorstellung, dass frühe traumatische Erfahrungen (und dass sie nicht verarbeitet, assimiliert oder hinter sich gelassen werden können) ein traumatisches Introjekt im Selbst erzeugen, ist ja gerade mit dem Traumakonzept eng verbunden, mit der *Krypta* Abrahams und Toroks, das wie ein fremdes Programm oder ein Virus immer wieder ein Verhalten und sogar wie immer gleiche Schicksalsschläge anmutende Ereignisse erzeugt, die dem ursprünglichen Trauma entsprechen.[201] Der Vatermangel wird eine übermäßige Vatersehnsucht erzeugen, die immer wieder zu ebenso großen Enttäuschungen führen muss. Unterbrochen werden kann eine solche Verkettung, indem eine Trauerarbeit, verbunden mit allen nötigen Affekten, beginnt – und psychoanalytische Psychotherapie kann man unter diesem Blickwinkel durchaus als eine, wenn auch mühsame, Trauer- und Trennungsarbeit verstehen.

---

201 vgl. Hirsch 1997, 2004

13. Schlussbemerkung

Das Haus und seine Bedeutung nehmen im bewussten und unbewussten Seelenleben einen erstaunlich großen Raum ein, wie wir gesehen haben. Das muss an seiner aus vielen Quellen gespeisten symbolischen Verwendbarkeit liegen: Das Haus ist erst einmal ein Gebilde, das schützt, es tritt damit in einen unmittelbaren Gegensatz zur Natur, zu den Naturgewalten. Deshalb sieht Rank den Hausbau als erste zivilisatorische oder Kulturleistung, mit der der Mensch sich von der Erde entfernt hat, aus der Erdhöhle in die Höhe des Bauwerks aus eigener Kraft aufgestiegen ist. Das Haus kann so als erster Schritt in das Menschsein gesehen werden, und es bekommt dadurch eine solche reale und symbolische Relevanz, dass man sich wundert, dass es in der Schöpfungsgeschichte (als metaphorische Erzählung der Menschwerdung) keine Rolle spielt – vielleicht weil der Schöpfungsmythos von einem nomadisierenden Hirtenvolk entwickelt wurde. Eigentlich hätte Freud[202] zu den Bereichen *Liebe und Arbeit*, die der psychisch Ge-

202 Das wurde von Erikson 1950, S. 259 überliefert

sunde durchschnittlich befriedigend bewältigen kann, auch das Haus hinzufügen können; wahrscheinlich ist es aber doch in unserer Gesellschaft weitgehend selbstverständlich, irgendeine Wohnung zu haben, und die Obdachlosigkeit ist eher die Ausnahme – in anderen, nicht so gesicherten Verhältnissen, wird die Frage, ob man ein Dach über dem Kopf hat oder keines, dagegen eine viel größere gesellschaftliche Relevanz haben. Das war schließlich auch in unserer Gegend nach dem letzten Weltkrieg ein keineswegs selbstverständliches Grundbedürfnis: »Ein Dach über dem Kopf zu haben und den Kindern etwas zu essen zu besorgen, waren die Dinge, die in diesen Jahren lebensnotwendig waren.«[203]

Ein weiteres Spannungsfeld, das sich im Hausthema manifestiert, ist das zwischen Sesshaftigkeit und Mobilität, anders ausgedrückt zwischen dem Wunsch oder der Sehnsucht nach Geborgenheit und Sicherheit, auch Heimat, und dem Bedürfnis nach Freiheit und Autonomie. Dem Haus als Immobilie könnte man in diesem Sinne das Auto-mobil gegenüberstellen, aber die Spannung entfaltet sich auch am Haus selbst, gibt es doch Schutz und Sicherheit, behindert aber auch die freie Beweglichkeit. Einerseits zeigt das eigene Haus das Erwachsen-geworden-Sein und damit die Macht, über das Leben selbst zu bestimmen, an, andererseits droht es mit Gebunden-Sein und Abhängigkeit bis zum Tode, wird so zum phantasierten Grabgehäuse, zum Sarg. Die Pole sesshaft – frei beweglich symbolisieren noch immer auch die Geschlechterspannung zwischen weiblich und männlich – das ist in den Jahrtausenden der Kulturentwicklung so in unsere Seelen gebrannt, dass wir es so schnell nicht verändern können, wie die Kinderzeichnungen als Ausdruck kindlicher Phantasie es beweisen.

Das Haus steht auch für den Spannungsbogen zwischen Geburt und Tod, es bezeichnet den Mutterleib, aus dem wir geboren wurden, und auch das Grab, mit dem die Erde uns wieder aufnimmt. Mehr noch, mit dem Haus werden Lebensstationen bezeichnet – nach der Geburt ist das Haus der Kindheit das Elternhaus, das zu verlassen und sich nach

203 Ermann 2004, S. 232

und nach ein eigenes Haus zu bauen ist, die Entwicklungsaufgabe der Adoleszenz und des frühen Erwachsenenalters; Hausbau natürlich als Metapher für Individuation und Autonomie gedacht, für den Erwerb einer Identität im eigenen Recht. Liegt das noch in der Zukunft des jungen Erwachsenen, mag er sich das Eigenheim ersehnen, aber, hebt Thomas Mann warnend den Finger: »Wenn das Haus fertig ist, kommt der Tod!«

So kann man nur staunen, was das Haus an Bildern enthält – es kann für die Mutter in ihren schützenden wie verfolgenden Aspekten stehen, für den Körper der Mutter und den eigenen, dem man ja auch oft genug sehr ambivalent gegenübersteht, und es steht für das Selbst, die Psyche, mit ihren übereinander angeordnet gedachten Abteilungen und Funktionen. Das Haus bedeutet auch Familienglück und Existenzangst, es steht für Individualität wie für Konformität, für Leben und Tod – und wegen dieser Ambiguität, dieser Doppeldeutigkeit und der Ambivalenz, mit der wir all diesen Bereichen gegenüberstehen, wird das Bild vom Haus auch im Traum, in der bildenden Kunst und überhaupt in der Phantasiewelt so vielfältig verwendet.

Literatur

Abraham, N.; Torok, M. (1994): The shell and the kernel. (University of Chicago Press) Chicago.

Aeppli, E. (1932): Der Traum und seine Deutung. (Droemer-Knaur) München o. J.

Allende, I. (1982): Das Geisterhaus. (Suhrkamp) Frankfurt a. M. 1984.

Bachelard, G. (1957): Poetik des Raumes. (Fischer) Frankfurt a. M. 1987.

Benveniste, D. (1998): Play and the metaphors of the body. Psychoanal. Study Child 53, 65–83.

Benveniste, D. (o. J): Stories of the flood. Selbstverlag (daniben@telcel.net.ve).

Berman, L. E. A. (1978): Sibling loss as an organizer of unconscious guilt: A case study. Psychoanal. Qu. 47, 568–587.

Bernadac, M.-L.; Obrist, H.-U. (1998): Louise Bourgeois. Destruction of the father – Reconstruction of the father. Schriften und Interviews 1923–2000, Zürich.

Bernhard, T. (1983): Der Untergeher. (Süddeutsche Zeitung-Bibliothek) München 2004.

Bettelheim, B. (1975): Kinder brauchen Märchen. (Deutsche Verlagsanstalt) Stuttgart 1977.

Birnbaum, D. (2001): Vor und nach der Architektur: Unterheydener Straße, Rheydt. In: Kittelmann, U. (Hg.): Gregor Schneider – Totes Haus Ur. Ausstellungskatalog Biennale Venedig. (Hatje Cantz) Ostfildern-Ruit.

Bollas, C. (1987): The shadow of the object. Psychoanalysis of the unthought known. (Free Associations Books) London.

Borchers, E. (1979): Wassilissa, die Wunderschöne. (Insel) Frankfurt a. M.

Bronfen, E. (2001): Kryptotopien. Geheime Stätten/Übertragbare Spuren. In: Kittelmann, U. (Hg.): Gregor Schneider – Totes Haus Ur. Ausstellungskatalog Biennale Venedig. (Hatje Cantz) Ostfildern-Ruit.

Brontë, E. (1847): Wuthering heights. (Penguin Books) London 1965.

de La Grange, H.-L.; Weiß, G. (Hg.) (1995): Ein Glück ohne Ruh'. Die Briefe Gustav Mahlers an Alma. (Siedler) Berlin.

Douglas, M. (1970): Natural symbols. (Routledge) London, New York.

Ermann, M. (2004): Wir Kriegskinder. Forum Psychoanal. 20, 226–239.

Erikson, E. H. (1950): Kindheit und Gesellschaft. (Klett) Stuttgart 1968.

Ferenczi, S. (1927): Gulliver-Phantasien. Bausteine zur Psychoanalyse III. (Huber) Bern, Stuttgart, Wien 1964, 2. Aufl.

Ferenczi, S. (1933): Sprachverwirrung zwischen den Erwachsenen und dem Kind. Bausteine zur Psychoanalyse III. (Huber) Bern, Stuttgart, Wien 1964, 2. Aufl.

Ferro, A. (1996): Im analytischen Raum. Emotionen, Erzählungen, Transformationen. (Psychosozial-Verlag) Gießen 2005.

Franz, M. (1992): Das chronische lumbale Schmerzsyndrom als symptomatische Endstrecke eines psychogenen Konflikts. Nervenarzt 63, 21–27.

Freud, S. (1900): Die Traumdeutung. G. W. II/III.

Freud, S. (1916–17): Vorlesungen zur Einführung in die Psychoanalyse. G. W. XI.
Freud,S., (1917e) Trauer und Melancholie. G. W. X.
Freud, S. (1919h): Das Unheimliche. G. W. XII.
Freud, S. (1924d): Der Untergang des Ödipuskomplexes. G. W. XIII.
Freud, S. (2002): Unser Herz zeigt nach dem Süden. Reisebriefe 1895–1923. (Aufbau-Verlag) Berlin.
Freud, S.; Ferenczi, S. (1996): Briefwechsel. Bd. II/2, 1917–1919. (Böhlau) Wien.
Garber, M. (2000): Sex and real estate – Why we love houses. (Anchor) New York.
Gasser, H. (2005): Vier Wände auf Rädern? Süddeutsche Zeitung Nr. 111, 17.05. 2005.
Goethe, J. W. (1795): Wilhelm Meisters Lehrjahre. (Insel) Frankfurt a. M. 1965.
Grimms Märchen (1946): Vollständige Ausgabe. (Manesse) Zürich.
Haas, E. (1994): Gedenken und Erinnern. Jahrbuch Psychoanal. 33, 155–173.
Heidegger, M. (1927): Sein und Zeit. (Niemeyer) Tübingen 1986, 16. Aufl.
Heine, H. (1826): Die Harzreise. In: Heinrich Heines Werke in fünf Bänden. Band 2. (Aufbau-Verlag) Berlin, Weimar 1976.
Hemingway, E. (1987): Der Garten Eden. (Rowohlt) Reinbek.
Hirsch, M. (1987): Realer Inzest. Psychodynamik des sexuellen Missbrauchs in der Familie. (Psychosozial-Verlag) Gießen, 3., überarb. Aufl. 1999, Unveränd. Neuaufl.
Hirsch, M. (1988): Pseudo-ödipale Dreiecksbeziehungen – Frühe Triangulierung der Borderline-Persönlichkeit. Forum Psychoanal. 4, 139–152.
Hirsch, M. (1989a): Die Unfähigkeit, gemeinsam zu frühstücken. Über eine Beziehungsstörung der Frau an der Grenze zur sexuellen Perversion. Forum Psychoanal. 5, 52–60.
Hirsch, M. (1989b): Hypochondrie und Dysmorphophobie. In: Hirsch, M. (Hg.): Der eigene Körper als Objekt. Zur Psychodynamik selbstdestruktiven Körperagierens. (Springer) Berlin, Heidelberg, New York 1989, (Psychosozial-Verlag) Gießen 1998, Neuaufl.
Hirsch, M. (1997): Schuld und Schuldgefühl – Zur Psychoanalyse von Trauma und Introjekt. (Vandenhoeck & Ruprecht) Göttingen.
Hirsch, M. (2000): Arbeit und Identität. In: Hirsch, M. (Hg.): Psychoanalyse und Arbeit. Psychoanalytische Blätter. (Vandenhoeck & Ruprecht) Göttingen.
Hirsch, M. (2002): Die Opferung des Kindes als eine Grundlage unserer Kultur. In: Schlösser, A.-M.; Gerlach, A.(Hg.): Gewalt und Zivilisation. (Psychosozial-Verlag) Gießen.
Hirsch, M. (2003): Das hypochondrische Prinzip – zur Psychodynamik der Hypochondrie und verwandter Erscheinungen. In: Nissen, B. (Hg.): Hypochondrie. Eine psychoanalytische Bestandsaufnahme. (Psychosozial-Verlag) Gießen.
Hirsch, M. (2004): Psychoanalytische Traumatologie – Das Trauma in der Familie – Psychoanalytische Theorie und Therapie schwerer Persönlichkeitsstörungen. (Schattauer) Stuttgart.
Hirsch, M. (2005): Über Vampirismus. Psyche – Z. Psychoanal. 59, 127–144.
Hirsch, M.; Hirsch-Löwer, M. (1987): Ein Märchen vom Übergangsobjekt. Psyche – Z. Psychoanal. 41, 1024–1033.

v. Hofmannsthal, H. (1975): Kritische Ausgabe Sämtlicher Werke, Bd. XXVIII: Erzählungen 1. (Fischer) Frankfurt a. M.
Holderegger, H. (2005): Inszenierung und Verwandlung. Psyche – Z. Psychoanal. 59, 145–161.
Jaffé, A. (Hg.)(1961): Erinnerungen, Träume, Gedanken von C. G. Jung. (Walter-Verlag) Olten 1985.
Kellein, T. (1999): Die Angst als bildhauerisches Feuer. (Kunsthalle) Bielefeld.
Keller, E. (2004): Louise Bourgeois – eine Annäherung. In: Keller, E.; Malin, R.: Louise Bourgeois – Emotions abstracted. (Daros) Zürich/(Hatje Cantz) Ostfildern-Ruit.
Kittelmann, U. (Hg.)(2001): Gregor Schneider – Totes Haus. Ausstellungskatalog Biennale Venedig. (Hatje Cantz) Ostfildern-Ruit.
Kniebe, T. (2005): Das Licht am Malpaso Creek. Süddeutsche Zeitung Nr. 70, 26./27./28.03. 2005.
Kundera, M.(1984): Die unerträgliche Leichtigkeit des Seins. (Süddeutsche Zeitung-Bibliothek) München 2004.
Leuner, H. (1989): Katathymes Bilderleben. (Thieme) Stuttgart, New York, 4. Aufl.
Lewin, B. D. (1933): Der Körper als Phallus. Psyche 43, 150–170, 1989.
Löwer-Hirsch, M. (2003): Reflexionen über den Begriff Heimat – auch in Supervision und Organisation. Freie Assoziation 6, 107–112.
Mann. T. (1901): Die Buddenbrooks. Ges. Werke in Einzelbänden (Frankfurter Ausgabe). (Fischer) Frankfurt a. M. 1981.
Mahler-Werfel, A. (1949): Gustav Mahler. Erinnerungen und Briefe. (Bermann/Fischer/Querido) Amsterdam.
Matzig, G. (2003): Heimweh nach der Ferne. Süddeutsche Zeitung Nr. 158, 12./13.07. 2003.
Matzig, G. (2005): Punkt. Ende. Haus. Süddeutsche Zeitung 17.03. 2005.
Mayor, E. L. (1991): Towers and enclosed spaces: a preliminary report on gender differences in children's reactions to block structures. Psychoanal. Inqu. 11, 480–510.
McEwan, I. (1978): Der Zementgarten. (Süddeutsche Zeitung-Bibliothek) München 2004.
Meier, H. (1989): Ein Haus, was ist das? In: »du« Zeitschrift der Kultur, H. 11, 64–69.
Michels-Wenz, U. (1988): Nietzsche. Wie man wird, was man ist. Ermutigungen zum kritischen Denken. (Insel) Frankfurt a. M., Leipzig.
Modell, A. H. (1976): »The holding environment« and the therapeutic action of psychoanalysis. J. Am. Psychoanal. Ass. 24, 285–307.
Oesterle, K. (2002): Soviel Zeit muss sein. Süddeutsche Zeitung Nr. 156, 9. 7. 2002.
Pahlke, R. E. (Hg.) (2005): Munch revisited – Edvard Munch und die heutige Kunst. (Kerber-Verlag) Bielefeld.
Pearson, D. (2002): Freewheeling homes. (Chelsea Green Publ. Comp.) White River Junction, VT.
Raddatz, F. J. (2003): Unruhestifter. Erinnerungen. (Propyläen) München.
Rank, O. (1914): Der Doppelgänger. Imago 3, 97–164.

Rank, O. (1924): Das Trauma der Geburt. (Psychosozial-Verlag) Gießen 1998.
Rank, O. (1932): Kunst und Künstler. (Psychosozial-Verlag) Gießen 2000.
Rilke, R. M. (1920): Herbsttag. In: Das Buch der Bilder. (Insel) Leipzig.
Rilke, R. M. (1923): Träumen. Aus Erste Gedichte. (Insel) Leipzig.
Rilke, R. M. (1982): Ode an Bellmann. Werke II/1. (Insel) Frankfurt a. M.
Roth, P. (1998): Mein Mann, der Kommunist. (Hanser) München, Wien 1999.
Schmidt, M. (1999): Lebenstatsachen und psychoanalytischer Prozess. Koreferat zu Arnold H. Modell. In: Lebenstatsachen und psychoanalytischer Prozess. Herbsttagung 1999 Deutsche Psychoanalytische Vereinigung. (Geber & Reusch) Frankfurt a. M.
Schulze, G. (2003): Die beste aller Welten. Wohin bewegt sich die Gesellschaft im 21. Jahrhundert? (Hanser) München, Wien.
Simenon, G. (1974): Brief an meine Mutter. (Diogenes) Zürich 1997.
Thoreau, H. D. (1854): Walden oder Leben in den Wäldern. (Diogenes) Zürich 1979.
Walser, R. (1917): Der Spaziergang. (Suhrkamp) Frankfurt a. M. 1985.
Weindel, F. (2005): Was heißt denn hier Zelten? Süddeutsche Zeitung 17.05. 2005.
Winnicott, D.W. (1971): Vom Spiel zur Kreativität. (Klett-Cotta) Stuttgart 1979, 2. Aufl.

Spielfilme

George Cukor: Gaslight – Das Haus der Lady Alquist. USA 1943, MGM.

Lasse Hallström: Gilbert Grape – Irgendwo in Iowa (What's eating Gilbert Grape). USA 1993, Buena Vista/Touchstone.

David Lynch: Mulholland Drive. USA/Frankreich 2001, Bac Distribution/Studio Canal, Paris.

Alexander Payne: About Schmidt. USA 2003, New Line Cinema.

Andrej Swjaginzew: Die Rückkehr – The Return. Russland 2003, Movienetfilm, München.

Andrej Tarkowskij: Opfer. Schweden/Frankreich 1985, Schwedisches Filminstitut/Argos Films.

Psychosozial-Verlag

Bernd Oberhoff, Sebastian Leikert (Hg.)

Opernanalyse

Musikpsychoanalytische Beiträge

2009 · 232 Seiten · Broschur
ISBN 978-3-8379-2024-6

Oper ist Seelendrama und fordert die Psychoanalyse heraus, beim Verstehen jener vielschichtigen Vorgänge behilflich zu sein. Dieser Sammelband zeugt davon, dass das Operngeschehen eminent psychologisch ist und wie entwicklungs- und persönlichkeitspsychologische, ja, psychopathologische Phänomene in den Opern von Monteverdi bis Britten thematisiert werden. Die neuen und tiefgründigen Einsichten, die dieser Band vermittelt, machen klar, welche bislang noch unausgeschöpften Erkenntnismöglichkeiten die Musikpsychoanalyse bietet.

Mathias Hirsch

Die Matthäus-Passion Johann Sebastian Bachs

Ein psychoanalytischer Musikführer

2008 · 156 Seiten · Broschur
ISBN 978-3-89806-755-3

Bachs Matthäus-Passion wird musikwissenschaftlich, theologisch und v.a. psychoanalytisch als wundervolle musikalische Darstellung eines Dramas von Liebe, Verrat, Verlust und damit Schuld verstanden. Die Matthäus-Passion ist eine musikalische Trauerarbeit, die zur Versöhnung mit tragischen Aspekten des Menschseins führt. Die wenigen Monografien zur Matthäuspassion werden hier durch eine einzigartige Untersuchung ergänzt, die musikwissenschaftliche, theologische und psychoanalytische Aspekte vereinigt.

Walltorstr. 10 · 35390 Gießen · Tel. 0641-969978-18 · Fax 0641 - 969978-19
bestellung@psychosozial-verlag.de · www.psychosozial-verlag.de